高等职业教育计算机类课程新形态一体化教材

人工智能通识

主编 乔哲 耿兴隆 陈辉

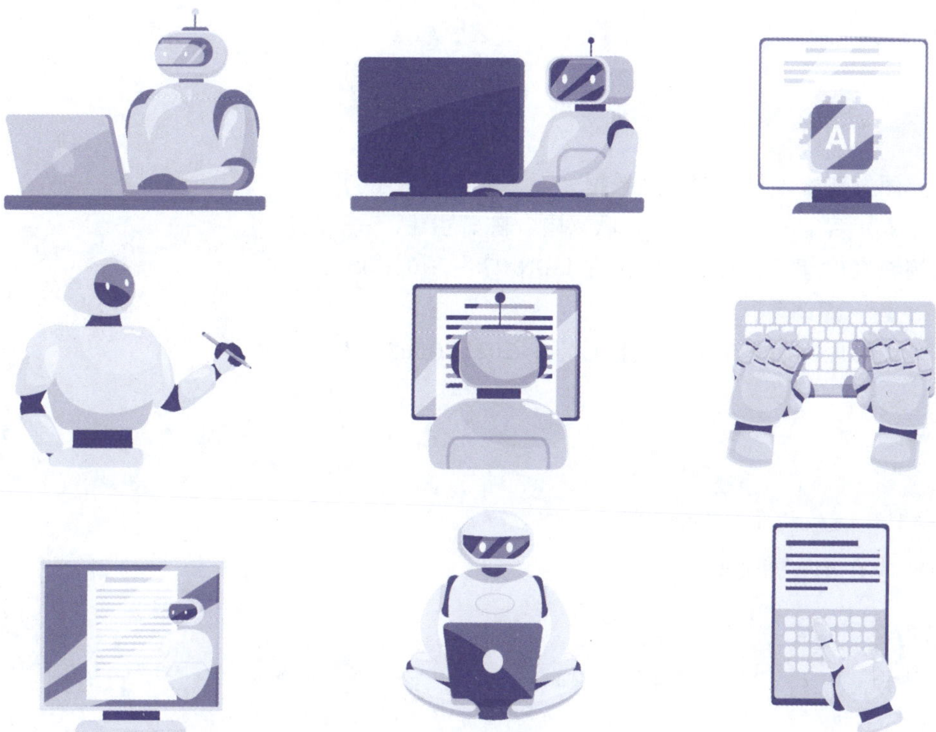

中国教育出版传媒集团
高等教育出版社·北京

内容提要

本书为高等职业教育人工智能通识课程教材，同时为高等职业教育计算机类课程新形态一体化教材。

本书是一本面向高等职业教育的人工智能通识类教材，通过构建“基础理论—场景应用—项目进阶”的三维教学体系，主要介绍了人工智能的基础知识、核心技术和具体应用，在认知篇中从人工智能的起源与发展切入，探讨其现状、未来及风险与规范，深入解析 AIGC 的基础知识和核心原理；在应用篇中通过介绍工作、学习和娱乐场景中的案例，呈现大模型在日常场景的应用情况，又以数字营销、艺术创作、信息技术、智能制造场景中的案例，展现其在职业领域的实践；在进阶篇中以助学小助手、科研助手项目为依托，详细讲解模型本地化部署与智能体应用开发的流程与方法。

本书配有微课视频、教学设计、授课用 PPT、案例素材及源代码、习题答案等丰富的数字化学习资源。与本书配套的数字课程在“智慧职教”平台（www. icve. com. cn）上线，学习者可登录平台在线学习，授课教师可调用本课程构建符合自身教学特色的 SPOC 课程，详见“智慧职教”服务指南。授课教师也可登录“高等教育出版社产品信息检索系统”（xuanshu. hep. com. cn）搜索并下载本书配套教学资源，首次使用本系统的用户，请先进行注册并完成教师资格认证。

本书为高等职业教育人工智能通识课程的配套教材，也可作为人工智能爱好者和相关从业人员的参考书。

图书在版编目（CIP）数据

人工智能通识 / 乔哲，耿兴隆，陈辉主编. -- 北京 ：高等教育出版社，2025. 9. -- ISBN 978-7-04-065611-4

Ⅰ. TP18

中国国家版本馆 CIP 数据核字第 2025CQ5687 号

Rengong Zhineng Tongshi

策划编辑 吴鸣飞　　责任编辑 吴鸣飞　　封面设计 张志奇　　版式设计 杨 树
责任绘图 邓 超　　责任校对 刘丽娴　　责任印制 刁 毅

出版发行	高等教育出版社	网　　址	http://www. hep. edu. cn
社　　址	北京市西城区德外大街 4 号		http://www. hep. com. cn
邮政编码	100120	网上订购	http://www. hepmall. com. cn
印　　刷	河北翔驰润达印务有限公司		http://www. hepmall. com
开　　本	787mm×1092mm　1/16		http://www. hepmall. cn
印　　张	14. 5		
字　　数	290 千字	版　　次	2025 年 9 月第 1 版
购书热线	010-58581118	印　　次	2025 年 9 月第 1 次印刷
咨询电话	400-810-0598	定　　价	45. 00 元

本书如有缺页、倒页、脱页等质量问题，请到所购图书销售部门联系调换

物 料 号　65611-00

“智慧职教”服务指南

“智慧职教”(www.icve.com.cn)是由高等教育出版社建设和运营的职业教育数字教学资源共建共享平台和在线课程教学服务平台,与教材配套课程相关的部分包括资源库平台、职教云平台和App等。用户通过平台注册,登录即可使用该平台。

- 资源库平台:为学习者提供本教材配套课程及资源的浏览服务。

登录“智慧职教”平台,在首页搜索框中搜索“人工智能通识”,找到对应作者主持的课程,加入课程参加学习,即可浏览课程资源。

- 职教云平台:帮助任课教师对本教材配套课程进行引用、修改,再发布为个性化课程(SPOC)。

1. 登录职教云平台,在首页单击“新增课程”按钮,根据提示设置要构建的个性化课程的基本信息。

2. 进入课程编辑页面后,在“教学任务”的“课程设计”中“导入”教材配套课程,可根据教学需要进行修改,再发布为个性化课程。

- App:帮助任课教师和学生基于新构建的个性化课程开展线上线下混合式、智能化教与学。

1. 在应用市场搜索“智慧职教+”App,下载安装。

2. 登录App,任课教师指导学生加入个性化课程,并利用App提供的各类功能,开展课前、课中、课后的教学互动,构建智慧课堂。

“智慧职教”使用帮助及常见问题解答请访问 help.icve.com.cn。

前 言

人工智能(Artificial Intelligence,AI)技术作为当今世界最具变革性的前沿科技之一,正以惊人的速度重塑着社会、经济和生活:从日常生活的智能语音助手、智能学习助手,到职业领域中的医疗影像诊断、工业自动化质检,人工智能的应用已经渗透至各个方面,其影响力仍在持续攀升。在数智化的时代浪潮中,掌握人工智能应用技能,洞察其发展趋势,已成为高技能人才不可或缺的核心能力。

本书精心构建了“认知+应用+进阶”的三阶递进架构,旨在为高等职业院校学生和社会学习者打开一扇通识人工智能、掌握 AI 应用技能的智慧之门,具体内容如下:

(1) 认知篇——筑牢理论根基

本篇围绕人工智能的基础理论展开。第 1 章回溯人工智能的起源,梳理其发展的三次浪潮,列举其现有的应用场景,深入剖析 AI 现存的问题及风险,并探讨 AI 治理措施。第 2 章则详细解读机器学习、深度学习等 AIGC 的基础知识,揭示大语言模型(LLM)的运行原理,介绍知识库、提示词工程等关键知识,为学习者夯实学习基础。

(2) 应用篇——聚焦实际场景

本篇围绕人工智能的“日常应用”和“职业应用”展开。第 3 章立足“日常应用”场景,以新能源汽车销售专员的一周生活为主线,生动展现 AI 在工作、学习、娱乐中的多元应用场景,包括 AI 辅助进行销售数据分析、方案生成、文献精炼、话术陪练、旅游计划生成、短片制作等。第 4 章进一步拓展至数字营销、艺术创作、信息技术、智能制造等职业领域,通过商品主图设计、插画创作、网站开发和机械制图等实际案例,提升学生在多职业场景下的 AI 应用能力。

(3) 进阶篇——迈向深度实践

本篇着眼于人工智能的深度应用实践。第 5 章以“助学小助手应用”和“科研助手智能体”项目为载体,带领学生通过项目描述、知识学习到项目实施环节,进一步掌握模型本地化部署与智能体应用开发技能,实现从知识应用到创新实践的跨越。

本书具有以下特色:

1. 信息技术应用创新

为推进党的二十大精神进教材、进课堂、进头脑,本书将“坚持教育优先发展、科技自立自强、人才引领驱动”作为指导思想，探索将职业素养和专业知识有机融合，首先将国产信息技术应用创新精神的核心要义深度融入知识体系的每一处脉络。例如，在介绍人工智能应用场景时，着重展现我国在该领域取得的卓越成就，激发学生的爱国热情，引导其树立科技报国的远大志向；在探讨人工智能的风险与规范时，紧密结合国产信息技术应用创新安全体系，深入剖析该技术对社会的多维度影响，培养学生的信息安全意识与责任担当，确保技术应用始终坚守正确的价值导向，同时针对人工智能目前最新的技术发展成果和课程教学改革成果，在相应章节中设置微课视频二维码，着力于培养新一代信息产业建设所需的复合型高技能人才，贯彻科教兴国战略和创新驱动发展战略；其次结合各章节的特点提炼出相应的素养目标，重点培养或提升如规范操作、精益求精的工匠精神、安全意识和创新思维等核心职业能力，通过加强行为规范与思想意识的引领作用，落实“培养德才兼备的高素质人才”要求，将“实施科教兴国战略，强化现代化建设人才支撑”的指引落实到课程中，为进一步推进网络强国、数字中国的建设助力。

2. 理论实践深度融合

本书在内容编排上遵循由浅入深、循序渐进的原则，既注重理论知识的系统性，又突出对实践技能的培养。在理论知识讲解部分，本书以通俗易懂的语言阐述人工智能的核心概念、基本原理和发展历程，帮助学生搭建对人工智能领域的整体认知框架；在实践案例讲解部分，通过大量的实际案例分析，使学生能够深入理解人工智能技术在不同场景中的应用逻辑和价值体现。

3. 版块设计灵活创新

本书精心设置了“小智”系列特色版块，以活泼有趣的形式贯穿全书。“小智解疑惑”版块针对学生在学习过程中的常见疑惑进行深度解答；“小智问问你”版块设置启发性问题，引导学生主动探索、深入思考。

4. 聚焦多元职业场景

本书紧密对接人工智能产业发展脉络，精选职场、生活等多元场景案例，构建“跨领域、全链条”的应用教学体系。以新能源汽车销售专员的日常工作为切入点，展现 AI 在数据分析、方案策划等职场场景中的具体应用；然后拓展至信息技术、艺术设计、数字营销、智能制造等不同专业领域，解析 AI 在多岗位中的技术辅助路径；最后针对数据安全与个性化智能体应用的需求，深度融入了模型本地化部署与智能体应用开发的前沿实践内容。

5. 配套资源丰富多元

为全方位满足学生的学习需求，本书配有优质的教学资源，涵盖丰富题型的题库可供学生检验学习成果、查漏补缺；生动直观的微课视频以颗粒化形式拆解知识难点，方便学生随时学习；功能完备的实训平台则为学生提供真实模拟的实践环境，营造沉浸式学习氛围，助力学生在实践中提升技能。

本书由河北软件职业技术学院乔哲、耿兴隆、陈辉担任主编,负责书稿整体设计与修改;杨林、王跃光、胡金扣、丁肖、夏露担任副主编,分别负责本书各个章节的编写工作;马鸿策、孙凤杰、张璐、张丙垚、杨贝贝、贾会棉、董丽琴、甄东、董佳豪担任参编,负责本书案例的编写与实现。

由于人工智能技术发展迅速,加之编者水平有限,书中难免存在疏漏和不妥之处,恳请广大读者批评、指正。为了更好地满足读者需求,不断提升和完善本书的质量,我们诚挚地向广大读者征集反馈意见。如果您在阅读过程中有任何疑问、建议,或者对本书的内容、实践环节等方面有自己的见解,欢迎随时与我们联系,编者的电子邮箱:qiaozhe@hbsi.edu.cn 或 gengxinglong@hbsi.edu.cn

编　者

2025 年 7 月

目　录

认　知　篇

应 用 篇

进 阶 篇

认知篇

第1章 认识人工智能

本章导读

本章将围绕人工智能的起源与发展、现状与未来、风险与规范三个方面展开讲解：其中起源与发展部分追溯了人工智能从1956年达特茅斯会议的学科奠基，到深度学习驱动的技术突破；现状与未来部分则是立足当下，展示AI如何在辅助驾驶、医疗诊断、智慧经济等场景落地生根，通过展望未来并探讨人工智能及技术进步催生的产业变革机遇和无限可能；在风险与规范部分，须直面AI的黑箱问题，理解AI幻觉产生的原因，并思考通过完善法律法规、发布技术标准、打造行业标杆、全球协同治理等方式，确保人工智能技术实现可持续且健康地发展。

学习目标

知识目标

- 了解人工智能的起源及发展脉络。
- 掌握人工智能的定义。
- 了解人工智能在各领域的应用。
- 了解人工智能的风险及规范。

技能目标

- 能够使用时间轴工具梳理人工智能的发展脉络。
- 能够通过案例分析评估AI应用潜在的风险。

素养目标

- 培养对于人工智能技术的兴趣和探索精神,提升信息技术素养。
- 培养科技自立自强的创新思维与历史认知。
- 树立国家安全观下的科技伦理与风险防控意识。
- 增强法治思维与数据安全治理能力。
- 培养全球视野与跨学科创新格局。

1.1 人工智能的起源与发展

PPT:人工智能的起源与发展

在数字技术重塑人类文明的今天,人工智能已成为未来社会发展的关键:从能对话的手机助手到辅助驾驶汽车,从精准的医疗诊断到深奥的科学发现,人工智能正以惊人的速度渗透到社会的方方面面。但要真正把握这一技术的本质,需要追溯到它的源头——1956年那个改变世界的夏天。

1.1.1 溯源定义:一场黑板前的激烈争论

微课1-1 人工智能的起源与发展

1956年夏天,在达特茅斯学院召开了一场为期2个月左右、30多位学者参会的人工智能研究会议,参会者包括克劳德·香农、马文·明斯基等传奇人物。在会议众人的分享中,发布了一款名为"逻辑理论家"(Logic Theorist)的人工智能程序,该程序证明了《数学原理》第2章的52个定理中的38条定理,被认为是史上"第一个人工智能程序"。尽管"人工智能"(Artificial Intelligence,AI)这一名称在会议初期存在争议,最终约翰·麦卡锡还是坚持让这个术语成为领域标志。会议为逐步确立"符号逻辑+推理规则"这一研究范式奠定了基础。而且随着AI技术潜力的展现,DARPA开始大规模资助相关研究,开启了人工智能领域黄金年代。这场持续8周左右的讨论不仅创造了"AI"概念,更构建了早期研究者网络,为后续近70年的智能革新埋下种子。当GPT-4在2023年通过图灵测试时,其源头可追溯至那个闷热夏日里黑板前的激烈争论。

在这次会议中,约翰·麦卡锡提出了人工智能最经典的定义,即让机器的行为看起来像是人类所表现出的智能行为一样。另一个定义指出人工智能是人造机器所表现出来的智能性。随着人工智能技术的发展,美国斯坦福大学人工智能实验室尼尔森教授认为AI的核心是研究知识的表示、获取和应用:就像教孩子认识世界,先理解知识是什么(表示),再学习如何掌握知识(获取),最后运用知识解决问题(应用)。而温斯顿教授则认为AI就是让计算机学会做过去只有人类才能完成的高难度任务,如诊断疾病、翻译语言或驾驶汽车等。

根据国家标准化管理委员会发布的《人工智能标准化白皮书(2018 年)》,人工智能(AI)是指利用数字计算机或者由数字计算机控制的机器,模拟、延伸和扩展人类的智能,感知环境、获取知识并使用知识获得最佳结果的理论、方法、技术和应用系统。人工智能是计算机科学的一个分支,被定义为能够模拟与人类大脑相关联的认知智能行为的“机器”,是研究、开发用于模拟、延伸和扩展人的智能的理论、方法、技术及应用系统的一门新兴的技术科学。

综上所述,人工智能就是研究如何将人的智能通过机器实现并在实现过程中遵循从部分到整体的进化过程,是对人有效思考方式的模拟,是研究如何使机器具备认识问题、解决问题的能力,研究如何使机器具有感知能力(如视、听、嗅)、思维功能(如分析、综合、计算、推理、联想、判断、规划、决策)、行为功能(如说、写、画)以及学习、记忆等功能的学科。目前,人类对自身智能及其构成要素的理解十分有限,很难明确地定义什么是真正的人工智能,因此前述定义如同 AI 研究的“指南针”,既指引着科学家开发出新的智能系统,也说明了目前的 AI 更像“超级技工”——能在特定领域高效工作,却缺乏人类的创造力和情感。未来,随着技术的突破,这些定义或许会被重新改写,但它们始终是理解 AI 本质的一把钥匙。

1.1.2 发展脉络:人工智能发展的三次浪潮

自 1956 年达特茅斯会议首次提出“人工智能”的概念以来,这一学科已走过近 70 年的跌宕历程。人工智能的技术范式从符号逻辑、专家系统演进到深度学习,社会对其的关注热度也随着技术突破与应用瓶颈的交替更迭而起伏变化。回顾其发展轨迹,人工智能先后经历了三次具有里程碑意义的发展浪潮,如图 1-1 所示。

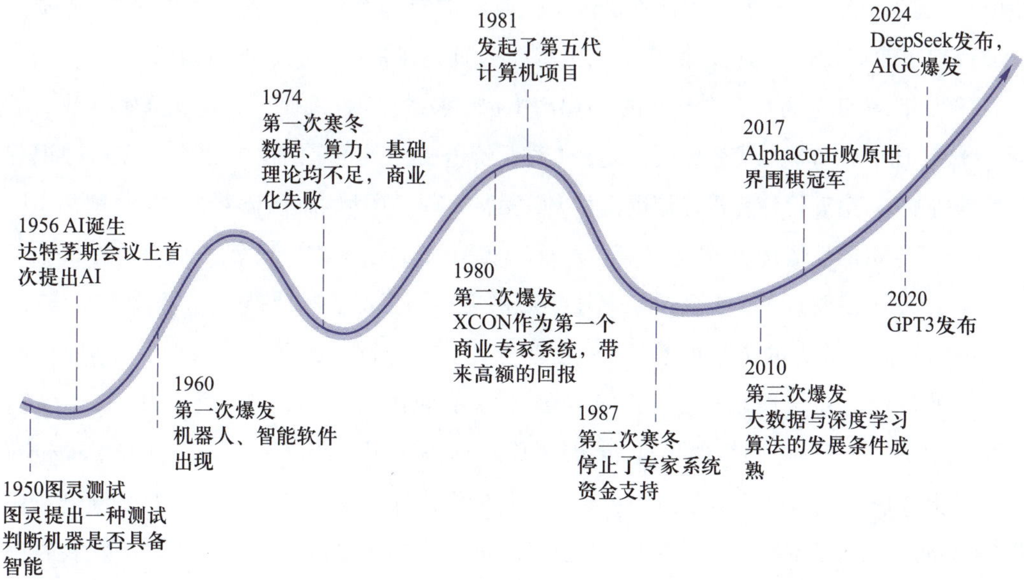

图 1-1 人工智能三次浪潮发展历程

1. 第一次浪潮(1956—1974年):人工智能思潮赋予机器逻辑推理能力

科学家尝试用数学符号和逻辑规则让机器模仿人类思维。1956年达特茅斯会议正式确立了“人工智能”概念,随着这一概念的兴起,人们对人工智能的未来充满了想象,从而迎来第一次发展浪潮。在这一阶段,人工智能主要用于解决代数、几何以及语言的相关问题。研发工作主要围绕提升机器的逻辑推理能力展开,通过人工编写规则来处理特定领域的问题。其间诞生了能证明数学定理的逻辑理论家程序、首个聊天机器人伊莉莎ELIZA(通过关键词匹配对话),以及可战胜人类棋手的跳棋程序。随着20世纪60年代自然语言处理和人机对话技术的突破性发展,大大地提升了人们对人工智能的期望,也将人工智能带入了第一波高潮。

基于符号逻辑构建的符号系统,由于面临常识推理处理难、规则数量激增等问题陷入了发展瓶颈;加之研究资金削减,1974年AI研究陷入停滞,第一次AI寒冬来临。这次寒冬并不是偶然的,究其原因,在长达近20年的黄金时期,创造的各种软件和硬件以及机器人,和实用的工业产品相比其产生的价值较低,没有真正地推进人们的生产、生活的发展。尽管如此,符号主义遗产深刻地影响着认知科学,为20世纪80年代的专家系统兴起奠定了基础。

2. 第二次浪潮(1980—1987年):专家系统使人工智能实用化

第二次人工智能热潮随着计算机的普及而出现。在20世纪80年代,机器学习取代了逻辑计算,解决了上一次人工智能寒冬所面临的问题。进化后的符号主义开始复苏,专家系统程序的知识处理开始被全世界的科学家所接受,成为了当时人工智能领域的焦点。专家系统是一个智能计算机程序系统,内部包含大量的某个领域专家水平的知识和经验,能够利用人类专家的知识来解决该领域的问题。此外,基于连接主义(即神经网络)使用程序模拟人脑神经元的工作原理等多重因素让人工智能重新焕发活力。这一阶段的代表有专家系统和第五代计算机。这一时期的专家系统在工业、医疗、化学、地质等领域取得了较好的应用效果,推动了人工智能的研究迎来第二次发展高潮。

1980年,企业与高校合作开发的“XCON-R1专家系统”投入使用并实现降本增效。随后1982年日本启动第五代计算机计划,AI商业价值受到认可,然而,专家系统存在知识获取低效等缺陷,第五代计算机计划因低估PC发展失败,AI性能瓶颈难突破致资金削减。同时,个人计算机的性能优于AI系统,引发AI不实用的质疑,最终导致第二次AI寒冬降临。

3. 第三次浪潮(2006年至今):深度学习助力感知智能步入成熟

随着计算机算力的指数级增长,其加速了人工智能技术的迭代,也推动了感知智能进入成熟阶段。在该阶段,人工智能与多个应用场景结合落地、产业焕发了新生机。2006年,随着深度神经网络的出现,突破了传统算法瓶颈。2012年,AlexNet在ImageNet训练集上图像识别精度取得了重大突破,直接推升了新一轮人工智能发展的浪潮。2016年,AlphaGo战胜了围棋职业选手后,人工智能再次收获了空前的关注。从技术发展的角度来看,前两次浪潮中人工智能逻辑推理能力不断增强、运算智能逐渐成熟,智能能力由运算向感知方向拓展。目前的语音识别、语音合成、机器翻译等感知技术的能力都已经接近人类智能。现阶段，随着大模型的兴起，特别是基于 Transformer 的 GPT、BERT 等预训练模型，引领了人工智能进入新纪元。大模型促进了人工智能与多行业深度融合，为智能制造、医疗、辅助驾驶、金融、教育等领域带来了变革。

1.2 人工智能的现状与未来

从 1956 年达特茅斯会议的“符号逻辑”到如今的“大语言模型”，AI 已从实验室走向了现实，而随着大数据、云计算、5G 等新一代信息技术的出现，为 AI 的发展提供了强大的基础设施支持。从 2016 年开始，AI 技术在图像识别、语音识别、自然语言处理等领域取得了显著进展，进入了“智能化”阶段。2020 年后，随着大模型的崛起，AI 技术的影响力进一步渗透到医疗、金融、零售、制造、物流等多个行业。2024 年诺贝尔物理学奖和诺贝尔化学奖授予了人工智能的相关技术，这两个奖项不仅彰显了 AI 的重要性，还体现了 AI 与基础科学相互促进。在人工智能技术持续突破与产业基础不断夯实的当下，应用场景的落地已成为推动技术价值释放的核心驱动力。接下来，将一起走近相关领域的“AI 改造现场”，看看这场科技革命是如何悄悄地重塑人们的生活与工作。

PPT：人工智能的现状与未来

微课 1-2 人工智能的现状与未来（上）

1.2.1 应用场景：正在悄悄改变这些领域

1. AI+教育

2017 年，我国就为 AI 赋能教育绘制了蓝图：由国务院发布的《新一代人工智能发展规划》明确提出了五大方向：革新人才培养模式、建设智慧教研体系、打造智能在线学习平台、开发教育辅助工具、构建以学生为中心的学习环境。如今，AI 不再是文件里的概念，而是化作智能备课助手、个性化学习系统、课堂行为分析工具等实用形态，悄然改变着教与学的每一个环节。

图 1-2 星火语伴 App

在个性化学习方面，星火语伴 App 通过虚拟外教对话、AI 发音纠错，帮学生突破口语瓶颈，让英语学习更有趣，如图 1-2 所示。在教育公平方面，国家智慧教育平台 2.0 集成 AI 功能，为偏远地区超 3000 所乡村学校学生提供免费优质资源，如图 1-3 所示。AI 推动了教学从“经验教学”向“数据驱动”转变为教师赋能。

图 1-3　国家智慧教育平台 2.0

教育部近年来持续推进“人工智能+高等教育”融合创新，先后于 2024 年 4 月和 11 月公布了两批共 50 个典型应用场景案例，涵盖教学模式创新、实验实训改革、智慧校园建设等多个领域。在首批公布的案例中，北京大学口腔虚拟仿真智慧实验室通过虚拟现实技术构建智能化训练场景，突破了传统医学教学的时空限制，如图 1-4 所示。

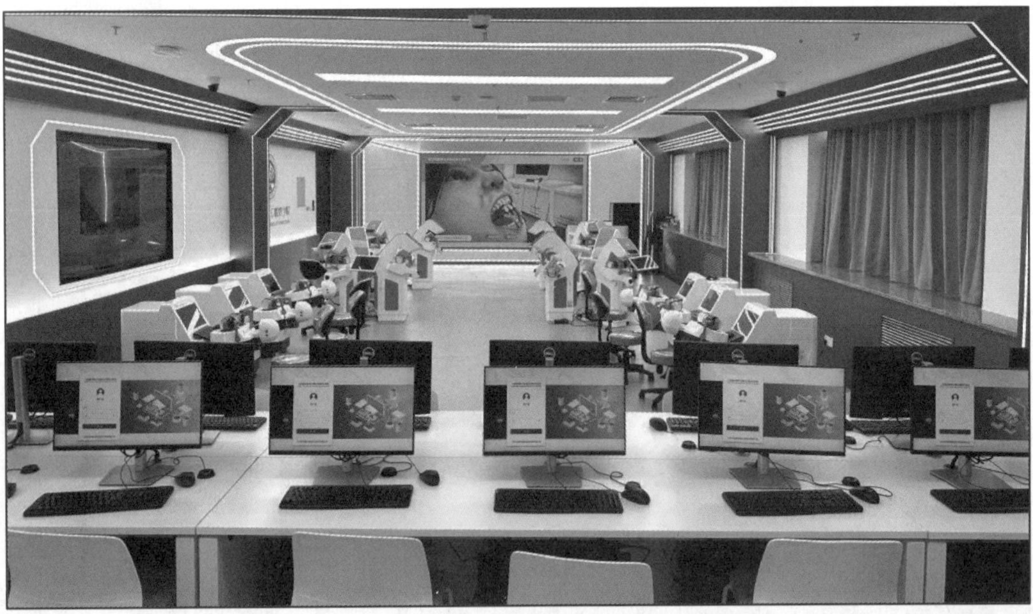

图 1-4　北京大学口腔虚拟仿真智慧实验室

这些丰富的应用案例不仅为“人工智能+高等教育”的深度融合提供了可复制的创新范式，更标志着教育领域正从技术赋能走向生态重构。随着技术迭代与应用场景的持续拓展，人工智能与教育的深度融合将进一步打破传统教育边界，构建起“以学生为中心”

的智慧教育新生态，为培养兼具科技素养与创新能力的时代人才注入强劲动能。

2. AI+医疗

2024 年 11 月，国家卫生健康委员会、国家中医药管理局、国家疾病预防控制局联合发布了《卫生健康行业人工智能应用场景参考指引》，旨在推进卫生健康行业“人工智能+”应用创新发展。该文件中明确将医疗领域的人工智能应用场景划分为四大部分，13 个类目，共列出了 84 个典型应用场景。其中，四大部分分别为医疗服务管理、基层公卫服务、健康产业发展、医学教学科研。

在医疗服务管理场景中，华西口腔医院的智联大模型能精准识别患者症状，使挂错号率降低 60%以上，还能生成个性化诊疗建议，如图 1-5 所示。在基层公共卫生服务场景中，南京一社区引入“内镜精灵”AI 辅助系统，可实时识别消化内镜病灶，降低漏诊误诊风险，如图 1-6 所示。在健康产业发展场景中，江西的热敏灸机器人可模拟医生手法，基层医生可通过 App 操作实现“人机协同”治疗，如图 1-7 所示。在医学教学科研场景中，医学临床虚拟模拟教学操作台可使医学生在模拟手术中有真实手感，已在 20 余家院校应用，如图 1-8 所示。

图 1-5 华西口腔医院的智联大模型

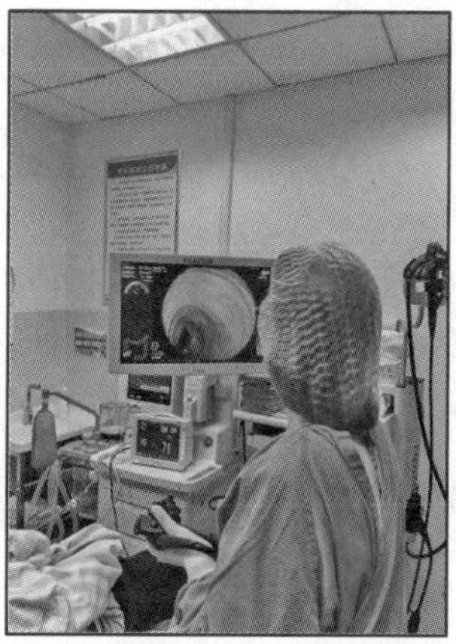

图 1-6 “内镜精灵”AI 辅助系统

图 1-7 热敏灸机器人

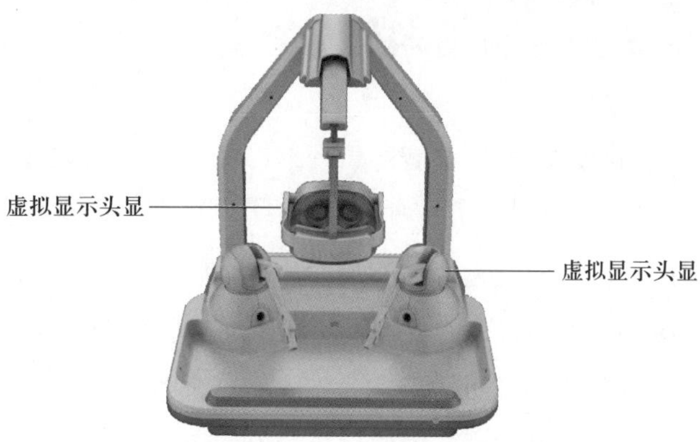

图 1-8 医学临床虚拟模拟教学操作台

总体来看,AI 医疗正从辅助工具走向核心生产力。随着 AI 与生物医学、物联网等技术的深度融合,实现了基层医疗智能化与复杂手术精准化,构建"预防—诊断—治疗—康复"闭环式智能医疗生态目标终将得以实现,不仅提升了居民健康获得感,更推动了基层公卫从"疾病治疗"向"健康促进"转型,让更多群众触摸"科技温度"。

3. AI+农业

在过去,农民种地靠经验、凭感觉,看天吃饭是常态。如今,人工智能正悄然改变这一切,使传统农业生产迈向智慧时代。无人机化身"空中医生",在田间扫描作物;智能传感器成为"土地管家",实时监测土壤肥力;无人农机摇身变为"种地能手",精准完成播种、施肥。AI 化身"数字园丁",通过智能传感器实时监测土壤墒情与气候数据,惠农智脑 AI 大模型平台结合大模型算法生成精准灌溉方案,使河北邢台的小麦种植节水 30%、肥料利用率提升 15%,如图 1-9 所示。浙江桐乡市数字种苗嫁接机器实现了机器人嫁接存活率 99%,并且避免了嫁接过程中病害病菌的传染,从而提高了整个种苗的质量,让传统农耕走向"无人化"与"精细化",如图 1-10 所示。

图 1-9 惠农智脑控制终端

图 1-10 浙江桐乡市数字种苗嫁接机器

这些科技力量不再是实验室里的概念,而是实实在在走进田间地头,为农业生产注入了新动能。从作物育种到农产品销售,AI 正在全链条发力,带来一个个令人惊喜的创新场景,让农业生产更高效、更轻松、更绿色。

4. AI+工业

我国发布的《工业智能白皮书(2022)》指出,工业 AI 是主要国家政策战略重点。人工智能作为第四次工业革命关键技术,具备渗透性强、替代性强、协同性好等特性,可融入工业全链条、优化生产要素。如今,随着生成式人工智能快速发展,行业大模型频出,以 DeepSeek 为代表的技术推动国产大模型规模应用,为工业智能化与数字化转型提供新动力,拓展更多应用场景。

工业 AI 在生产各关键环节均有典型应用。在企业进行设计与研发时,借助大数据和算法生成多样方案并筛选最优方案,如汽车企业使用 AI 优化新车设计,缩短周期、降低成本;在生产作业中,智能机器人和自动化生产线能精准完成任务并自我调整;在质量管控中,通过图像识别等技术快速检测缺陷,如手机零部件检测更准更快;在设备管理中,实时监测运行数据预测故障,如化工企业提前维护设备,保障稳定运行。

湖南太重集团的全自动化生产线仅需 8.8 分钟即可将一块钢板制作成为工程挖掘机,1216 台机器人协同作业实现"零差错"生产,如图 1-11 所示;海尔集团自主研发的天智工业大模型沉淀 4700 个行业机理模型,实现跨设备、跨产线的全局优化,目前已开拓出注塑机工艺参数优化、服装辅助设计、设备智能管理等多个实际应用场景,其中天智工业大模型驱动的注塑机工艺参数推荐系统如图 1-12 所示。未来大模型与制造业的深度融合将推动产业向更智能、高效和可持续的方向发展。

图 1-11 湖南太重集团的集控室

5. AI+电商

打开电商 App,扑面而来的个性化推荐越来越精准。其实,这只是 AI 赋能电商的冰山一角。如今,AI 已深度融入电商的各个环节,从产品研发时的精准定位,到营销推广时的创意内容生成,再到客户服务中的智能交互,都有 AI 的身影。如今,AI 在电商行业的应用越来越广泛,核心体现在个性化购物、智能供应链管理和内容创作与营销三大场景。

在个性化购物场景中,通过分析用户数据,AI 为时尚电商生成穿搭方案,为电子产品平台推荐个人计算机型号,让购物更贴合个人需求;在智能供应链管理场景中,AI 综合多类数据精准预测销量、调配库存,还结合实时信息为物流规划最优路线,提升配送效率;

在内容创作与营销场景中，AI能快速生成商品描述和图片，还可分析用户行为，针对不同群体定制营销活动，提升营销效果。

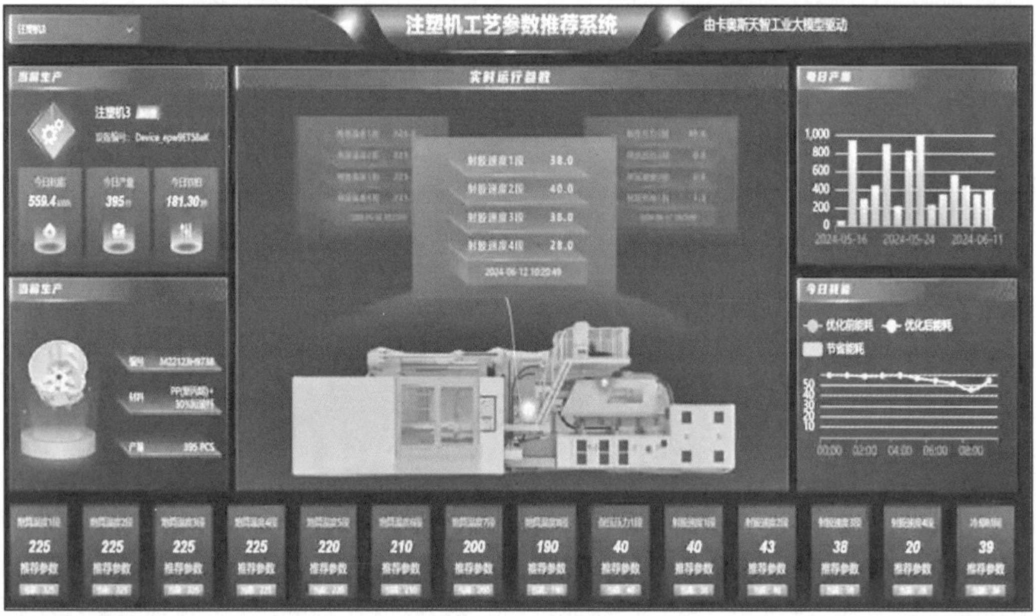

图1-12　天智工业大模型驱动的注塑机工艺参数推荐系统

淘宝通过“有好货”栏目与“淘宝试衣间”，运用计算机视觉技术分析用户的身形与风格偏好，为时尚用户生成个性化穿搭方案，如图1-13所示。AI从降本与增效两端发力，汉朔科技推出的首款门店营销智能方案：“汉朔门店营销助理”，可通过对话交互实现商品POP海报、营销氛围海报及产品文案生成，提升零售营销效率，如图1-14所示。

图1-13　淘宝试衣间

6. AI+交通

在城市化进程加速发展的今天，交通拥堵、事故频发、资源浪费等问题如同城市的“顽疾”，严重影响着人们的生活质量和经济发展。传统的交通管理手段在这些挑战面前逐渐力不从心，而随着人工智能技术的崛起，正为交通行业注入新的活力。AI凭借其强大的数据分析、实时决策和自动化能力,化身交通系统的“智能指挥官”,从智能交通管理系统,到辅助驾驶技术,再到智能物流配送等,在众多典型场景中得到了实际应用,悄然改变着人们的出行与物流运输方式。

图 1-14 汉朔门店智能化运行场景

深圳前海 4 条 L4 级 AI 公交线路累计已运送乘客达万人次,通过视觉算法预判信号灯变化,解决了绿灯闪烁转红灯的冲灯问题,运行效率大幅提升,如图 1-15 所示。新石器无人车配送作为 L4 无人配送代表,已交付车辆超 3000 辆,辅助驾驶里程累计超 3000 万公里,是全球最大的无人车队之一,如图 1-16 所示。武汉经开区中通网点,使用该无人车配送,覆盖十家市区门店、三家乡镇门店。

图 1-15 深圳前海辅助驾驶公交

这场由 AI 驱动的生产力革命,其核心是数据、算法与算力融合,打破了行业边界,将传统产业由“经验驱动”升级为“数据驱动”,赋能农业灌溉、工业生产、交通运输等场景。未来,随大模型普及与边缘计算深化,将催生更多“AI+”新业态。

图 1-16　新石器无人配送车

《国家人工智能产业综合标准化体系建设指南(2024版)》中将人工智能标准体系结构划分为基础共性、基础支撑、关键技术、智能产品与服务、赋能新型工业化、行业应用、安全/治理7个部分。基于此并结合人工智能市场参与者的发展情况,将人工智能产业图谱分为基础层、技术层、大模型与工具层及应用层4个层级,如图1-17所示。

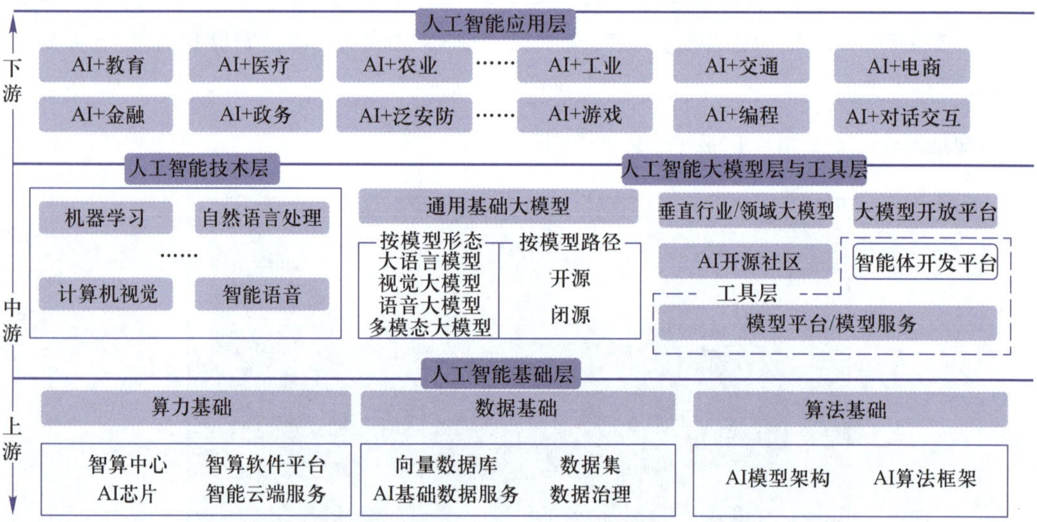

图 1-17　人工智能产业图谱

基础层主要将算力、数据、算法基础作为人工智能技术、产品服务、应用的支撑。

技术层基于基础层的解决方案,研究和开发AI技术,提供通用的算法和工具,具体包括机器学习、智能语音、计算机视觉、自然语言处理等关键技术。

大模型与工具层主要分为通用基础大模型、垂类行业/领域大模型、智能体开发平台以及相关模型平台或服务。

应用层是最接近用户需求和市场的层级,其AI技术应用于各个行业和场景中,实现生产和生活的智能化升级。

AI 产业的基础层、技术层、大模型与工具层、应用层四层架构如同“搭积木”，层层支撑、环环相扣。基础层筑牢底座，技术层拓展创新，大模型与工具层优化 AI 能力，应用层解决实际问题。未来，随着每一层的不断进步，AI 会像水和电一样融入人们的生产生活。可以说，这四层架构既是产业框架，更是通向智能生活的阶梯。

1.2.2 展望未来：AI 的无限可能

微课 1-3
人工智能的现状与未来（下）

1. 量子计算与人工智能的融合

在探讨未来科技发展时，量子计算与人工智能的融合已成为备受关注的重要发展方向。随着量子计算技术不断取得突破，这两大前沿领域的融合不再是科幻想象。在深度学习领域，数据训练往往需要耗费大量时间和算力。例如，训练一个复杂的神经网络模型，传统计算机可能需要数周甚至更长的时间。而量子 AI 系统就像给模型训练装上了涡轮增压发动机，通过量子并行计算大幅缩短数据的处理时间，让算法能在更短的时间内完成海量数据的学习优化。这项加速不仅体现在训练速度上，还能帮助算法探索更复杂的可能性空间，让模型的准确率和效率得到双重提升。这项技术融合正在催生革命性的应用场景，例如，在我国第三代自主超导量子计算机“本源悟空”真机上，首次运行十亿参数 AI 大模型微调任务，这一成果不仅验证了量子计算助力实现大模型轻量化的可行性，更为破解大模型“算力焦虑”开辟了新路径，如图 1-18 所示。

图 1-18 “本源悟空”真机

简而言之，量子计算就像为人工智能打造了一个超级大脑，让机器不仅能更聪明地思考，还能以超越传统算力的速度处理复杂问题。随着这两大技术的深度融合，未来在科学研究、产业创新甚至日常生活中，这种“量子+AI”的组合将释放出难以估量的潜力，将开启智能时代的全新篇章。

2. 可解释性人工智能与强化学习

在当今的人工智能领域,许多AI模型在运行时会存在一个显著的问题,即其工作方式缺乏透明度。这些模型做出决策的具体过程难以被清晰阐释,就如同一个“黑箱”,让人无法确切知晓其内部的运作逻辑。而这种不透明性严重阻碍了人工智能在更广泛领域的应用,因为人们对无法理解和解释的决策结果往往难以信任和接受。

面对这一挑战,未来人工智能的发展将聚焦于一个关键方向——可解释性人工智能。这一研究方向的核心目标是提升AI系统的透明度和可信度。通过引入可解释性机制,人工智能模型能够像一个“透明的盒子”,将其决策过程以及做出决策所依据的因素毫无保留地展示出来。这样一来,用户可以清楚地了解AI为什么会做出这样的决策,从而大大增强了对人工智能的信任。

与此同时,强化学习作为人工智能领域的另一重要发展方向,也备受关注。强化学习的原理是让智能体在与环境的交互过程中,通过不断地尝试错误、积累经验,并根据反馈进行优化,最终学习到最优的决策方式。借助强化学习,AI系统能够实现更加自主和智能的决策,逐步减少对人工干预的依赖,从而在复杂多变的环境中更好地发挥作用。以电商推荐系统为例,其融合可解释性技术与强化学习:前者向用户说明商品推荐逻辑,提升信任与满意度;后者助力平台依据市场和需求优化策略,实现个性化推荐与经济效益双提升。

3. 具身智能

人工智能正以超出想象的速度重塑人类文明的进程。在从实验室走向现实的60余年里,AI已从单一的符号逻辑推演,进化为融合多学科智慧的超级引擎。当我们站在技术革命的临界点回望,会发现AI的发展轨迹始终围绕着一个核心命题:如何让机器真正理解并融入人类所处的物理世界。而随着具身智能的出现,正是打开这一命题的关键钥匙。

具身智能的本质,是赋予AI物理实体与环境实时交互的能力,其不再满足于虚拟世界的符号运算,而是通过多模态传感器(如视觉、触觉、力觉)构建对现实的三维认知,借助强化学习在动态环境中自主决策。例如,特斯拉的Optimus机器人能通过视觉识别和肢体协调完成复杂操作,其背后正是具身智能技术的支撑。这种“感知—决策—执行”的闭环系统,使AI从被动的“数据处理器”转变为主动的“环境参与者”。

技术融合推动具身智能进入爆发期。人形机器人的柔性关节技术突破,使其能模仿人类的精细动作。脑机接口的发展则为智能体提供了更自然的交互方式。2025年春晚,宇树科技的人形机器人Unitree H1凭借一段中国传统秧歌表演迅速出圈,如图1-19所示。看似简单的动作,背后实际上是极其复杂的高动态运动控制技术、多模态感知与实时决策能力以及高可靠性与容错机制的综合展现。NVIDIA的VIMA系统则实现了视觉文本提示下的跨场景任务执行,标志着具身智能开始向通用化迈进。

图 1-19 宇树科技的人形机器人 Unitree H 表演中国传统秧歌

目前 AI 的发展成为重塑人类认知与社会结构的核心力量,而具身智能则让机器从"工具"变为"伙伴",科学基座模型则将探索未知的边界推向更深维度。未来,人们或将见证这样的场景:具身智能机器人在火星表面采集样本,科学大模型实时分析数据并生成新假说,而人类科学家则在地球另一端通过脑机接口参与决策——这不是科幻,而是正在加速到来的现实。当 AI 学会用"身体"感知世界,用"思维"探索宇宙,人类文明也将迈向新高度。

4. 大语言模型(Large Language Model, LLM)和小语言模型(Small LanguagModel, SLM)共存

在人工智能领域,大语言模型凭借其卓越的性能与强大的泛化能力,占据着极为重要的地位。这类模型的参数规模极为庞大,通常在数千亿到数万亿级别,多部署于云端,能够出色地支持机器翻译、问答系统以及文本生成等复杂的通用推理任务。

不过,随着技术持续向前推进,小语言模型正逐渐走进人们的视野,获得越来越多的关注。与大语言模型相比,小语言模型具有显著不同的特点:其训练与运行成本相对较低,参数规模一般处于数亿至数十亿的区间,因而在资源受限的设备与应用场景中更具优势。

小语言模型主要聚焦于端侧设备以及特定领域的任务。考虑到端侧设备如今已广泛普及,在可预见的未来,大量的人工智能推理工作负载将从云端转移至终端。这无疑为小语言模型带来了巨大的应用潜力,使其在手机、汽车等边缘终端上将发挥关键的作用,以满足人们多样化的人工智能需求。而且,小语言模型所具备的灵活性,也为其实现更广泛的应用提供了可能性。

随着算法不断优化,模型架构持续创新,小语言模型在保持高效运行的同时,处理复杂问题的能力也在稳步提升。在未来,小语言模型不再仅仅局限于处理诸如语音助手基本交互这类简单任务,还将有能力承担更高级别的决策支持、个性化推荐等复杂任务。与此同时,随着边缘计算技术的迅猛发展,会进一步提升终端设备的计算能力,为小语言

模型提供更为坚实的运行基础，助力其在更多领域实现落地应用，进而推动构建一个更加智能、便捷、高效的数字化生活环境。

小智有感悟

在人工智能驱动的职业变革中，思维创新与逻辑解构能力成核心竞争力，应主动培养多元思维，提升分析解构能力，为未来职业发展筑牢根基。

1.3 人工智能的风险与规范

PPT：人工智能的风险与规范

人工智能带来了前所未有的发展机遇，同时也带来了前所未有的风险挑战，这一技术如同“双刃剑”，在医疗诊断、辅助驾驶等领域释放巨大价值的同时，也暴露出一个极具挑战性的核心问题：黑箱问题。

1.3.1 黑箱问题：幻觉产生的罪魁祸首

微课 1-4 人工智能的风险与规范

AI 的“黑箱问题”是当前技术发展中最具争议的挑战之一，它如同一层神秘的面纱，掩盖了 AI 决策的内在逻辑，由此引发的“幻觉”（即 AI 生成看似合理，实则虚假的内容），正成为引发社会信任危机、带来安全风险的核心源头。

1. AI 的“黑箱”：看不见的决策迷宫

黑箱问题追根溯源，其症结在于当前 AI 技术的“可解释性鸿沟”，算法优化目标聚焦于预测精度的提升，却相对忽视了决策逻辑的可追溯性。数据训练过程依赖统计相关性的捕捉，却难以构建因果关系的严谨链条。这使得 AI 系统在特定语境下更像是一个高效运转却“知其然不知其所以然”的复杂黑箱，其生成内容的可靠性更多依赖于训练数据的质量与分布，而非真正意义上的认知理解。可以将 AI 看作是“大数据喂出来的聪明孩子”，但这个“孩子”的大脑运作方式却像一个不透明的盒子。

以最先进的大语言模型为例，本质上它是一个基于海量数据训练的超级“统计学家”，其工作原理可以简单解释如下。

输入问题：如“相对论是谁提出的”。

内部运算：模型中的数十亿个“神经元”通过复杂的数学运算，在万亿条数据中寻找“最可能匹配”的词语组合。

输出答案：根据统计规律拼凑出一个听起来合理的句子。

这里模型关键问题在于：人类完全看不到中间的运算过程，就像把问题扔进一个黑箱子，摇一摇后出来一个答案，却不知道箱子里的“摇骰子”规则是什么。AI 不知道“相对论”的科学意义,也不理解“提出”这个词的逻辑关系,它只是记住了“爱因斯坦”和“相对论”在数据中频繁一起出现——这就是“黑箱”的本质:用统计规律代替真实理解。换句话说它能根据线索拼凑出看似合理的答案,却不一定知道答案背后的真实逻辑。

2. 黑箱催生“幻觉”的三个关键因素

想象一个学生只靠死记硬背刷题,却从不理解公式的原理。当遇到一道稍微变化的题目时,其可能会基于记忆碎片“编造”一个答案。AI 的“幻觉”本质上是遵循同样的逻辑,而导致“幻觉”存在有以下三个关键因素。

(1) 数据缺陷的“复印机效应”

AI 的训练数据可能包含错误(如百度百科中作者的笔误)、偏见(如某类信息被过度重复)或过时的知识(如 2020 年前的资料)。黑箱模型无法分辨这些问题,反而会像复印机一样,把错误无限复制甚至“创造”新的错误。

示例:如果训练数据中多次出现“牛顿研究过时空理论”(真实历史中牛顿研究的是经典力学),模型则可能推导出“牛顿提出了相对论”,因为它只关注词语关联,而非真实的历史逻辑。

(2) 逻辑链的“断裂危机”

人类推理时遵循因果关系(如“因为苹果落地,所以牛顿发现万有引力”),但 AI 没有这种“因果思维”,只能基于表面的词语匹配。而在问题需要多层逻辑推导时,黑箱就会“断链”,用看似合理的碎片填补漏洞。

示例:问 AI“为什么不能用酒精给伤口消毒?”,如果数据中缺乏“酒精刺激黏膜细胞”的专业知识,它可能编造“因为酒精会导致伤口变色”,用无关的表象解释替代真实原因。

(3) “自信说谎”的致命缺陷

黑箱模型没有“自我怀疑”的能力,无论答案对错,都会以同样的确定性输出。更危险的是,它会用专业术语包装错误,让人难以察觉。

示例:某医疗 AI 曾建议患者“每天服用 10 片退烧药”,其原因是训练数据中“退烧”和“剂量”的关联被错误放大,而模型无法意识到这个剂量远超安全范围。

3. 当“幻觉”变成风险:从玩笑到灾难

当 AI 的应用场景从日常对话的“娱乐场”转入医疗诊断、法律实务、金融决策等“责任场”,其内生的“幻觉”特质便不再是无关痛痒的语言游戏,而是可能引发系统性风险的“定时炸弹”。这些关键领域的共同特征——高度专业性、决策后果不可逆性、风险传导放大性,使得黑箱机制的潜在危害呈现指数级增长,每一处细微的逻辑断层都可能在现实世界引发连锁反应,造成不可预估的后果。

(1) 医疗误诊:藏在数据里的“陷阱”

在数据采集环节中,若样本不具代表性,便容易引发误诊。如果医疗设备有限,采集的疾病数据不全面，当以此训练 AI 诊断模型遇到复杂病症时，模型可能因缺乏相关数据特征而误判。在数据标注方面，如果标注人员的专业水平参差不齐，像将症结所在之处影像标注错误，将致使 AI 在学习过程中接收错误信息，在后续诊断时就会将健康身体器官误认成病变状态。此外，医疗知识不断更新，数据若未及时同步，同样是陷阱。

例如，由于 AI 依赖既有数据诊断，当面对新发现、罕见病等未涵盖特征时极易误诊。2024 年 12 月，一持续胸痛患者到某三甲医院就诊，院方“智诊 AI 系统”根据心电图和 CT 影像诊断为“轻度心肌缺血”，建议门诊观察，患者次日突发急性心肌梗死离世。尸检报告显示，其冠状动脉存在严重狭窄，而 AI 系统未能识别关键病变特征。

（2）金融诈骗：黑箱漏洞被恶意利用

诈骗分子利用黑箱模型难以被外界清晰解读的特点，对输入数据进行篡改与伪装。在金融交易风险评估模型中，通过操纵数据，使高风险交易被包装成低风险，误导模型输出错误评估结果，进而突破风险防控关卡，实现非法资金转移。在信用评级模型中，恶意篡改个人或企业的财务数据、交易记录等输入信息，让模型给出与实际不符的高信用评级，以此获取高额贷款或金融服务。而由于黑箱模型的不透明性，监管部门难以实时监测和准确识别这些恶意数据操纵行为，导致金融诈骗行为愈发猖獗，严重威胁金融市场的稳定与投资者的资金安全，破坏了金融生态的健康发展。

例如，某女士被一款自称“AI 智能投资助手”的应用吸引，该应用宣称能用 AI 推荐高收益项目。她下载并注册应用后填写了敏感信息，随后收到参与高收益项目需转账 10 万元的通知。转账时因金额超限前往银行调整额度，银行工作人员察觉异常，怀疑其遭遇电信诈骗，建议她停止转账并报警。

（3）舆论操控：以假乱真的“AI 写手”

AI 写手依托先进算法，能在短时间内炮制大量文本，通过对热点话题的抓取和分析，精准把握大众情绪走向，生成贴合受众心理的虚假内容。从内容层面看，AI 写手创作的文章、评论等，在语法和逻辑上与人类作品几无差别，且善于运用情感渲染词汇，极具迷惑性。在传播过程中，利用社交媒体平台的传播机制，通过大量机器人账号转发、评论，迅速扩大虚假内容的传播范围。它们伪装成普通用户的观点，悄无声息地渗透进舆论讨论中，误导公众认知。而普通受众因难以辨别信息真伪，容易被这些虚假内容引导，从而改变对事件的看法，使舆论走向被恶意操控者牵引。长此以往，不仅破坏了舆论环境的真实性与公正性，还削弱了公众对信息的信任，让理性讨论空间被挤压，引发社会群体间的误解与矛盾。

例如，2025 年 1 月央视网发文警示 AI 洗稿生产假新闻博流量现象。2024 年 10 月，在网络中发布的一篇“大妈摆摊卖水果被罚 16 万，监管局回应不交就罚 145 万”的文章，后查明是湖南长沙某传媒公司借助 AI 炮制，该公司聚焦虚假纠纷，利用 AI 提炼关键词生成假信息，再人工修改细节，该文章引发舆论关注后被删除，相关人员已被行政拘留。

AI的“幻觉”本质上暴露了一个核心矛盾：赋予了机器强大的“模仿能力”，却没有给它“理解世界”的能力。黑箱不只是技术问题，更是信任问题——当AI像一个神秘的“预言家”，用流畅的语言说出错误答案时，人类很难分辨真假。那么这种“模仿”与“理解”的断裂、“能力”与“可信”的鸿沟，正在倒逼整个社会思考一个关键命题：如何让AI在释放生产力的同时，不会成为失控的“语言魔术师”？

1.3.2 AI治理：构建可信赖AI的基石

当AI生成的文字、图像甚至视频开始渗透至生活的每个角落，当算法推荐重塑信息获取方式，人工智能在创造便利的同时，也带来了数据安全、伦理风险、技术滥用等新挑战。如何让这匹技术野马在正确轨道上驰骋？我国给出了自己的答案——以“统筹高质量发展和高水平安全”为理念，构建覆盖技术研发、应用落地、全球治理的立体化规范体系。从给AI内容戴上“透明标签”，到为数据流动设置“安全闸门”，从破解算法“黑箱”到划定伦理“红线”，一系列务实的举措既为技术创新划定边界，更在安全与效率间找到了动态平衡点。本节将从安全底线、透明与公平、行业赋能、全球治理等维度，阐述如何让人工智能真正成为驱动社会进步的“安全引擎”。

1. 安全底线：从“野蛮生长”到“合规发展”

我国对人工智能的规范并非“刹车”，而是为技术装上“红绿灯”。2023年8月实施的《生成式人工智能服务管理暂行办法》明确要求，AI生成内容必须符合社会主义核心价值观，不得煽动分裂、传播虚假信息。例如，当AI被用于新闻写作时，必须标注其生成内容的来源，避免误导公众。同时，企业在训练AI模型时，需确保数据合法获取，涉及个人信息的必须取得用户同意。这就像给AI戴上了“紧箍咒”，防止其成为不良信息的传播工具。

在数据安全方面，《中华人民共和国数据安全法》和《中华人民共和国个人信息保护法》构建了双重防护网，要求企业对数据进行分级分类管理，重要数据需纳入保护目录。例如，医疗数据涉及个人隐私，企业必须加密存储并限制访问权限。对于跨境数据传输，需通过安全评估，防止国家的关键数据泄露。这些措施就像给数据仓库加上“防盗门”，确保AI发展不踩安全红线。

小智有感悟

保护个人信息是对公民权利的尊重，消除算法偏见是对公平正义的守护。这提醒我们，技术创新不能只追求“能不能”，更要思考“该不该”，树立“智能向善”的信念——让科技始终服务于人类福祉。

2. 透明与公平：让AI“可解释、不歧视”

AI的黑箱特性曾引发公众担忧。为此，我国积极推动算法透明化，要求企业公开其算法的基本原理和决策标准。例如，某外卖平台需公示配送时间计算规则，避免骑手因算法压榨而超时。同时，企业需防范算法歧视，在招聘、信贷等场景中，不得基于性别、地域等因素做出不公平决策。这就像给 AI 安装了“透明玻璃”，让公众看到其运作逻辑。

在伦理治理方面，中华人民共和国科学技术部于 2021 年发布了《新一代人工智能伦理规范》，明确了 AI 研发需遵循“以人为本、安全可控”的原则。例如，医疗 AI 在辅助诊断时，必须尊重医生的最终决策权，避免机器替代人类判断。此外，AI 伦理审查机制逐步完善，涉及人体健康、公共安全的 AI 项目需通过伦理评估。

3. 行业赋能：从“技术研发”到“场景落地”

我国在规范 AI 的同时，也在加速其行业应用。《北京市推动“人工智能+”行动计划（2024—2025 年）》提出，在医疗、教育、交通等领域打造标杆应用。例如，“北京医生”医疗大模型将整合医院数据，辅助医生诊断；在交通领域则利用 AI 生成仿真数据，优化辅助驾驶训练。上海市发布的《关于推进本市新一代人工智能标准体系建设的指导意见》则强调，在制造业、服务业等领域制定技术规范，推动 AI 与实体经济深度融合。

为支持中小企业创新，政府推动算力资源共享和数据开放。例如，北京市计划建设人工智能应用场景联合研发平台，整合行业数据和技术资源，降低企业研发门槛。同时，国家鼓励企业参与国际标准制定工作，以提升我国在 AI 领域的话语权。

4. 全球治理：中国方案与国际合作

在全球 AI 治理中，我国积极贡献智慧。2025 年由多国签署的《巴黎人工智能宣言》强调，AI 发展需包容、可持续，避免市场垄断。由我国提出的《全球人工智能治理倡议》倡导“智能向善”，呼吁各国在联合国框架下协同制定规则。同时，我国与发展中国家分享 AI 技术，帮助其提升数字基础设施水平。

国内层面，中国网络空间安全协会成立人工智能安全治理专业委员会，联合 58 家单位开展模型安全评测、垂直领域应用等研究。这种“政府引导+行业自律”的模式，为全球 AI 治理提供了新范式。

总而言之，AI 规范措施并非限制发展，而是为了实现“安全与创新并重”。展望未来，应持续完善 AI 法律法规，推进人工智能法律制度建设。同时，通过网络治理等专项行动，持续优化 AI 发展环境，使我国将以“负责任的态度”推动 AI 造福人类，让技术真正成为社会进步的引擎。

小智有感悟

同学们，掌握 AI 技术只是起点，更重要的是筑牢价值根基：让技术创新始终闪耀伦理的光芒，让个人追求与国家发展、人类进步紧密相连，这才是新时代科技人才的使命。

本章小结

本章首先梳理了人工智能的核心定义与发展脉络，构建基础认知框架；继而结合辅助驾驶、医疗诊断、经济领域的技术落地案例，分析其在工作生活中的应用场景；同时展望了人工智能与其他技术融合的发展方向。此外，针对黑箱问题所导致的AI幻觉等技术局限性展开剖析，并从规范治理角度探讨风险应对措施，形成从概念阐释到应用实践、未来展望及问题治理的系统化论述。

课后练习

一、单选题

1. 下列(　　)事件标志着人工智能作为独立研究领域的正式诞生。

A. 1956年达特茅斯会议　　B. 图灵提出图灵测试

C. 感知机模型的提出　　D. 专家系统的商业化

2. 下列(　　)科学家被称为“人工智能之父”。

A. 马文·明斯基　　B. 艾伦·图灵

C. 约翰·麦卡锡　　D. 赫伯特·西蒙

3. 在机器学习中，黑箱模型指的是(　　)类型的模型。

A. 模型训练过程非常透明

B. 模型内部运作机制难以被人类理解

C. 模型预测结果总是准确无误

D. 模型参数可以轻易调整

4. 下列(　　)因素可能导致黑箱模型难以解释。

A. 模型参数过多　　B. 数据集规模过大

C. 模型结构过于简单　　D. 模型训练时间过长

5. 下列(　　)选项不属于人工智能所带来的问题。

A. 隐私保护　　B. 算法公平性　　C. 能源消耗　　D. 人类失业

二、填空题

1. 第一个成功商业化的人工智能系统是________专家系统。

2. 在2012年的ImageNet竞赛中，________模型以显著优势夺冠，标志着深度学习革命的开始。

3. 人工智能研究中的符号主义学派认为，智能的本质是________的处理能力。

4. 在人工智能的发展历程中，________年被认为是人工智能诞生的标志性年份，这一年举办了达特茅斯会议。

5. 中国第三代自主超导量子计算机________,是全球首次运行十亿参数 AI 大模型微调任务,这一成果验证了量子计算助力实现大模型轻量化的可行性。

三、简答题

1. 请简述人工智能的风险及其应对措施。

2. 请简述人工智能的发展趋势。

3. 请简述人工智能发展历程中的三次技术浪潮。

第2章
初识生成式人工智能（AIGC）

本章导读

生成式人工智能（AIGC）正在重塑内容生产与交互模式，成为推动数字经济发展与社会创新的核心力量。本章将带领读者深入探索 AIGC 的基础知识，包括机器学习、神经网络与深度学习、自然语言处理和计算机视觉等核心技术，揭示其在传媒、娱乐、教育、医疗等领域的广泛应用。将剖析大语言模型（LLM）的工作原理，探讨算力、算法与数据如何协同推动 AI 发展，并分析通用大模型与垂类大模型的差异化应用。此外，本章还将介绍知识库与智能体的协同工作机制以及提示词工程，展示其在工业制造、智能家居、智能教育等领域的实际应用。通过本章的学习，读者将全面了解 AIGC 的技术原理、应用场景及未来发展趋势，为进一步探索人工智能领域奠定坚实基础。

学习目标

知识目标

- 了解 AIGC 的核心概念及其技术基础，包括机器学习、神经网络与深度学习、自然语言处理和计算机视觉。理解大语言模型（LLM）的工作原理及预训练与微调的关键流程。
- 了解算力、算法与数据在 AI 发展中的协同作用，以及通用大模型与垂类大模型的分类与应用场景。
- 熟悉知识库的构建方法及智能体的定义、特性与类型，熟练使用提示词。

技能目标

- 能够分析 AIGC 技术在不同领域的应用案例,并总结其优势与局限性。
- 能够设计简单的知识库架构,并理解智能体如何利用知识库进行推理与决策。
- 能够结合实际场景,评估通用大模型与垂类大模型的适用性,并提出优化建议。

素养目标

- 培养对人工智能技术的创新思维,理解 AIGC 如何推动社会变革。
- 提升对 AI 技术伦理问题的敏感性,能够在技术应用中平衡效率与社会责任。
- 增强跨学科的学习能力,将 AIGC 技术与自身专业领域相结合,探索新的应用可能性。

2.1 AIGC 的基础知识

PPT:
AIGC 的基础知识

人工智能生成内容(Artificial Intelligence Generated Content, AIGC),是利用人工智能技术自动生成文本、图像、音频、视频等各类内容的新兴领域。它并非一蹴而就,早期受限于技术瓶颈,仅停留在概念探索阶段,随着机器学习、深度学习算法等关键技术的突破,AIGC 迎来了发展曙光。从最初简单的文本摘要生成,到如今能够创作复杂小说、绘制精美画作、合成逼真语音,AIGC 的能力边界正在被不断拓展。特别是近年来,大型语言模型的问世,更是将 AIGC 推向大众视野,在传媒、娱乐、教育、医疗等诸多行业掀起变革浪潮,重塑内容生产与交互模式,成为了推动数字经济发展与社会创新的核心力量。

2.1.1 机器学习:让机器从经验中学习

作为人工智能的核心技术之一,机器学习通过算法使计算机系统能够从数据中自动提取规律并优化性能,从而实现对复杂问题的预测与决策。与传统编程依赖显式规则不同,机器学习通过数据驱动的方式,结合统计学、优化理论和计算机科学的交叉方法,使模型能够适应动态环境并持续改进。

1. 机器学习的定义

机器学习(Machine Learning, ML)源于 20 世纪中叶,是计算机科学与统计学的交叉学科,通过让计算机利用数据自动学习规律,逐步发展成为人工智能的重要分支。其核心思想是通过设计算法和模型,使计算机系统能够从数据中自动学习规律、模式或知识,并利用这些学习成果进行预测、决策或解决特定问题,而无须依赖预先制定的规则。

规则一般由人类制定,可以处理一些简单的问题。如图 2-1 所示,当需要区分圆形和矩形时,可以人为建立规则:平面上所有与给定点(圆心)距离相等的点的合集为圆形,4 个内角均为直角的四边形为矩形。这时当分类系统接收到一个图形时,会依据建立好的分类规则识别出是圆形还是矩形。

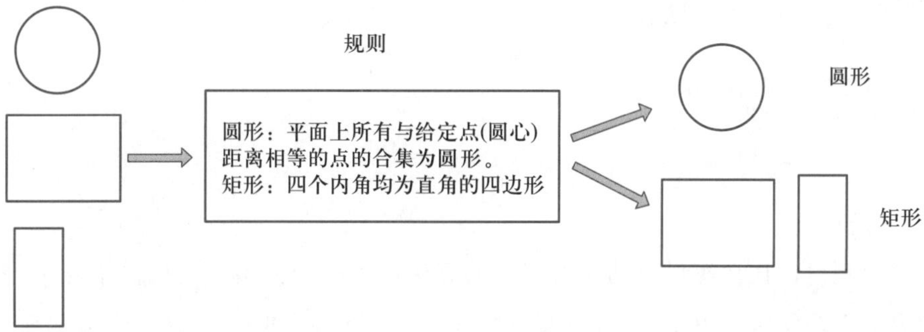

图 2-1 传统方法分类

但是人工定义规则具有局限性,一方面,在应用场景下要建立一个完善的规则系统是非常复杂的;另一方面,在应用场景中,很多问题很难以人工的方式定义具体规则。如图 2-2 所示,分辨图片中道路上的机动车与非机动车的任务,对于人类大脑而言很容易完成,几乎在看见图片的一瞬间就可以判断出哪些是机动车哪些是非机动车,但并不清楚大脑是如何做到的,也很难描述出区分的具体规则,因此也就很难设计出一个完善的规则系统或程序来解决。

图 2-2 道路上各种各样的汽车

此时,一个可行的办法就是让计算机通过学习来获得预测和判断的能力。只需要收集若干道路图片,在每张图片内标注出机动车与非机动车。这些标注的图片就像“教科书”,教会计算机什么是机动车,什么是非机动车。计算机会学习不同车辆的特征来总结规律,而不是人为定义,即让计算机在数据中自动寻找规律,并利用学习到的规律对未知事物进行预测,这样的方法就被称为机器学习,如图 2-3 所示。

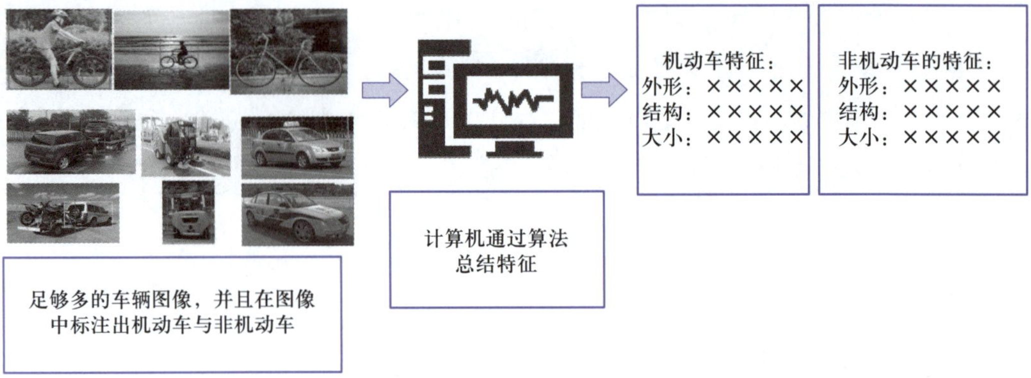

图 2-3　机器学习自动总结规则

上述提到可以让计算机自动学习规律的算法可以称为模型。在机器学习中，模型可以看作是一个数学函数 $f(x)$，用于将输入数据 x 转换成 y，即 $y=f(x)$。模型本质上是一种工具，其作用是通过数据学习规律，实现特定目标。在应用场景中，x 通常是一些可以量化的或描述的数据特征，如文字、图像、声音或是数值序列。输出 y 是根据输入所得的结果，通常与任务目标直接相关。

通过建立和优化模型，可以让计算机从数据中学习这些特征与目标之间的关系，从而在面对新数据时，计算机能够做出预测。模型的设计和选择是机器学习的核心环节，也是后续将要探讨的重要内容。

2. 机器学习的流程

通过上述介绍，可知机器学习是一种通过数据学习规律并进行预测或决策的技术。要实现这一目标，机器学习的流程通常包括如图 2-4 所示的关键步骤。

图 2-4　机器学习的流程

(1) 数据收集

收集与问题相关的数据。这些数据可以来自多种渠道，如数据库、传感器、网络爬取等。数据的质量和数量对机器学习模型的性能有很大影响。例如，对于图像识别任务，需要收集大量的图像样本；对于文本分析任务，需要收集大量的文本数据。

(2) 数据预处理

数据往往存在噪声、缺失值、异常值等问题，需要进行清洗。例如，去除重复的数据记录，填补缺失值(可以用平均值、中位数等方法)。同时，数据可能需要进行标注、特征提取和选择。

(3) 模型选择

根据问题类型和数据特点选择合适的机器学习算法。对于分类问题，可以选择逻辑回归、支持向量机、决策树等算法；对于回归问题，可以选择线性回归、岭回归等；对于聚类问题，可以选择 K-均值聚类等。

（4）模型训练

使用训练数据来训练选定的模型。在这个过程中，模型会学习数据中的规律。训练过程中通常会用到一些优化算法，如梯度下降算法，来调整模型参数，使模型更好地拟合数据。

（5）模型评估

使用验证集（或交叉验证等方法）来评估模型的性能。常用的评估指标有准确率（对于分类问题，表示正确预测的样本数占总样本数的比例）、均方误差（对于回归问题，表示预测值和真实值之间误差的平方和的平均值）等。

3. 机器学习的分类

微课 2-1
机器学习分类

机器学习为数据的解析提供了有力支持，而有监督学习和无监督学习作为其核心的学习模式，在处理多样化数据时各有优势与适用范畴。

（1）有监督学习

有监督学习的特点是利用标注过的训练数据来训练模型，使模型能够学习输入特征与输出标签之间的映射关系，从而对新的、未见过的数据进行预测或分类。有监督学习是目前人工智能领域最常用的方法之一，此方法简单有效且和人类的学习过程类似。在上述使用机器学习分类机动车与非机动车的过程中，对分类模型进行训练的过程即有监督学习。

使用有监督学习分类马路上机动车与非机动车流程如图 2-5 所示。

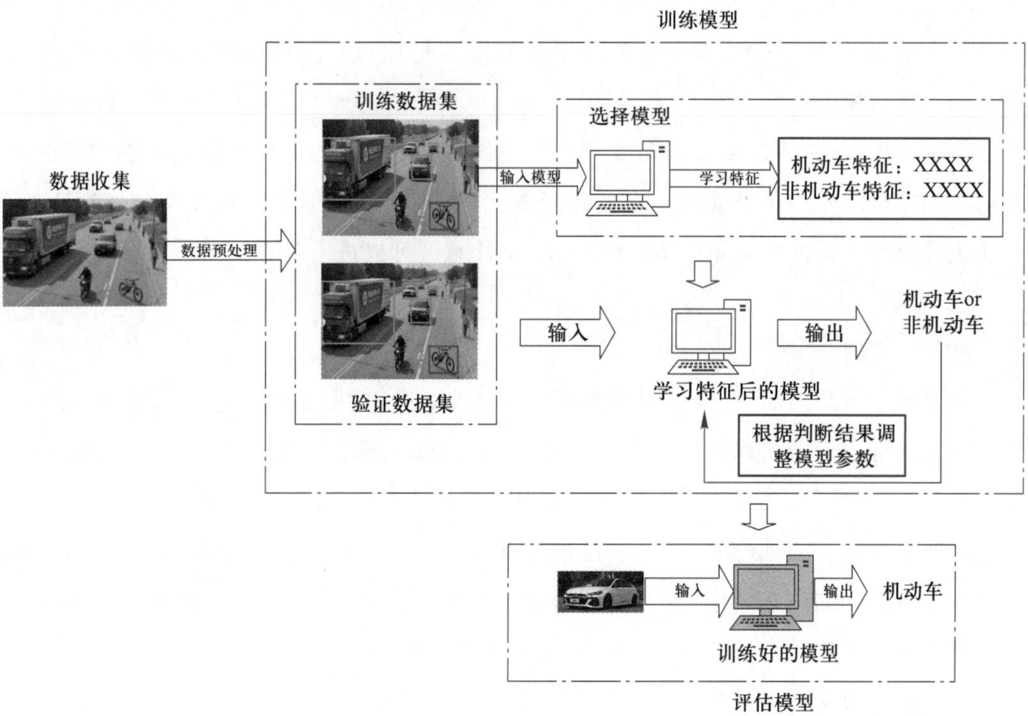

图 2-5 有监督学习

1）数据收集

使用摄像头在马路上不同地点、不同时间段拍摄大量包含机动车和非机动车的图像或视频,也可以从公开的交通数据集获取相关数据。

2）数据预处理

图像归一化:将所有图像调整为统一的大小和分辨率,以减少数据的多样性,方便后续模型处理。例如,将图像统一调整为 224×224 像素。

标注数据:组织专业人员对收集到的图像或视频中的每一辆车进行标注,明确其是机动车还是非机动车。标注信息应包括车辆的类别标签,以及可能的位置、尺寸等相关特征信息。

特征提取:可以使用一些特征提取算法,提取图像中车辆的特征。

3）选择模型

选择合适的分类器:根据数据特点和任务需求选择合适的有监督学习模型。常见的用于图像分类的模型有支持向量机(SVM)、决策树、随机森林、卷积神经网络(CNN)等。

4）训练模型

将预处理好的数据集分为训练集和验证集。将训练数据集输入模型,对模型进行训练,模型会学习机动车与非机动车的特征。再将验证集输入模型根据分类结果调整模型参数,直到模型性能达到预期标准。

5）评估模型

测试集测试:从原始数据中划分出一部分未参与训练和验证的数据集作为测试集,用于最终评估模型的性能。

实际场景测试:将模型部署到实际的交通场景中进行测试,观察模型对真实场景中机动车和非机动车的分类效果。在实际场景测试中,可能会遇到各种复杂的情况,如光线变化、遮挡、不同的拍摄角度等,通过实际场景测试可以进一步评估模型的泛化能力和鲁棒性。

(2）无监督学习

有监督学习虽然简单好用,但是存在一个重大缺点:数据需要事先标注好,否则模型无法正常训练。而数据标注是一件非常耗时的工作,大部分工作都需要人工手动完成,于是出现了一种不需要对数据标注也可以训练模型的方法,称为无监督学习。

无监督学习在训练过程中,模型仅使用输入数据,而没有对应的输出标签。模型的目标是探索数据的内在结构,从而发现数据中的隐藏模式、相似性或分布规律。无监督学习通常用于数据探索、特征提取、降维和聚类等任务。

无监督学习对苹果和香蕉进行分类的过程如图 2-6 所示。

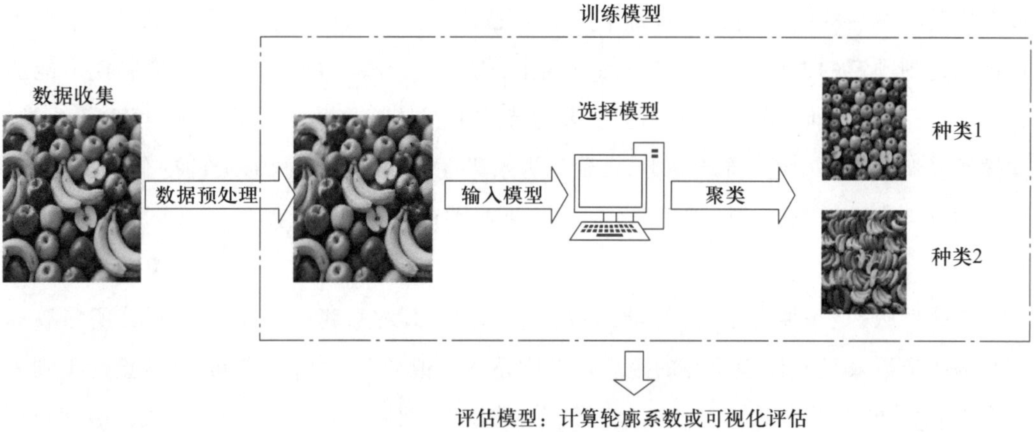

图 2-6 无监督学习

1）数据收集

收集多种不同类型水果的相关数据。数据来源可以是多样的，例如，从水果市场获取不同水果的外观图片，包括水果的颜色、形状、纹理等视觉特征；通过传感器获取水果的物理属性数据，如质量、大小（直径、周长等）、硬度等。

2）数据预处理

数据清洗：检查数据中是否存在缺失值、异常值或错误数据。对于缺失值，可以根据具体情况选择删除含有缺失值的样本，或者使用插值法（如均值、中位数插值）来填充缺失值。对于异常值，需要判断其是否为合理的极端值，如果是错误数据，则进行修正或删除。

数据标准化：由于不同特征的数据可能具有不同的量纲和取值范围，为了避免某些特征对模型的影响过大，需要对数据进行标准化处理。例如，对于数值型特征，可以使用归一化（将数据缩放到[0,1]区间）或标准化（将数据转换为均值为 0，标准差为 1 的正态分布）的方法。

特征提取与选择：从原始数据中提取更具代表性和区分性的特征。例如，对于水果图片，可以使用图像识别技术提取水果的边缘、颜色直方图等特征。

3）选择模型

根据数据特点和任务需求选择合适的无监督学习模型。常见的模型有 K-Means 聚类算法、层次聚类算法、DBSCAN 密度聚类算法等。

4）训练模型

以 K-Means 算法为例，首先需要确定聚类的簇数 K，可以通过一些方法，如肘部法则（绘制误差平方和与簇数的关系图，选择曲线拐点处的 K 值）来选择合适的 K 值。在分类苹果和香蕉的应用场景下，已知水果种类有两种，可以确定 K=2。

将预处理后的数据输入到选定的模型中，模型开始迭代计算。在 K-Means 算法中，会随机初始化 K 个质心，然后计算每个数据点到这些质心的距离，将数据点分配到距离最近的质心所在的簇。接着更新每个簇的质心,重复这个过程,直到质心不再发生显著变化或达到预定的迭代次数。在训练过程中,需要监控模型的收敛情况,确保模型能够稳定地进行聚类,即模型会根据每类水果的特征重新计算聚类中心的位置,再重新分类。这样反复调整聚类中心、重新分类,直到每类水果的聚类中心不再有大的变化,或者达到设定的分类次数,计算机就“学会”如何把苹果和香蕉区分开了。

5)评估模型

轮廓系数:是一种常用的评估聚类效果的指标,其综合考虑了数据点到其所属簇的质心的距离以及到其他簇质心的距离。轮廓系数的值介于[-1,1]之间,值越接近1则表示聚类效果越好,簇内数据点相似度高,簇间数据点相似度低;值接近-1则表示数据点可能被错误地分配到了不同的簇;值接近0则表示簇之间的边界不清晰。

Calinski-Harabasz 指数:通过计算簇内方差和簇间方差的比值来评估聚类效果。指数值越大,表示簇内数据点越紧密;簇间距离越远,聚类效果越好。

可视化评估:对于水果数据,可以将聚类结果进行可视化展示。例如,对于二维或三维的数据,可以通过散点图或三维空间图来直观地观察不同簇之间的分布情况。

机器学习赋予了人工智能系统的学习能力,使其能够自动优化和适应,从而提高预测和决策的准确性,其推动了人工智能在图像识别、自然语言处理、推荐系统等领域的技术突破,拓展了人工智能的应用范围。机器学习提高了人工智能系统的效率和性能,通过模型压缩和分布式计算等技术,加速了模型训练过程,使其能够在资源受限的设备上运行。此外,机器学习还为人工智能提供了理论支持和工具,如统计学习理论和开源框架,为人工智能的研究和应用提供了强大的支持。

4. 数据标注

数据标注是指在原始数据上进行人工标记或注释的过程,旨在为数据赋予特定的标签、类别或其他描述性信息,以便让计算机能够理解和处理这些数据,常用于有监督学习等机器学习任务中。

以分类道路上机动车与非机动车为例,如图2-7所示。

图2-7　数据标注

原始数据:一段道路的视频,包含各种车辆和行人在道路上行驶和行走的画面。

标注过程:标注人员使用专业的标注工具,一帧一帧地查看视频画面。对于出现的每一辆车,根据其类型进行标注。例如,将轿车、公交车、卡车等标注为"机动车",将自行车、电动车、三轮车等标注为"非机动车"。如果画面中有行人,则可将其标注为"行人"类别,以区别于车辆。标注完成后,这些标注好的数据就可以作为训练数据,用于训练识别道路上机动车和非机动车的机器学习模型。

2.1.2 神经网络与深度学习:让机器更聪明

在传统的机器学习中,通常需要依赖领域专家或数据科学家,通过手动设计特征来捕捉数据中的规律。例如,在图像分类任务中,可能需要提取边缘、纹理等特征;在自然语言处理中,可能需要设计词频、词向量等特征。然而,这种手工设计特征的方式不仅耗时耗力,而且在面对复杂数据(如高维图像或长文本)时,往往难以捕捉到数据中隐藏的深层次模式。

微课 2-2 利用深度神经网络分类鸢尾花

随着深度学习的出现,彻底改变了这一局面。深度学习通过构建多层神经网络结构,能够自动从原始数据中提取特征,并通过逐层的非线性变换,捕捉数据中的复杂模式,从而实现更高效的任务处理。

1. 神经元

当前人工智能算法会利用已有的数据训练出一个模型来帮助预测未知的数据,最常用的模型就是人工神经网络,是指一系列受生物学启发的模型。从生物学角度来看,一个神经元通常具有多个树突,主要用来接收传入信息;而轴突只有一条,轴突尾端有许多轴突末梢可以给其他多个神经元传递信息。轴突末梢跟其他神经元的树突产生连接,从而传递信号。

人工神经网络模仿生物神经元设计出神经元模型,神经元模型是一个包含输入、输出与计算功能的模型。输入可以类比为神经元的树突,而输出可以类比为神经元的轴突,计算则可以类比为细胞核。

从图 2-8 中可以看出,人工神经元模型在"输入"与"求和"计算之间的连接上有一个"权重"。在神经网络的神经元中,"权重"是一个非常关键的概念,它代表了神经元之间连接的强度和重要性。

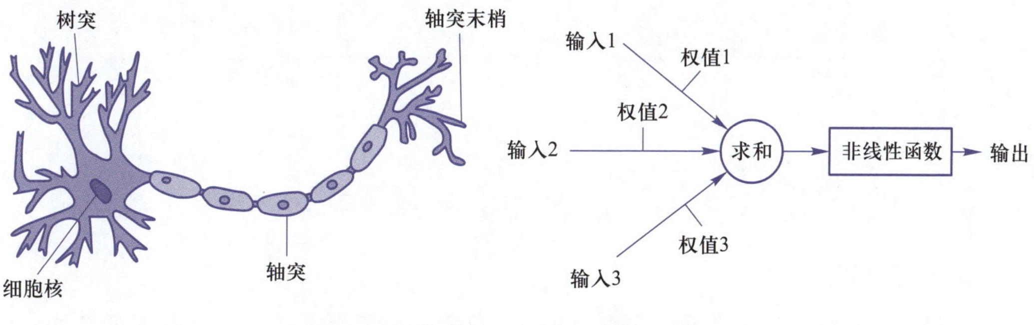

图 2-8 生物学神经元与人工神经元模型

生物学类比:可以将权重类比为大脑中神经元之间突触的连接强度。在人类大脑中,不同神经元之间的连接强度是不同的,这种连接强度的差异决定了信息在神经元之间传递的效率和效果。较强的连接意味着信息更容易通过该突触传递,对后续神经元的激活作用更大;而较弱的连接则使得信息传递相对困难,对后续神经元的影响较小。

数学意义:权重是一个数值,用于衡量输入信号对神经元输出的影响程度。在计算神经元的输出时,会将每个输入信号乘以对应的权重,然后进行求和。

如图 2-9 所示,将人工神经元模型转化为数学模型之后,该神经元输入信号为 a_1、a_2、a_3,对应的权重为 w_1、w_2、w_3,那么在计算该神经元的输出时,会先计算 $\mathrm{m}=a_1*w_1+a_2*w_2+a_3*w_3$,如果 w_1 的数值较大,说明 a_1 对神经元的输出影响较大。

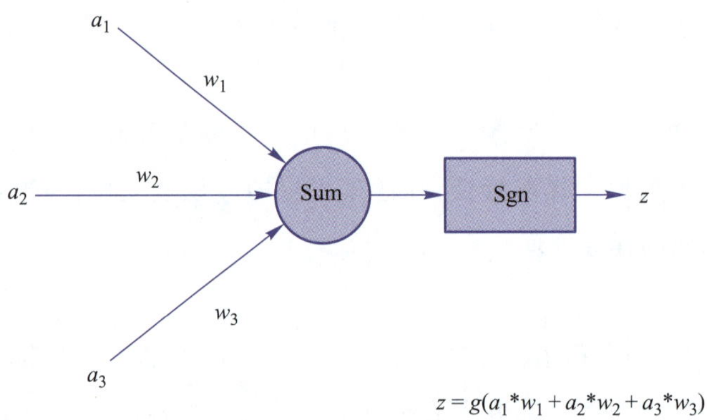

图 2-9 人工神经元模型数学模型

在输入和权值的加权求和之后,输入激活函数 sgn(x),激活函数决定了神经元输出的信号强度。激活函数通过读取与其相连的前一个神经元的输出,以此来决定本神经元的状态,并将此状态输入到后续神经元。

进一步对神经元模型简化,首先将 sum 函数与 sgn 函数合并到一个圆圈里,代表神经元的内部计算。最终一个神经元可以引出多个代表输出的有向箭头,但值都是一样的,如图 2-10 所示。

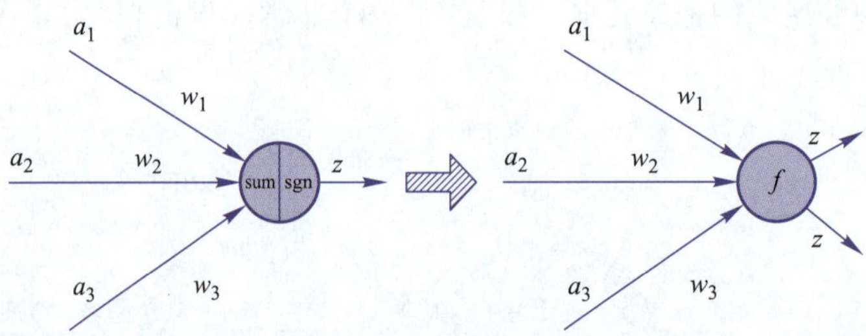

图 2-10 人工神经元模型数学模型简化

2. 神经网络

神经元可以被视为一个计算与存储单元。计算是神经元对输入进行计算的功能,存储是神经元会暂存计算结果，并传递到下一层。当许多神经元组合在一起时，就会形成一种层次结构，从而构成了神经网络。其中，每个神经元都在做以下三个动作：

- 加权求和：$\sum w_x$
- 减去偏置：$\sum w_x - b$
- 经过激活函数：$g(\sum w_x - b)$

从第一层开始，每个神经元完成以上 3 个动作，获得其激活函数的输出结果后，将其传递到下一层。下一层的神经元也要经历这 3 个动作，再传递到下一层，如此循环，直至最后一层神经元输出最终结果。

最常见的人工神经网络结构包括一个输入层，一个或多个隐藏层和一个输出层，如图 2-11 所示。

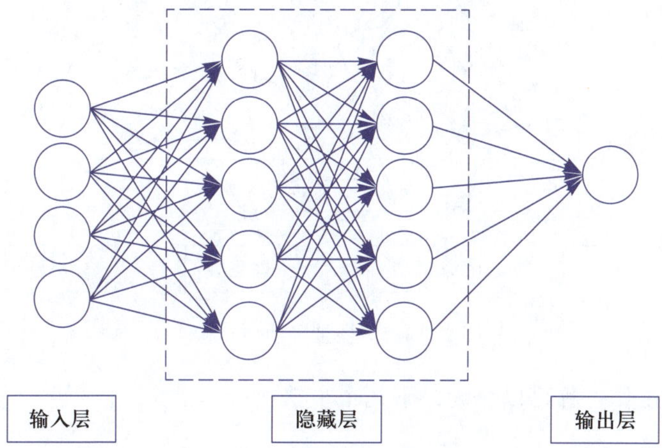

图 2-11 人工神经网络结构示意图

（1）输入层

输入层的神经元并不是通过激活函数计算出来的，而是直接接收输入数据 x。输入层的神经元个数一般是一个向量（例如，一周 7 天的气温作为输入，那么输入层神经元个数即为 7）。

（2）输出层

输出即为 y，输出层的神经元可以是一个值（用来进行回归，或者二分类），也可以是由多个值组成的向量。一个神经网络从本质上来说跟前面介绍的其他机器学习模型相同，都是一个 $y=f(x)$ 函数，整个网络就是 f。

（3）隐藏层

在输入层和输出层中间的就是隐藏层。隐藏层中的神经元按层组织，对 x 进行加权求和、减去偏置、经过激活函数，最终得到 y。

需要注意的是，与其他模型不同，神经网络的每一层都可以看成一个函数。例如，可以将第一层隐藏层看成一个函数 $f_1(x)$，可以将第二层看成另一个函数 $f_2(x)$，而整个网络可以看成是一个包含两层隐藏层的神经网络，即 $y=f_2(f_1(x))$。训练一个神经网络，其实就是优化隐藏层中的参数(w 和 b)。

3. 深度学习

深度学习是基于神经网络的一种扩展技术，通过构建多层的神经网络(通常称为“深度神经网络”)，从而实现对复杂任务的高效处理，是机器学习的一个重要分支。深层神经网络包含输入层，输出层和中间的隐藏层，如图 2-12 所示。其中输入层和输出层只有一层，而隐藏层可以有多层，这些隐藏层可以从原始输入中逐步提取各种特征，深度学习的“深度”指的就是神经网络的层数较多，能够处理更复杂的模式。

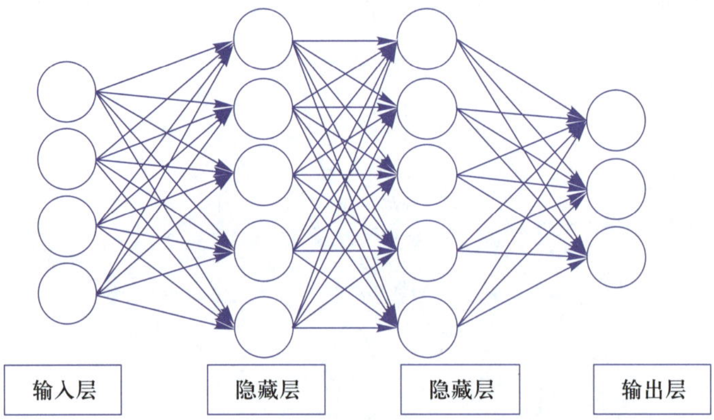

图 2-12　深层神经网络结构

深度学习的工作过程可以分为以下几个步骤：

(1) 数据准备

深度学习模型需要大量的数据来进行训练，这些数据通常被分为训练集、验证集和测试集。训练集用于训练模型，让模型学习数据中的模式和规律；验证集用于在训练过程中评估模型的性能，调整模型的超参数；测试集则用于在模型训练完成后，最终评估模型的泛化能力。

数据还需要进行预处理，包括数据清洗、归一化、数据增强等操作，以提高数据的质量和模型的性能。

(2) 构建模型

深度学习模型通常由多个神经元组成的神经网络构成，这些神经元通过层层连接来传递和处理信息。常见的神经网络架构有多层感知机(MLP)、卷积神经网络(CNN)、循环神经网络(RNN)及其变体长短时记忆网络(LSTM)、门控循环单元(GRU)等。

每个神经元都有输入、权重、偏置和激活函数。输入是来自上一层神经元的输出，权重表示每个输入的重要性，偏置是一个额外的常数项，激活函数则用于对加权求和后的结果进行非线性变换，使模型能够学习到更复杂的函数关系。

(3) 前向传播

当输入数据进入模型后,它会从输入层开始,依次经过各个隐藏层,最后到达输出层。在每一层中,数据会与该层的权重进行矩阵乘法运算,并加上偏置,然后通过激活函数进行非线性变换,得到该层的输出,该过程会一直持续,直到数据到达输出层,得到模型的预测结果。

(4) 计算损失

为了评估模型的预测结果与真实标签之间的差异,需要定义一个损失函数。常见的损失函数有均方误差(MSE)、交叉熵损失(Cross-Entropy Loss)等。损失函数的值越小,则说明模型的预测结果越接近真实标签,模型的性能也就越好。

(5) 反向传播

反向传播是深度学习中用于更新模型参数(权重和偏置)的关键算法,其基于链式法则,从输出层开始,将损失函数对每个参数的梯度反向传播到输入层。在反向传播过程中,会计算损失函数对每个权重和偏置的偏导数,这些偏导数表示了每个参数对损失函数的影响程度。

根据计算得到的梯度,使用优化算法来更新模型的参数,使得损失函数的值不断减小。常见的优化算法有随机梯度下降(SGD)、Adam 等。

(6) 模型评估与调优

使用验证集来评估模型在训练过程中的性能,观察损失函数的值、准确率、召回率等指标的变化情况。如果模型在验证集上的性能不再提升,或者出现过拟合现象(模型在训练集上表现很好,但在验证集或测试集上表现很差),则需要调整模型的超参数,如学习率、层数、神经元个数、正则化参数等,或者采用一些技巧来防止过拟合,如 Dropout、L1 和 L2 正则化等。

当模型在验证集上的性能达到满意的效果后,使用测试集对模型进行最终的评估,得到模型的泛化能力指标,如准确率、精确率、召回率、F1 值等。

通过不断地重复前向传播、计算损失、反向传播和更新参数的过程,深度学习模型能够逐渐学习到数据中的内在规律和特征,从而实现对新数据的准确预测和分类等任务。

结合深度学习的工作原理可知,深度学习是一种让机器通过多层神经网络自动学习复杂模式的技术,其本质是通过分层提取特征和不断优化参数,让机器能够像人类一样从数据中学习和理解世界。虽然听起来很复杂,但其核心思想其实很简单:通过不断练习和调整,让机器变得越来越聪明。

2.1.3 自然语言处理:让机器理解人类语言

在人工智能的版图中,自然语言处理(Natural Language Processing, NLP)占据着核心地位。人工智能的目标是让机器具备类似人类的智能,而语言作为人类智能的重要体现,自然成为人工智能研究的重点领域之一。简单来说,其所研究的是如何让计算机能够理解、生成和处理人类的自然语言,如中文、英文、法文等。自然语言是人类交流思想、传递信息的主要工具,而 NLP 的目标就是让计算机能够像人类一样,可读懂这些语言的含义,甚至能够使用自然语言与人类进行流畅的交流。

通过自然语言处理,计算机可以不再局限于简单的数字和符号运算,而是能够深入到人类的语言世界,理解复杂的语义、情感和逻辑关系。这使得人工智能的应用范围得到了极大的拓展,从简单的计算任务到复杂的语言交互,如智能客服、机器翻译、语音助手等。

1. 基本任务

(1) 词法分析

词法分析是自然语言处理的基础步骤,其主要关注如何将一段连续的文本分解成一个个独立的词汇单元,也就是词。例如,将句子"我爱自然语言处理"分解为"我""爱""自然""语言""处理"。在这个过程中,计算机需要识别出哪些字符组合构成了一个有意义的词,这将涉及词典的构建和词边界划分的算法。

(2) 句法分析

句法分析的任务是分析句子的结构,确定词与词之间的语法关系。例如,在句子"小明在操场上跑步"中,句法分析需要识别出"小明"是主语,"跑步"是谓语,"在操场上"是状语,用来修饰谓语,表示动作发生的地点。通过句法分析,计算机可以构建出句子的语法树,清晰地展示句子的层次结构和成分关系。

(3) 语义分析

语义分析的目标是理解句子的含义,其不仅要理解单个词的语义,还要理解整个句子的逻辑关系和语义角色。例如,在句子"小红给了小明一本书"中,语义分析需要识别出"小红"是施事者,"小明"是受事者,"书"是动作的客体,动作是"给"。通过语义分析,计算机可以将自然语言转化为结构化的语义表示,便于后续的推理和应用。

语义分析还涉及语义相似度的计算。例如,判断"高兴"和"开心"这两个词在语义上是相似的,而"高兴"和"悲伤"是相反的。这种语义相似度的计算对于信息检索、文本分类等任务非常重要。

2. 自然语言处理的应用场景

(1) 机器翻译

机器翻译是自然语言处理最典型的应用之一,其能够将一种自然语言自动翻译成另一种自然语言。例如,将中文翻译成英文,或者将英文翻译成法文。早期的机器翻译主要基于规则,即人为地编写大量的语言规则和词典,让计算机按照这些规则进行翻译。然而,这种方法的局限性很大,因为语言规则非常复杂且难以穷尽。

随着深度学习的发展,基于神经网络的机器翻译(Neural Machine Translation,NMT)

逐渐成为主流，其通过构建一个大型的神经网络模型，自动学习源语言和目标语言之间的映射关系。

（2）情感分析

情感分析是自然语言处理在商业领域的重要应用，其通过对文本中的情感倾向进行分析，判断文本是正面的、负面的还是中性的。例如，针对电商平台，商家可以通过情感分析来了解消费者对产品的评价。如果评论中包含“非常喜欢这款手机，拍照效果很棒”这样的句子，情感分析会判断为正面情感；而如果评论是“这个手机电池续航太差了”，则会被判断为负面情感。

（3）问答系统

问答系统是自然语言处理与知识图谱结合的产物，其能够理解用户的问题，并从知识库中检索出准确的答案。例如，当用户提问“北京的故宫是什么时候建造的?”时，问答系统首先需要理解问题的语义，识别出“北京”“故宫”“建造时间”这些关键信息，然后在知识库中查找相关的答案。

智能语音助手（如天猫精灵、小度、Siri、Alexa 等）就是问答系统的一种应用形式。它们能够理解用户的语音指令，回答问题、执行任务，为用户提供个性化的服务。

3. 深度学习对（NLP）的影响

深度学习对自然语言处理（NLP）的影响是深远的，其不仅推动了 NLP 技术的飞速发展，还拓展了其应用领域，并为未来的研究指明了方向。

（1）技术层面

词嵌入技术的突破：词嵌入技术的核心设计思想是：“一个词的含义由它出现的上下文决定”。换句话说，如果两个单词经常出现在相似的上下文中，则它们的含义可能是相似的。例如，“豆浆”和“油条”经常出现在与“早餐”相关的上下文中，因此它们的嵌入向量会比较接近。深度学习中的词嵌入技术将单词映射到高维向量空间，使得语义相似的单词在向量空间中距离更近，从而有效提升了文本表示的精度和效率。

序列建模的革新：循环神经网络（RNN）及其变体能够处理序列数据，捕捉上下文信息，在机器翻译、情感分析等任务中表现出色。

Transformer 模型的崛起：Transformer 是一种神经网络模型，凭借自注意力机制，能够高效处理长距离依赖问题，成为 BERT、GPT 等预训练语言模型的基础，推动了语言理解能力的飞跃。

（2）应用层面

提高效率和准确性：深度学习减少了传统 NLP 方法中繁琐的人工特征设计工作，通过端到端学习自动提取特征，处理海量数据，从而改进了模型的性能，在情感分析、文本生成、语义理解等任务中取得了显著效果。

拓展应用领域：深度学习推动了 NLP 与其他领域的融合，如与计算机视觉结合实现智能搜索,与语音识别结合提升语音助手性能等,为用户提供了更加智能和人性化的体验。

促进实际应用推广:随着 NLP 模型的优化和算法的改进,越来越多的企业和组织将 NLP 技术应用于智能客服、舆情分析、金融风控等业务中,提升了工作效率,改善了用户体验,创造了更大的商业价值。

(3) 未来发展趋势

多模态学习:结合文本、图像、声音等多种信息源,实现更丰富的语义理解和生成。

持续学习与适应:开发能够在新数据上快速适应而不忘旧知识的模型,可提高模型的实用性和生命周期。

公平与可解释性:研究更加公平无偏的算法,可提高模型的透明度和可解释性,确保对 AI 技术的负责任使用。

2.1.4　计算机视觉:让机器看见世界

计算机视觉(Computer Vision)同样是人工智能(AI)领域中一个至关重要的分支,其致力于赋予计算机“看见”和“理解”世界的能力。简单来说,计算机视觉就是让机器像人类一样能够从图像或视频中获取、分析和理解视觉信息,能够模拟人类视觉系统的功能,使计算机能够识别、解释和处理图像或视频中的内容,从而为各种应用场景提供智能化的解决方案。

1. 基本任务

(1) 图像分类

图像分类是计算机视觉的基础任务之一,其目标是将输入的图像按照其内容归类到预定义的类别中。例如,判断一张图片中是猫还是狗,或者识别出图片中的物体属于哪一类,这都需要计算机能够理解图像中的特征,如颜色、纹理、形状等,并根据这些特征进行分类。卷积神经网络(CNN)是图像分类中常用的一种深度学习模型,其通过卷积层自动提取图像特征,然后通过全连接层进行分类。

(2) 目标检测

目标检测不仅需要识别图像中物体的类别,还需要确定这些物体在图像中的位置,这通常需要通过在图像上绘制边界框来实现。例如,在辅助驾驶场景中,计算机视觉系统需要实时检测道路上的车辆、行人、交通标志等物体,并确定它们的位置,以便车辆能够做出正确的决策。目标检测算法需要处理图像中的复杂背景、物体遮挡和尺度变化等问题。

(3) 图像分割

图像分割是将图像划分为多个区域或对象的过程,其目的是将图像中的目标物体与背景分离。语义分割是对图像中的每个像素进行分类,确定它属于哪个类别,例如,在医学影像分析中，分割出肿瘤区域以便医生进行诊断。实例分割则更进一步，不仅要区分不同类别，还要区分同一类别中的不同实例，例如，在一张包含多个人的图像中，分别识别出每个人。

2. 应用场景

（1）辅助驾驶

辅助驾驶是计算机视觉技术的一个典型应用。辅助驾驶汽车依靠摄像头、激光雷达等传感器获取道路环境的视觉信息，然后通过计算机视觉算法进行物体检测、车道识别、交通标志识别等任务。这些信息可帮助车辆实时理解周围环境，并做出转向、加速或制动等决策，以确保行驶安全。

（2）医疗影像分析

在医疗领域，计算机视觉被广泛应用于医学影像诊断。例如，通过分析 X 射线、CT 扫描、MRI 等影像，计算机视觉算法可以辅助医生检测肿瘤、骨折等异常情况。此外，图像分割技术可以帮助医生更精确地定位和测量病变区域，从而提高诊断的准确性和效率。

（3）安防监控

在安防监控领域，计算机视觉技术被用于监控视频的分析。人脸识别技术可以快速识别监控视频中的人员身份，行为分析则可以检测异常行为，如暴力事件、盗窃等。这些技术提高了安防监控的效率和准确性，有助于维护公共安全。

3. 深度学习对计算机视觉的影响

深度学习对计算机视觉的发展产生了深远的影响，其不仅推动了技术的革新，还拓展了应用领域，并为未来的研究指明了方向。

（1）技术革新

卷积神经网络（CNN）的广泛应用：CNN 是计算机视觉领域的核心技术，其通过局部感受野、权值共享和空间下采样等机制，能够有效捕捉图像的层次化特征。浅层网络学习边缘、纹理等低级特征，中层网络学习部分形状和组件，深层网络学习完整的对象和场景。这种层次化的特征提取方式使得 CNN 在图像分类、目标检测等任务中表现出色。

Transformer 架构的崛起：近年来，Transformer 架构在自然语言处理领域取得了巨大成功，其自注意力机制也被引入到计算机视觉中。Vision Transformer（ViT）在图像分类任务上表现出色，而 Swin Transformer 等变体则进一步改进了计算效率。多模态 Transformer 结合视觉和语言理解，为实现更复杂的视觉任务提供了新的思路。

自监督学习的进步：自监督学习通过利用未标注数据进行预训练，减少了对大规模标注数据的依赖。对比学习等新方法提升了特征学习能力，预训练+微调范式成为主流。这使得计算机视觉模型在数据稀缺的情况下也能取得良好的性能。

（2）应用拓展

提高效率和准确性：深度学习减少了传统计算机视觉方法中繁琐的人工特征设计工

作,通过端到端学习自动提取特征,处理海量数据,从而改进了模型的性能。在目标检测、图像分割等任务中,深度学习模型的准确性和效率均得到了显著提升。

拓展应用领域:计算机视觉技术已广泛应用于医疗影像分析、辅助驾驶、工业检测、安防监控、零售和电商以及农业等多个领域。例如,在医疗领域,计算机视觉可以帮助医生快速、准确地分析X光片、CT扫描等影像数据;在辅助驾驶领域,计算机视觉为车辆提供了环境感知和障碍物检测能力。

促进实际应用推广:随着计算机视觉模型的优化和算法的改进,越来越多的企业和组织将计算机视觉技术应用于实际业务中,提升了工作效率,改善了用户体验,创造了更大的商业价值。例如,智能安防系统通过人脸识别技术提高了安全性,智能零售系统通过商品识别技术提升了购物体验。

(3) 未来发展趋势

未来,Transformer架构将继续在计算机视觉领域发挥重要作用,研究人员将探索更高效的Transformer变体,以适应不同规模和类型的数据,进一步提升模型的性能和效率。

自监督学习的深化:自监督学习方法将不断优化,减少对标注数据的依赖,提高模型的泛化能力。这将使得计算机视觉技术在更多领域得到应用,尤其是在数据获取困难的场景中。

边缘计算和轻量化模型:随着物联网(IoT)技术的发展,边缘计算和轻量化模型将成为研究热点。通过模型压缩和量化技术,计算机视觉模型可以在移动端和嵌入式设备上实现实时运行,从而满足实时性和低功耗的需求。

3D视觉技术和点云神经网络:3D视觉技术将得到进一步发展,深度相机和LiDAR数据的处理能力将不断提升。点云神经网络的发展将推动三维物体检测和场景理解的突破,为辅助驾驶、机器人导航等领域提供更强大的技术支持。

视频分析技术和时序卷积:视频分析技术将进一步提升,长序列视频的处理能力将得到加强。时空卷积和3D CNN等技术将被广泛应用于动作识别和事件检测,为智能监控、体育分析等领域提供更精准的解决方案。

计算机视觉作为人工智能领域的重要组成部分,正在不断推动技术边界,为各行各业带来创新和变革。随着技术的不断进步,计算机视觉将在更多领域发挥重要作用,为人类的学习、生活和工作带来更多的便利和可能性。

PPT:AIGC的核心基石

2.2 AIGC的核心基石

本节将聚焦于AIGC的核心基石——LLM(大型语言模型),剖析其背后精妙绝伦的工作原理,揭示其如何通过海量数据的学习与复杂的算法运算,实现从输入到生成连贯、富有逻辑且极具创意文本的奇妙转变。同时,深入探讨人工智能领域中并驾齐驱的核心要素,它们相互交织、相互促进,为 AIGC 的蓬勃发展提供了源源不断的动力。此外,还将详细解读知识库在 AIGC 中的关键作用,以及智能体如何借助知识库与 LLM 的协同合作,在各个领域展现出令人瞩目的智能表现。从智能客服到内容创作,从数据分析到决策支持,AIGC 正以前所未有的速度重塑人类的生活方式与工作模式,这一探索将揭开 AIGC 的神秘面纱,开启一场关于其核心奥秘的精彩旅程。

2.2.1 LLM 原理: 一次生成一个词

从自然语言处理(NLP)的早期探索到深度学习时代的全面突破,计算机对语言的理解和生成能力取得了质的飞跃。近年来随着大规模预训练模型(如 GPT 和 BERT)的兴起,NLP 领域迎来了一个新的里程碑——大语言模型(LLM)。这些模型通过在海量文本数据上进行无监督预训练,学习到了丰富的语言知识和上下文理解能力,能够适应多种复杂的语言任务,从文本生成到问答系统,再到代码辅助开发。LLM 的出现不仅重新定义了 NLP 的技术边界,也为人机交互、内容创作和知识管理等领域带来了前所未有的可能性。

1. LLM 定义

大语言模型(Large Language Model,LLM),简称“大模型”,其通过学习大量的图书、文献等文本数据,来理解人类的语言,并能够根据输入的内容,预测出接下来可能出现的词或句子。它的“大”体现在以下两点:

数据量大:使用互联网级别的海量文本训练。

参数量大:内部有千亿甚至万亿个参数,模型十分复杂,能记住超级多语言规律。

人工智能大模型的发展经历了探索阶段、突破阶段、开启阶段和爆发阶段 4 个主要阶段,逐步推动了深度学习和自然语言处理技术的成熟与应用。

在探索阶段(20 世纪 90 年代),神经网络技术重新受到关注,研究者开始探索大规模神经网络的应用。这一时期,卷积神经网络(CNN)被提出,用于图像分类任务,标志着深度学习的初步发展。然而,由于硬件限制,模型规模和数据集规模无法显著提升。

突破阶段始于 2012 年,随着互联网的普及和数据量的增加,深度学习模型迎来了快速发展。在这一年,AlexNet 模型在图像分类领域取得了突破性进展,证明了深度神经网络的潜力。2014 年,Word2Vec 模型的出现将自然语言处理推向了“词向量”的方向,计算机开始能够更好地理解和处理文本数据。

开启阶段发生在 2017 年,Transformer 模型的提出彻底改变了自然语言处理领域,其引入了注意力机制,使得模型能够更高效地处理序列数据,这一创新为后续的大模型发展奠定了基础。

爆发阶段始于 2020 年,GPT-3 模型的发布将大模型参数规模推向千亿级别,标志着深度学习技术的成熟。GPT-3 不仅能够生成自然语言文本,还能完成文本分类、翻译、问答等多种任务。此后,基于 GPT-3 的 ChatGPT 模型进一步优化了对话交互场景,提升了用户体验。

2. LLM 关键技术

(1) token 的概念

从本质上讲,token 是模型处理文本时的最小单元。在将输入文本传递给 LLM 进行处理之前,文本会经历一个分词(tokenization)的过程,该过程将连续的文本流分割成一个个离散的 token。例如,对于句子“我喜欢苹果”,在某些分词策略下,可能被切分为“我”“喜欢”“苹果”3 个 token;而在更精细的中文分词体系中,像“巧克力蛋糕很好吃”,可能会被切分为“巧克力”“蛋糕”“很”“好吃”这几个 token。英文文本同样如此,像“Hello, world!”可能会被切分为“Hello”“,”“world”“!”这 4 个 token,如图 2-13 所示。

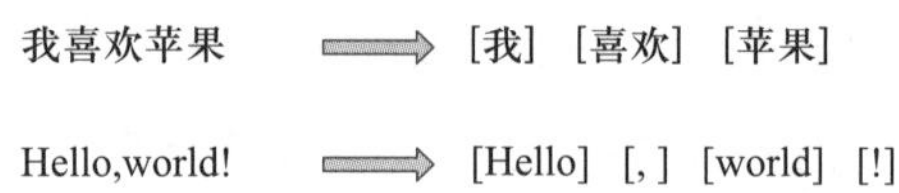

图 2-13 将文本分割成 token

token 的划分并非随意为之,它是基于模型训练所使用的算法和数据特点精心设计的,其意义在于将自然语言这种非结构化的数据转化为模型能够理解和处理的结构化形式。在 LLM 生成文本时,模型所计算和选择的“下一个词”,准确来说,就是下一个 token。这意味着词汇概率计算、上下文更新等一系列操作,实际上都是围绕 token 展开的。例如,当模型处理“天空是”这一输入时,其所计算的是在这个输入后,所有可能的 token(如“蓝色的”“晴朗的”“灰暗的”等对应的 token)出现的概率,进而选择概率最高的 token 输出,以构建连贯的文本。

不同的 LLM 可能采用不同的分词算法,这会导致同样的文本在不同模型中被切分为不同数量和形式的 token。一些模型可能会采用基于字典的分词方法,依据预先构建的词汇表来识别和切分文本;而另一些先进的模型则运用基于神经网络的分词技术,能够更智能地处理复杂的语言现象,如未登录词(在词汇表中未出现的词)和多词表达。理解 token 的概念,是深入掌握 LLM 如何精确处理和生成语言的重要一步,它与 LLM 的逐词生成机制紧密交织,共同支撑起大语言模型强大的语言处理能力。

为什么需要把文字拆成 token? 将文字拆成 token 主要基于几方面关键原因。从计算机处理的角度来看,自然语言本身是一种非结构化数据,计算机难以直接理解与处理。通过分词将文字转化为一个个 token,即把非结构化的自然语言变成了结构化数据,便于计算机进行后续的编码操作。从模型效率层面而言,拆分文字为 token 有助于提升模型的训练与运行效率。大模型训练依赖海量文本数据,若以完整句子或篇章为最小处理单位,数据量过于庞大且复杂,模型学习负担极重。而将文字拆分成 token,模型只需专注于学习 token 之间的统计规律与语义关系。

(2) Transformer 模型

Transformer 模型的特点是利用了"自注意力"机制,这使得模型在处理序列数据的时候能够考虑到序列中所有元素的上下文关系。相较于之前的循环神经网络(RNN),Transformer 更适合并行计算,其模型复杂程度在精度和性能方面都优于 RNN,如今的大型语言模型几乎都是基于 Transformer 模型构建的。

当一个 Transformer 模型在处理一句话的时候,它会一次性查看所有的单词,并且为每个单词计算一个"注意分数"。这个注意分数决定了句子中每个单词应该对其他每个单词产生多大的影响。例如,在句子"小明喜欢吃苹果"中,当 Transformer 模型处理单词"喜欢"时,它可能会更多地去关注单词"小明",因为"小明"是喜欢的主体;而当处理单词"吃"时,它可能会更多地关注"苹果"。当要求大语言模型(LLM)回答问题的时候,类似的过程也会发生,LLM 会先将输入转换为嵌入,然后以相同的方式处理查询,使其能够专注于输入的最重要部分,并据此来预测和生成回答。

早期的机器翻译模型存在句子过长、复杂时翻译效率和准确性受影响,以及未考虑词语间相关性导致性能下降的问题,为解决此问题,相关研究人员于 2014 年提出注意力机制,2017 年在 Transformer 模型中广泛应用。

注意力机制的目标就是希望模型能像人类一样关注数据中的重要部分,对每个输入项分配权重,权重代表关注度,以此提高模型性能,分为软注意力机制、硬注意力机制和自注意力机制。其中自注意力机制是 Transformer 模型的核心部件,模型通过计算输入序列中每个位置的单词与其他所有位置单词的相关性,实现对整个句子的全局建模。多头自注意力则扩展了这一机制,使其能够从不同视角捕获并整合信息。

(3) LLM 预训练+微调

LLM 作为一种能够处理并生成自然语言的人工智能系统,其工作原理蕴含着复杂的机制。大模型的学习过程可以类比人类的学习过程:先学习语言本身的词汇、语义、语法,再去学习给定任务(如写作文、阅读理解等),有针对性地提高水平。其中,"学习语言"的过程就是大语言模型的"预训练"过程,往往需要对海量文本数据的深入学习与理解,构建起丰富的语言知识库;而"学习给定任务"的过程就是大模型的"微调"过程,即根据特定任务的具体要求,优化输出。

1) 预训练:构建知识基础。

预训练是 LLM 构建的起点,也是其获取广泛知识的关键阶段。在这个阶段,模型通过无监督学习的方式,在海量的通用文本数据上进行训练。无监督学习意味着模型并不需要标注好的数据,而是直接从文本本身挖掘语言模式和语义信息。

预训练的目标是让模型学习到语言的通用规律,如语法结构、词汇搭配、语义关联等。例如,模型会学习到“猫”和“狗”在语义上属于同一类别,都与动物相关;“跑”和“跳”是动作类词汇,且常常与动物或人相关联。这种学习是通过优化一个特定的目标函数来实现的,常见的目标函数包括语言模型损失(Language Model Loss),即最大化给定上下文情景下预测下一个词的条件概率。

在预训练过程中,通过不断调整模型的参数,以适应训练数据中的语言模式,该过程需要大量的计算资源和时间,但一旦完成,模型就拥有了丰富的语言知识基础,为后续的微调和应用奠定了坚实的基础。

2）微调:适应特定任务。

预训练模型虽然具备强大的语言理解能力,但要使其适应具体的自然语言处理任务,还需要进行微调(Fine-tuning)。微调是在预训练模型的基础上,使用针对特定任务标注的数据进行进一步训练。

例如,在问答任务中,微调数据集会包含大量的“问题—答案”对。模型通过学习这些数据,调整其参数,以更好地理解问题的语义并生成准确的答案。微调的过程通常比预训练更快,因为数据规模相对较小,且模型已经有了预训练阶段的知识基础。

微调的另一个重要作用是让模型适应特定领域的语言风格和术语。例如,一个在医学领域应用的LLM,通过在医学文献和专业术语数据上进行微调,可以更准确地理解和生成与医学相关的文本。

3. LLM原理

LLM的构建基于大规模文本数据的训练。这些数据构成庞大的语言资源库,涵盖丰富的语句、段落及篇章结构。在训练过程中,模型通过复杂算法挖掘语言中词汇间的统计关联与模式。例如,基于海量文本分析,模型能够识别出在“我想去”这一短语语境下,“公园”“旅行”“吃饭”等词汇具有较高的后续高频词汇概率,见表2-1。

表2-1　后续高频词汇概率示例

前序短语	后续高频词汇	概率(示例)
我想去	公园	0.3
我想去	旅行	0.25
我想去	吃饭	0.2

当外界向LLM输入问题或文本时,该输入内容随即构成模型处理的“上下文”环境。模型依据训练所习得的知识体系,开始执行下一个词汇的生成操作。这一过程本质上是基于概率计算的决策过程。模型对词汇表中的所有可能词汇进行评估,通过复杂的数学模型与参数运算,筛选出在当前上下文情境下最具出现可能性的词汇。

以“天空是”作为输入示例,LLM通过对大规模文本数据的深度分析,识别出在此语境下“蓝色的”“晴朗的”“灰暗的”等词汇具有较高的出现概率。模型运用内部算法对每个候选词汇的出现概率进行精确计算,并选择概率值最高的词汇作为输出结果。假设经过计算,概率“蓝色的”最高,则模型便输出该词汇,此时生成的文本片段为“天空是蓝色的”。

随后,模型将此新生成的文本片段作为更新后的上下文,再次启动概率计算流程以确定下一个最可能出现的词汇,依此循环往复,逐步构建完整的语句、段落乃至长篇文本,如图 2-14 所示。

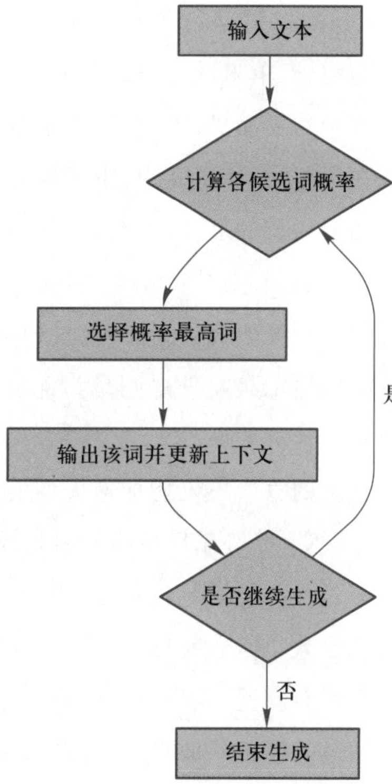

图 2-14 文本的生成过程

为确保生成的文本具备合理性与连贯性,LLM 并非仅依赖词汇间的简单概率关联。模型内部还集成了对语法结构与语义逻辑的分析机制。在生成过程中,模型不仅关注当前生成词汇与前序词汇的局部关系,更从整体句子结构与语义表达的角度出发,避免了生成存在语法错误或语义不通顺的文本内容。

2.2.2 算力、算法与数据:AI 的“三驾马车”

在 AI 蓬勃发展的时代,算力、算法与数据被视为推动其前进的“三驾马车”,这三者相互依存、协同作用,共同构建了 AI 发展的坚实基础,如图 2-15 所示。

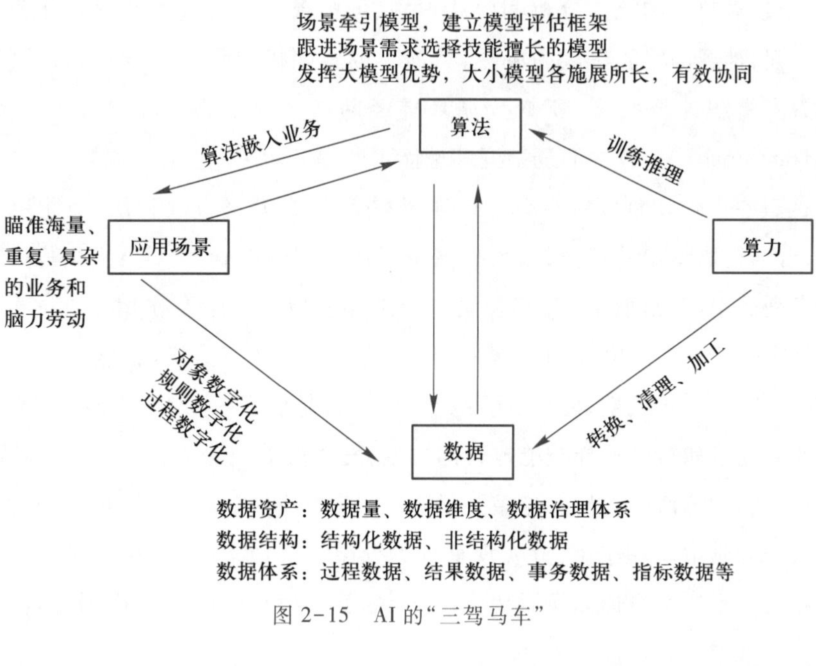

图 2-15 AI 的“三驾马车”

1. 算力:AI 运行的基石

算力,简单来说就是计算能力,是 AI 系统进行数据处理和模型训练的基础保障。它如同汽车的发动机,决定了 AI 系统运行的速度和效率。

在早期的 AI 研究中,由于算力的限制,许多复杂的算法和大规模的数据处理难以实现。随着科技的进步,从传统的 CPU 计算,发展到 GPU(图形处理器)、TPU(张量处理器)等专用计算芯片的出现,算力得到了极大的提升。GPU 最初用于图形渲染,因其高度并行化的计算架构,在处理大规模数据运算时展现出远超 CPU 的性能,成为了深度学习训练的常用工具。TPU 则是为深度学习定制的芯片,专门针对张量运算进行优化,进一步提高了计算效率。

强大的算力不仅能加速模型的训练过程,还能支持更复杂的模型结构。以图像识别为例,训练一个高精度的卷积神经网络模型,需要处理海量的图像数据。如果算力不足,则训练过程可能需要耗费数月甚至数年的时间,而足够的算力则可以将训练时间缩短至几天甚至数小时。此外,在实时性要求较高的应用场景,如辅助驾驶中,车辆需要在极短的时间内对路况、障碍物等信息进行处理和决策,这就对算力提出了极高的要求。

从基础设施层面看,算力的发展离不开数据中心的建设。同时,云计算的发展也为算力的获取提供了更加便捷和经济的方式,用户无须自行搭建昂贵的计算硬件,通过云服务即可按需获取所需的算力资源。

2. 算法:AI 智能的核心

算法是 AI 实现智能的核心,其赋予了 AI 系统学习、推理和决策的能力。算法就像是汽车的驾驶指南,引导 AI 系统如何处理数据、提取特征以及做出预测或决策。

在 AI 发展的历程中,算法不断演进和创新。早期的机器学习算法,如决策树、支持向量机等,通过对数据的统计分析和模式识别,可实现简单的分类和回归任务。随着深度学习的兴起,神经网络算法成为主流,从简单的感知机,到多层神经网络,再到如今广泛应用的深度卷积神经网络(CNN)、循环神经网络(RNN)及其变体长短时记忆网络(LSTM)、Transformer 等,算法的复杂度和性能不断提升。

CNN 因其在图像识别领域的卓越表现而备受关注,其通过卷积层、池化层和全连接层的组合,自动提取图像的特征,大大提高了图像识别的准确率。RNN 及其相关变体则擅长处理序列数据,在自然语言处理、语音识别等领域发挥重要作用。Transformer 架构的出现更是带来了自然语言处理领域的变革,其基于自注意力机制,能够更好地捕捉文本序列中的长距离依赖关系,使得机器翻译、文本生成等任务取得了突破性进展。

根据业务场景和特征选择技能擅长的模型,发挥大模型优势,大小模型各施所长、有效协同。这意味着算法的选择和应用要紧密结合实际业务需求,不同规模和功能的模型在各自擅长的场景中发挥作用,以实现最佳的效果。例如,在一些对实时性要求较高但数据规模相对较小的边缘计算场景中,轻量级的算法模型可能更为适用;而在处理大规模数据的云端训练任务中,则可以利用大模型强大的学习能力。

3. 数据:AI 学习的原材料

数据是 AI 系统进行学习的原材料,如同汽车行驶所需的燃油。没有大量高质量的数据,AI 算法就如同无米之炊,难以发挥其应有的作用。数据的规模、质量和多样性对 AI 系统的性能有着至关重要的影响。大规模的数据能够让 AI 模型学习到更广泛的模式和规律。以语音识别为例,只有输入大量包含不同口音、语速、语境的语音数据,模型才能准确地识别各种情况下的语音内容。同时,数据的质量也不容忽视,错误标注、噪声过多的数据会干扰模型的学习,导致模型性能下降。因此,数据治理体系在 AI 发展中至关重要,包括数据的标准制定、质量控制、服务管理和运营维护等方面。

数据的结构也是多种多样,包括结构化数据(如数据库中的表格数据)、非结构化数据(如文本、图像、音频、视频等)。不同类型的数据需要采用不同的处理和特征提取方法。在处理非结构化数据时,特征工程成为关键环节,通过全流程全场景数据特征工程,将原始数据转换为适合算法处理的特征向量,从而让算法能够有效地学习数据中的信息。

数据资产概念涵盖了数据量、数据维度、数据治理体系等多个方面。企业和组织积累的数据资产是其在 AI 时代的重要竞争力。通过对数据的有效管理和利用,企业可以挖掘数据背后的价值,为业务决策提供支持,实现智能化转型。

4. 三者协同:驱动 AI 的发展

算力、算法与数据并非孤立存在,而是相互协同,共同驱动 AI 的发展。算力为算法的运行和数据的处理提供了硬件支持,没有强大的算力,复杂的算法无法快速运行,大规模的数据也难以得到有效处理。算法则决定了如何利用算力对数据进行加工和学习,是实现 AI 智能的关键。而数据作为算法学习的对象,其质量和规模直接影响算法训练的效果。

在实际应用场景中,这种协同作用体现得更为明显。以智能医疗诊断为例,首先需要收集大量的患者病历、影像等数据,这些数据经过预处理和特征提取后,输入到基于深度学习算法的诊断模型中。而模型的训练和推理过程需要强大的算力支持,才能在短时间内给出准确的诊断结果。在这个过程中,场景需求引导着算法的选择和优化,数据的不断积累和更新促使算法持续进化,而算力则确保整个流程的高效运行。

总之,算力、算法与数据作为 AI 的“三驾马车”,缺一不可,它们相互配合,不断推动人工智能技术向前发展,在各个领域创造出巨大的价值,从智能交通、智能制造到智能金融、智能教育等,正在深刻地改变着人们的生活和工作方式。随着技术的不断进步,我们有理由相信,这“三驾马车”将继续引领 AI 驶向更加广阔的未来。

2.2.3 模型分类:通用和垂类的世界

在人工智能快速发展的当下,大模型已成为推动各行业智能化转型的关键力量。根据模型的应用范围和功能特性,可将大模型分为通用大模型和垂类大模型两大类,同时我国的开源模型的发展也备受关注,如图 2-16 所示。

图 2-16　我国 AIGC 的全景图

1. 通用大模型:广泛适应多领域

通用大模型是指那些能够处理多种类型任务的 AI 模型,具有较高的灵活性和广泛的适用性,其应用场景广泛,涵盖自然语言处理、图像识别、数据分析等多个领域,几乎囊括了人工智能的所有应用范畴。通用大模型在多任务处理和迁移学习方面表现出色,能够快速适应新任务,并提供相对稳定的性能。

以 GPT 系列为例,GPT-3.5 和 GPT-4 在对话生成、文本摘要、问答系统等多种任务中均有出色表现。这些模型通过在海量数据上进行预训练,学习到了语言的通用模式和结构,从而能够在不同领域快速应用。此外,BERT 模型也在自然语言处理领域展现了其强大的通用性,为众多 NLP 任务提供了基础支持。

通用大模型的优势在于其广泛的应用基础,能够吸引大量的研究者和开发者进行持续创新。然而,在一些特定任务中,通用大模型的表现可能不如专门针对特定领域优化的垂类大模型。

2. 垂类大模型:专业领域的深耕者

垂类大模型则是专注于特定领域或任务的大模型,通过在特定领域的大量数据和专业知识进行深度预训练与微调,以提供高精准度和高效性的解决方案。与通用大模型相比,垂类大模型在特定领域积累了丰富的专业知识,能够更准确地理解和处理该领域的复杂问题。例如,在医疗领域,垂类大模型可以对医学影像进行精准分析,辅助医生进行疾病诊断;在金融领域,垂类大模型能够对市场数据进行深入分析,为投资决策提供有力支持。由于专注于特定领域,垂类大模型在该领域的任务中能够提供更精准的结果,并且在处理速度和资源利用效率方面也更具优势。例如,在智能制造领域,垂类大模型可以实时监测生产设备的运行状态,快速识别异常情况并进行预警,从而提高生产效率和产品质量。

通用大模型和垂类大模型并非相互排斥，而是可以相互补充、协同共进。通用大模型提供了广泛的知识基础和通用的处理能力，而垂类大模型则在特定领域深入挖掘，提供专业的解决方案。未来，随着技术的不断进步和应用场景的拓展，通用大模型和垂类大模型将进一步融合，形成更加智能、高效的 AI 系统。

同时，国内开源模型的发展也将为 AI 技术的创新和应用提供更多的可能性。通过开源的力量，更多的开发者和企业能够参与到 AI 的研发和应用中来，共同推动 AI 技术的发展和进步。

2.3 知识库与智能体

人工智能要实现决策、推理等复杂功能，离不开丰富且准确的知识作为支撑。想象一下，一个人工智能系统就如同一位智者，而知识就是这位智者脑海中的学问。没有知识，人工智能便如同无本之木，无法有效地解决问题。

PPT：知识库与智能体

智能体则是基于知识采取行动的实体，就像是这位智者的手脚，利用所掌握的知识在所处环境中进行决策和行动。两者的协同配合对于解决复杂任务至关重要。例如，在一个智能物流系统中，关于物流路线、货物特性、运输工具等知识存储在系统里，而智能体则依据这些知识来规划最优的配送方案，安排车辆的调度等，高效地完成物流配送任务。

2.3.1 知识库：大模型的“加油站”

近年来，大型语言模型（LLM）作为一种超大规模的深度学习模型，因其在海量数据上的预训练而展现出强大的能力。尽管 LLM 功能强大，但其在事实准确性方面存在局限性，并且可能产生幻觉，即生成不正确的信息。因此，为了提升 LLM 的性能和可靠性，需要借助外部知识来增强其响应的真实性。知识库正是在这种背景下成为增强 LLM 能力的关键组成部分，其能够提供结构化和最新的信息，从而有效提升 LLM 的性能。

1. 知识库定义

知识库和数据库有相似之处，但又存在显著的区别。数据库主要侧重于数据的存储和管理，更关注数据的结构和存储效率。例如，一个学生成绩数据库，它会按照一定的格式存储学生的各科成绩、考试时间等数据。而知识库则更深入地理解知识的语义，注重知识之间的逻辑关联。同样以学生成绩为例，知识库不仅会存储学生的成绩，还会存储成绩所反映出的学生的学习能力、知识掌握薄弱点等信息，并且会将这些知识按照逻辑关系进行关联,如某个知识点的薄弱可能与之前未掌握好的另一个知识点有关。

例如,在医疗诊断领域,知识库存储的是各种疾病的症状、诊断标准、治疗方法等知识。医生使用的辅助诊断系统,其背后的知识库可能包含了上万种疾病的详细信息。当输入患者的症状时,系统能依据知识库中的知识进行分析诊断。在金融风险评估领域,知识库则存储着市场数据、金融产品特性、风险评估模型等知识。金融机构利用这些知识来评估投资项目的风险,决定是否进行投资。不同领域的知识库根据其领域特点,存储和组织不同类型的知识,以满足该领域人工智能应用的需求。

2. 知识库构建流程

构建适用于大型语言模型的知识库是一个涉及多个关键步骤的过程,包括数据来源、知识的表示格式和知识存储方案。

(1) 数据来源

人工录入(专业领域知识构建初期常见方式):在一些专业领域知识库构建的初期,人工录入是一种常用的知识获取方式。例如,在一个专业的法律知识库构建时,由于法律知识的专业性和复杂性,往往需要法律专家手动将各种法律条文、案例分析等知识录入到知识库中。这种方式虽然耗时耗力,但能够保证知识的准确性和专业性。

自动抽取(从文本、图像等数据源,利用 NLP、图像处理技术):随着技术的发展,自动抽取知识成为一种重要的方式。例如,利用自然语言处理(NLP)技术从大量的医学文献中抽取疾病知识,通过对医学论文、病理报告等文本的分析,提取出疾病的名称、症状、治疗方法等信息。在图像处理方面,对于医学影像,如 X 光片、CT 图像等,可以利用图像处理技术识别出病变特征,从而获取相关的医学知识。

知识融合(解决多源知识冲突、冗余,如合并不同医疗知识库信息):在实际应用中,往往会有多个来源的知识,这些知识可能存在冲突或冗余的情况。例如,不同的医疗知识库对于某种疾病的诊断标准可能略有不同。这时就需要进行知识融合,通过一定的算法和规则,对多源知识进行分析、比较,去除冗余信息,解决冲突,将不同来源的知识整合为一个统一、准确的知识库。

(2) 知识的表示格式

微课 2-3
知识图谱

知识的表示格式主要包括知识图谱和向量嵌入。知识图谱以实体和关系的形式表示知识,能够清晰地展现复杂、网络化的结构,并支持推理和语义搜索。向量嵌入则是将文本或数据转化为数值表示,能够捕捉数据的语义含义和上下文,从而实现高效的相似性搜索。将知识图谱与向量数据库集成可以增强上下文理解和信息检索能力。知识表示格式的选择取决于具体的应用场景以及需要表示和访问的知识类型。知识图谱擅长表示显式关系并支持推理,适用于需要结构化知识的任务。向量嵌入更适合捕捉语义相似性,并在大量非结构化数据上执行高效搜索。结合使用知识图谱和向量嵌入可以充分利用两者的优势，构建更强大和更通用的 LLM 应用。

(3) 知识存储方案

知识存储方案包括专门用于存储和查询高维向量数据的向量数据库和专门用于存储和查询图结构数据的图数据库。向量数据库的优势在于高效的相似性搜索、可扩展性以及处理非结构化数据的能力。图数据库则用于存储和查询知识图谱，其能够有效地表示实体之间的关系。此外，传统数据库也可以与向量或图数据库结合使用，用于存储和管理数据。LLM 的兴起显著推动了专用向量数据库的发展和应用。LLM 生成的高维向量嵌入需要高效的存储和检索机制，而传统数据库在这方面并不理想，因此向量数据库成为 LLM 应用的关键基础设施组件。向量数据库和图数据库的选择取决于知识的性质以及与 LLM 的预期用途（相似性搜索与关系推理）。如果主要目标是检索语义相似的信息，向量数据库可能是更好的选择。如果应用需要对实体之间的关系和连接进行推理，则图数据库更适合。

3. 知识库与大模型的协同作用——检索增强生成（RAG）

检索增强生成（Retrieval-Augmented Generation，RAG）是一种结合信息检索与文本生成的技术，旨在通过实时从外部数据源获取相关信息，提升生成式大语言模型的准确性和可靠性，其有效解决了传统生成模型可能产生的信息过时，并有效缓解了大模型的“幻觉”问题。

(1) RAG 应用的组成

一个典型的 RAG 应用主要包括以下两个组件：

检索器（Retriever）：将输入问题转化为向量，在外部数据库（如文档集、知识库）中检索最相关的片段。常用技术包括语义向量检索或结合向量检索和关键词检索的混合检索模式。

生成器（Generator）：基于检索到的信息，由大语言模型生成问题的回答或进行总结。

(2) RAG 技术的工作流程

1) 离线预处理阶段

文档预处理：将多种格式的数据（TXT、DOCX、PDF 等）转换为纯文本数据。

文本分割：按照一定的规则（固定长度或者按段落切分）将文本数据切分为小片段（Chunks）。

向量编码：使用语义向量模型将文本转换为语义向量。

向量存储：将向量存入专用的向量数据库，构建成包含文本和对应向量的知识库。

2) 在线查询阶段

当用户输入问题后，系统使用相同的语义向量模型将问题转换为向量；在向量数据库中进行相似度搜索（通常使用余弦相似度或欧氏距离）；检索出与问题最相关的 K 个文档片段（通常 3~5 个）。

3）生成阶段

将检索到的文档与原始问题组合形成大模型的提示词,用于解决问题。

2.3.2　智能体：贴心的“数字管家”

1. 智能体定义与特性

在人工智能领域,智能体(Agent)可以被定义为一种能够自主感知环境、进行分析决策以及执行行动的智能系统,通常具备以下特性：

自主性:智能体能够在没有人类直接干预的情况下,自主地进行决策和执行动作。

感知能力:智能体能够通过各种传感器或接口,感知外部环境的变化,如数据输入、用户行为等。

决策能力:智能体能够根据感知到的信息,进行逻辑推理和决策,以确定下一步的行动方案。

执行能力:智能体能采取实际行动,如生成回复、控制设备或执行任务。

自适应能力:智能体能够通过学习优化其行为,以适应环境的变化。

学习能力:智能体能够通过与环境交互,不断学习和优化自身的决策和行动策略。

如图2-17所示,在大数据的背景下,智能体通常利用大模型(如大语言模型)作为其“大脑”,负责记忆、思考和决策,其能够处理和分析大规模数据集,从中提取有价值的信息,并基于这些信息做出决策。智能体可以通过调用外部工具和API来扩展其功能,以解决实际问题。

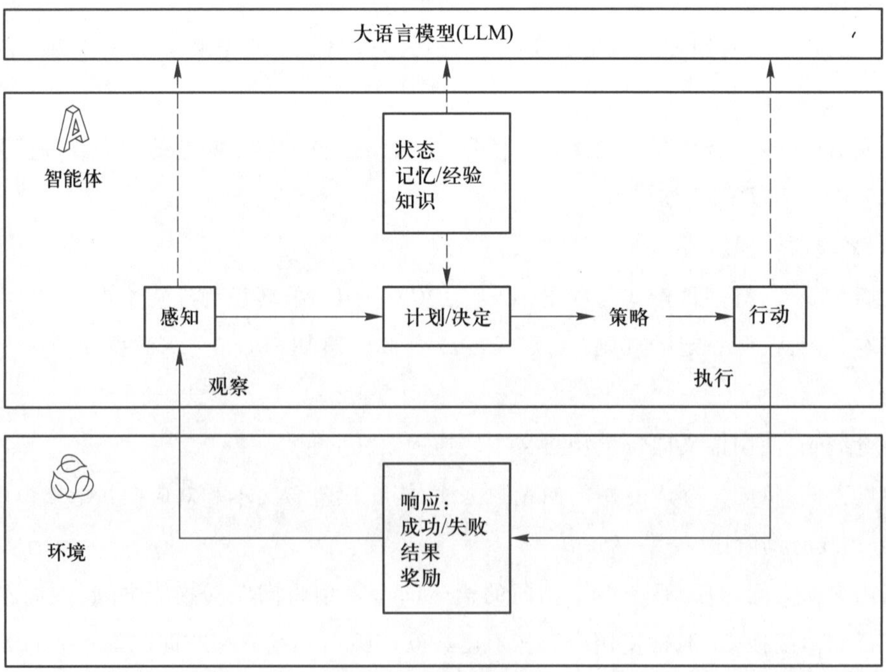

图2-17　智能体系统

2. 智能体类型

(1) 反应式智能体

基于简单刺激—反应模型的工作原理:反应式智能体基于简单的刺激—反应模型工作,其不具备复杂的内部推理机制,只是对外部刺激做出直接的反应。例如,一个简单的温度控制系统中的智能体,当它检测到室内温度高于设定温度时,就直接启动空调制冷;当温度低于设定温度时,就关闭空调,其决策过程非常简单直接,不需要对环境进行深入的分析和推理。

机器人避障反应式智能体示例:以机器人避障为例,机器人上安装有传感器,当传感器检测到前方有障碍物时,这就是一个刺激信号。机器人智能体接收到这个信号后,立即做出反应,如转向或者后退,以避开障碍物。这种反应式智能体在简单的、需要快速响应的场景中表现良好。

优缺点分析:反应式智能体是一种基于刺激—反应规则的智能体,其主要优点包括设计简单、实现成本低、占用计算资源少,能够快速响应环境变化,并在传感器输入准确且规则设计良好的情况下表现出高度可靠性。然而,其缺点也很明显,主要体现在缺乏记忆和学习能力,无法适应复杂或动态变化的环境,且在部分可观测环境中可能表现不佳。

(2) 基于模型的反射智能体

基于内部知识库和推理机制决策过程:基于模型的反射智能体则依赖于内部的知识库和推理机制来进行决策,其首先会感知环境信息,然后在知识库中搜索相关知识,通过推理得出最优的行动方案。例如,一个下棋智能体的知识库中存储了大量的棋谱和下棋策略,当面对对手的一步棋时,它会根据当前的棋局状态,在知识库中搜索相关的应对策略,通过推理分析各种可能的走法及其后果,最终决定下一步棋的走法。

示例:以国际象棋智能体为例,当它面对对手的一步棋后,会将当前的棋局状态进行编码,然后在其庞大的棋谱知识库中查找类似的局面。根据知识库中存储的不同应对策略和胜率分析,结合推理算法,评估每一种可能走法的优劣,最终选择一种最有可能获胜的走法落子。

优缺点分析:基于模型的反射智能体的决策过程相对复杂,需要大量的计算和推理,但其适应性很强。由于它能够根据知识库中的知识进行全面的分析和推理,所以在面对复杂多变的环境和任务时,能够做出更合理、更智能的决策。在一些需要综合考虑多种因素的领域,如在医疗诊断、金融投资决策等领域具有很大的优势。

(3) 学习型智能体

通过与环境交互学习提升性能的方式:学习型智能体通过与环境进行交互,不断学习新的知识和技能,从而提升自身的性能,其在行动过程中,会根据环境的反馈来调整自己的行为策略。例如,一个强化学习智能体在玩游戏时,它会尝试不同的操作,根据游戏给出的奖励或惩罚反馈，逐渐学习到最优的游戏策略。如果它的某个操作获得了高分奖励，那么在未来遇到类似情况时，更有可能采取这个操作。

示例：以智能体玩“吃豆人”游戏为例，一开始智能体对游戏规则和最优策略并不了解，它会随机地进行移动、吃豆等操作。每完成一次操作，游戏环境会根据结果给予智能体一个奖励分数。如果智能体成功吃到豆子，会得到正奖励；如果碰到怪物，则得到负奖励。通过不断地尝试和接收奖励反馈，智能体逐渐学习到哪些操作能够获得更高的分数，最终形成一套最优的游戏策略，例如，如何避开怪物、如何高效地吃到豆子等。

优缺点分析：学习型智能体具有显著的适应性和改进能力，能够通过不断学习和优化提高性能，处理复杂任务，并在动态环境中表现出高效性和准确性。然而，它们需要大量数据和时间来训练，决策过程透明度较低，且对计算资源需求较高，容易受到训练数据中的偏见影响，导致错误或不公平的决策。此外，其开发和维护成本较高，限制了它们在资源受限环境中的应用。

2.4 提示词工程

PPT：提示词工程

在运用 AIGC 工具生成内容时，“提示词”是贯穿始终的关键要素。提示词不仅是用户与 AIGC 工具进行交互的桥梁，更是激发 AIGC 工具创造力的关键所在。通过精心设计提示词，用户能够引导 AIGC 工具生成更加精准、更富创意的内容，从而在文本创作、图像生成、音乐制作等多个领域实现质的飞跃。

2.4.1 提示词：AI 的“指挥棒”

微课 2-4 提示词工程

1. 提示词的定义

当用户与 AIGC 对话时，用户提交的问题有一个专业的名词——提示词（prompt）。提示词是用户与 AI 交互时输入的文本指令，用来引导模型按照用户的要求进行工作或者生成相应的输出。简单来说，提示词就是用户给 AI 的“任务指令”或者“问题描述”，可以是一个简单的问题、一段详细的指令，也可以是一个复杂的任务描述。例如，如果用户想让 AI 写一首关于春天的诗，可以在大模型中输入“请写一首关于春天的诗”，这个问题就是提示词。在生成回答的过程中，提示词的角色就像是 AI 的“指挥棒”，负责设计和优化指导大模型行动的语言提示。用户通过精心设计的提示词，不仅能够引导 AIGC 工具生成符合语境、逻辑严密的内容，还能够激发 AIGC 工具的创造力，使其生成富有新意和深度的作品。

2. 提示词的类型

提示词是与模型沟通的核心工具，好的提示词能够引导模型生成更准确、更有用的回答,而设计不当的提示词可能导致输出偏离预期。根据不同的任务需求,提示词可以分为多种类型,每种类型有着其独特的结构和所适用的场景,以下是常见的提示词类型。

(1) 指令型提示词

直接告诉 AI 需要执行的具体任务或者操作,通常以命令形式或者问题形式呈现,指导 AI 完成特定的工作,适用于问答、内容生成等需要明确指令的任务的场景,如“把这段英文翻译成中文”“总结这篇文章的要点”“用表格列出中国十大城市的 GDP 数据”等。

(2) 角色扮演型提示词

给 AI 设定一个特定角色(如历史人物、专家等),使其以该角色的视角回答问题,适用于教育、娱乐等需要拟人化交互的场景,如“假设你是一名历史老师,请向学生解释工业革命的影响”“假设你是一名律师,告诉我租房合同要注意什么”。

(3) 问答型提示词

以问题的形式提出请求,适合信息检索或者知识问答,如“Python 和 Java 有什么区别”“如何做尖椒炒鸡蛋”。

(4) 生成创意型提示词

引导 AI 进行创意写作或者内容生成,适用于故事创作、广告文案等场景,如“生成 10 条关于咖啡的广告标语”“写一个关于外星人宠物的搞笑短故事”。

(5) 分析型提示词

要求 AI 对给定的信息进行逻辑推理、数据解析、因果分析等深度思考,而不是简单生成内容,适用于商业决策、学术研究、技术问题排查等需要结构化分析的场景,如“分析新能源汽车销售增长的主要原因,列出 3 个核心因素,并分别说明其影响程度”。

(6) 多模态提示词

结合文本、图像、音频等多种输入/输出形式,实现对复杂任务的处理,适用于图像描述、视频摘要等场景,如“根据以下诗句生成一张符合意境的图片描述,供 AI 绘画工具使用:“孤舟蓑笠翁,独钓寒江雪”。

3. 提示词的基本元素

如何写出高效的提示词?关键在于掌握它的 DNA——构成有效提示词的基本元素,就像生物 DNA 决定了生命体的特性一样,提示词的 DNA 决定了 AI 回答的质量和方向。

(1) 任务指令

指令是提示词的最核心部分之一,直接告诉 AI 需要做什么。指令必须清晰、具体,避免模糊和歧义。

(2) 上下文信息

AI 不具备人类的常识和对特定场景的天然理解,因此,提供 AI 所需的背景信息或者上下文是至关重要的,以帮助其理解任务并生成相关输出。上下文可以是对问题的描述、任务的背景等。

(3) 期望的输出格式

明确期望的输出格式,能让 AI 的成果符合人们的使用需求。格式可以包括文本的结构(如分点列出、段落式、问答形式等)、文件类型(文档、表格、代码等)、语言风格(正式、幽默、简洁等)。

(4) 约束条件

约束条件能限定 AI 的输出范围,避免其产生不符合要求或者不切实际的内容。约束条件可以涉及时间、成本、资源等方面。

(5) 示例

提供示例是帮助 AI 更好地理解任务要求的有效方式。当想要一种特定风格或形式的输出时,示例能起到直观地引导作用。

(6) 风格

风格是指定 AI 生成内容时所使用的情感或者语气,可帮助 AI 调整其输出的语气和情感,使其更符合任务的要求。

(7) 目标受众

指定 AI 生成内容的目标读者或者用户群体,帮助 AI 调整内容的难度、风格和语气,以更好地满足目标受众的需求。

2.4.2 组合矩阵:提示词的策略

提示词的组合矩阵是一种提示词的策略,通过将不同的提示词基本元素进行结构化排列和组合,以生成更精准、多样的输入指令,从而引导 AI 输出符合预期的结果,提示词组合矩阵见表 2-2。

表 2-2 提示词组合矩阵

组合类型	核心目标	典型场景	组合效果
指令+目标	明确任务边界、聚焦核心需求	快速问答、工具调用	减少歧义
指令+示例+目标	通过案例引导、明确输出标准	内容生成	降低理解成本,统一输出方向
指令+约束条件+目标	限定输出范围,确保合规性	数据处理	规定输出边界、避免无效结果
指令+输出格式+目标	定义结构化输出、便于后续处理	报告生成	直接匹配需求,提升写作效率
指令+风格+目标	控制表达形式、适配场景需求	内容创作	传递情感调性,增强受众适配性
上下文+约束条件+目标	基于背景信息,明确限制和期望	专业领域分析	结合领域知识,缩小信息检索范围

续表

组合类型	核心目标	典型场景	组合效果
上下文+示例+目标	结合背景、案例与表达形式、引导创意模仿	艺术创作	融合视觉/情感元素,传递隐性创作逻辑
全元素组合	覆盖所有维度,实现精准控制	复杂项目需求	消除模糊性,确保输出完全符合预期,减少迭代成本

(1) 指令+目标

提示词:计算 1+1 的和。

指令:明确动作(计算)。

目标:限定任务结果(1+1 的和)。

(2) 指令+示例+目标

提示词:撰写儿童保温杯的促销文案,参考以下文案风格:“夏天必备！冰感防晒衣,UPF50+防晒力,轻盈透气不闷汗,点击抢购”。

指令:明确任务(撰写文案)。

示例:提供风格模板(结构:痛点+卖点+行动引导)。

目标:限定产品对象(儿童保温杯)。

(3) 指令+约束条件+目标

提示词:提取并汇总 Excel 文件“2025 年各部门预算表”中“部门”“预算金额”两列,剔除预算金额为 0 或负数的行,按部门名称升序排列各部门有效预算总额。

指令:确定动作(提取汇总)。

约束条件:限定数据范围(两列、剔除无效值、排序规则)。

目标:明确结果用途(有效预算总额)。

(4) 指令+输出格式+目标

提示词:整理本周项目进度(包含任务名称、负责人、完成度、延迟原因),以 Markdown 表格形式输出。

指令:明确动作(整理)。

输出格式:指定结构化形式(Markdown 表格)。

目标:限定内容范围(项目进度)。

(5) 指令+风格+目标

提示词:创作一条针对 21 世纪年轻人的运动饮料文案,采用幽默口语化风格,加入 emoji 和网络热词(如“破防”“绝绝子”“吨吨吨”),重点突出“快速补水”“电解质平衡”和“清爽口感”三大卖点。

指令:确定任务(创作)。

风格:限定表达形式(幽默口语化+emoji 和网络热词)。

目标:明确受众和用途(针对 21 世代年轻人的运动饮料文案,突出“快速补水”“电解质平衡”和“清爽口感”三大卖点)。

(6) 上下文+约束条件+目标

提示词:基于《2024 年肿瘤治疗临床指南》及某医院 2023—2024 年肺癌患者病历数据,仅分析接受过靶向治疗的患者,排除失访病例,数据需标注来源文献,靶向治疗患者的中位无进展生存期。

上下文:提供专业背景(指南+病历数据)。

约束条件:限定分析范围(靶向治疗患者、排除失访、标注来源)。

目标:明确结果指标(中位 PFS)。

(7) 上下文+示例+目标

提示词:一幅描绘深秋森林的油画(画面元素:金黄落叶、阳光透过树冠、远处溪流),参考朱自清《春》的细腻描写风格:“小草偷偷地从土里钻出来,嫩嫩的,绿绿的……”,语言生动,使用拟人化和通感手法。

上下文:提供视觉背景(油画元素)。

示例:给出文学模板(朱自清的细腻描写)。

风格:指定修辞手法(拟人化、通感)。

(8) 全元素组合

提示词:撰写行业数据(2024 年全球新能源汽车销量增长 18%,中国市场占比 60%)、竞品分析(比亚迪、特斯拉、蔚来财报)、用户调研(500 份车主反馈),参考 2023 年报告结构(目录:市场概况→竞品分析→用户痛点→策略建议),数据需引用国际能源署(IEA)、中国汽车工业协会(CAAM)等权威来源,图表不超过 5 张,PPT 大纲(包含标题页、目录页、各章节要点),辅助公司制定 2025 年产品研发方向,专业严谨,数据可视化优先。

指令:明确任务(撰写报告)。

上下文:提供多维度数据(行业、竞品、用户)。

示例:给出结构模板(2023 年报告目录)。

约束条件:限定数据来源和图表数量。

输出格式:指定交付形式(PPT 大纲)。

目标:明确应用场景(辅助研发决策)。

风格:控制表达调性(专业严谨、数据可视化)。

除了以上的提示词组合矩阵之外,还有一些常见的提示词的策略,主要包括以下几个策略。

1. COSTAR 框架

COSTAR 框架通过 6 个关键环节帮助用户更高效地设计出清晰、有效的 AI 指令,其名字来源于每个环节的首字母缩写，如 Context（上下文）、Objective（目标）、Style（风格）、Tone（语气）、Audience（受众）、Response（响应）。

上下文：为 AI 提供任务相关的背景信息，让 AI 能够理解所处的情境。例如，如果想让 AI 写一份营销方案，背景可以是“公司是一家新成立的环保型护肤品企业，主打天然植物成分，目标市场是一二线城市、年龄在 25~35 岁的女性消费者，目前处于产品推广初期”。提供这样的背景后，AI 就能围绕新企业、环保护肤、特定目标人群以及推广阶段这些信息来构思营销方案。

目标：明确告诉 AI 用户想要达成的目标，即任务的终点在哪里。目标要清晰、具体，这样 AI 才能朝着准确的方向努力。例如，同样是营销方案的例子，目标可以设定为“在接下来 3 个月内，使产品在目标市场的知名度提升 20%，并吸引至少 500 个新客户购买产品”。清晰的目标能让 AI 在创作营销方案时，有具体的指标去考量策略和方法。

风格：指定 AI 回答的写作风格（如幽默、口语化等）。例如，生成一条简短、幽默的推特文案，带 emoji。

语气：设定 AI 回答的情感基调或者态度（如正式、亲切等）。例如，用温和亲切的语气生成一段鼓励学生努力学习的话，适合小学四年级的学生。

受众：明确 AI 回复的目标群体（如学生、专业人士等）。针对 5 岁的小侄女设计一张贺卡，语言要简单可爱。

响应：明确回答的格式或者结构。例如，解释机器学习，优化后，用定义、核心算法举例、应用场景 3 个段落解释机器学习。COSTAR 框架示例如图 2-18 所示。

Context：作为科技专栏作者，针对2024年AI行业发展趋势。

Objective：分析生成式AI对医疗、教育、制造业的影响。

Style：采用杂志深度报道风格，分行业小节。

Tone：中立但带有前瞻性。

Audience：关注技术的企业高管。

Response：2000字以内，包含3个真实案例。

图 2-18 COSTAR 框架示例

2. AI 需求表达公式

（1）需求=问题+数据/信息+分析方法

该公式可以将模糊需求转化为可执行任务的黄金公式，其不仅帮助 AI 理解“做什么”（问题），还明确“用什么做”（数据）和“怎么做”（方法），尤其适用于需要深度分析的场景（如商业策略、学术研究、数据分析）。

问题：用户希望解决的具体目标或疑问，是需求的核心出发点。问题需要清晰、具体，避免模糊。例如，“分析用户行为”过于宽泛，“找出近 30 天购买转化率下降的原因”则更明确。

数据/信息（Data/Info）：解决问题所需的原材料，包括已有数据、背景知识或需要获取的信息，如表格、数据库、文本、图片、行业规则、常识等。

分析方法：在处理数据、推导结论的策略或步骤，包括算法、模型、逻辑规则等。

场景举例：在分析销售数据时，告诉 AI“分析销量下降问题”，提供数据，说明使用对比分析方法，AI 即可深挖原因。

(2) 需求=目标+选项+评估标准

该公式通过“目标锚定方向、选项提供可能、标准量化优劣”,将模糊的“做选择”转化为可计算的“算最优”,尤其适合需要理性分析的复杂决策。

目标:用户希望实现的具体结果或期望达成的状态。目标需明确、可量化,避免模糊。例如,“提升产品销量”过于宽泛,“2025 年 Q3 新品月销量突破 10 万件,同时品牌认知度提升 20%”则更清晰。

选项:实现目标的候选方案或途径,需覆盖不同的可能性(至少 2 个以上),可以是具体的行动方案(如 A 方案、B 方案)、资源分配方式(如渠道选择)或参数组合(如价格区间)。

评估标准:衡量选项优劣的具体指标,包括定量数据(如成本、收益)和定性维度(如用户体验、品牌调性匹配度)。

场景举例:如选择旅游方案、明确旅游目标、列出备选方案、给出评估标准(如预算),让 AI 分析最优解。

(3) 需求=主题+风格/约束+创新方向

该公式是创意类任务的核心公式,让 AI 在既定框架内发挥创造力,避免“要么太死板,要么太放飞”的问题。

主题:任务的核心内容或核心目标,是一切创作的出发点。主题需明确具体,可聚焦单一核心(如“环保主题海报”)或包含关键要素(如“为新能源汽车品牌撰写品牌故事”)。

风格:作品的情感基调、表现形式或行业特性(如“复古风”“极简主义”“科技感”)。

约束:客观限制条件(如字数、尺寸、目标人群、品牌调性、合规要求等)。

创新方向:希望作品突破常规、展现独特性的具体方向,如视角创新、形式创新、内容创新等。需具体可落地,避免笼统(如可将“要有创意”修改为“用拟人化手法赋予产品情感”)。

场景举例:让 AI 写宣传文案,明确主题(如产品推广)、风格(简洁科技风)、创新方向(突出用户痛点),AI 生成内容。

(4) 需求=结论/方案+验证方法+风险点

该公式让 AI 输出的不再是单一方案,而是包含“可行性论证”和“风险预案”的完整执行手册。

结论/方案:用户希望落地的具体结论、决策或行动计划,是需求的核心成果。结论或者方案需清晰可执行,包含关键要素(如目标、步骤、资源),如“2025 年第三季度在长三角地区新开 10 家直营奶茶店,主打‘低糖健康’产品线。”

验证方法:用于检验结论/方案是否有效、是否符合预期的具体手段,包括数据收集、测试实验、逻辑推演等。

风险点:在实施过程中可能遇到的不确定因素或潜在问题,需提前识别并制定应对策略,包括市场风险(竞争加剧)、执行风险(供应链延迟)、数据风险(样本偏差)等。

场景举例:在验证活动方案时,告知 AI“验证方案可行性”,说明验证方法(如用户调研)和风险点(预算超支),AI 深度检验。

(5) 需求=任务+步骤约束+输出格式

该公式让 AI 在既定框架内高效完成任务,避免因“自由度太高”导致的结果不可控。

任务:用户希望完成的具体目标或待解决的问题,是需求的核心内容。任务需清晰、可量化,避免歧义,如“整理 2025 年第一季度客户投诉数据,分类统计高频问题并生成改进建议。”

步骤约束:在执行任务时需遵循的具体流程、方法、资源限制或时间要求。

输出格式:任务结果的呈现形式,包括结构、内容颗粒度、文件类型等。

场景举例:让 AI 写 Python 代码,明确任务(爬取网页数据)、步骤约束(用 requests 库)、输出格式(结构化表格),确保执行精准。

3. 零样本提示

零样本提示是一种无须提供具体示例,仅通过自然语言指令引导模型完成目标任务的技术,其核心设计思想是利用大语言模型在预训练阶段获得的通用知识和推理能力,直接解析用户指令并生成符合要求的输出。简单来说,就是不用给例子,直接告诉 AI 要做什么,它就能完成任务,就像老师不教例题直接布置作业,学生却能自己解答一样,其输入示例如图 2-19 所示。

> 把这段话翻译成英语,要口语化一点:“虽然今天暴雨延误了航班,但机场工作人员全程耐心协助,最终帮我改签了最近一班飞机,还贴心提供了休息区和餐饮券,真的很暖心!”

图 2-19 零样本提示输入示例

输出:

"Even though the heavy rain delayed my flight today, the airport staff helped me out patiently the whole time. They ended up getting me rebooked on the next available flight, and they even kindly gave me a rest area pass and meal vouchers! It was really heartwarming!"

4. 少样本提示

少样本提示是一种让大语言模型(如 GPT、BERT 等)通过少量示例快速学习新任务的技术,其核心设计思想是:在输入中提供少量人工标注的示例,引导模型模仿示例的模式,生成符合要求的输出。其输入示例如图 2-20 所示。

> 任务:将中文句子翻译成英文
> 示例输入:
> [示例1]
> 中文:我爱北京天安门。
> 英文:I love Tiananmen Square in Beijing.
>
> [示例2]
> 中文:今天天气很好。
> 英文:The weather is nice today.
>
> [新输入]
> 中文:她是一名优秀的教师。
> 英文:

图 2-20 少样本提示输入示例

模型输出:She is an excellent teacher。

5. 思考链提示

思考链(Chain of Thought, CoT)是一种通过引导模

型逐步推理来解决复杂问题的技术,其核心设计思想是:在输入中提供“问题+中间推理步骤+答案”的示例,让模型模仿这种“分步思考”的过程,最终输出答案。

原理可拆解为以下 3 点:

模拟人类思维路径:人类在解决问题时,通常会将复杂任务拆解为多个子步骤。CoT 让模型也遵循类似的分步逻辑,从而减少“跳跃性错误”。

增强模型解释性:中间步骤不仅帮助模型找到正确答案,还能让用户理解模型的推理过程,以提升结果的可信度。

适用于多步推理任务:对数学题、逻辑推理、多跳问答等需要多步决策的任务效果显著。

CoT 输入示例如图 2-21 所示。

任务：计算小明买书的花费
[示例1]
问题：小明有50元，买了3本单价8元的书，又买了1支5元的笔，最后剩下多少钱?
思考过程：
1. 计算买书的总花费：3本 × 8元/本 = 24元
2. 加上买笔的花费：24元 + 5元 = 29元
3. 用总钱数减去总花费：50元 - 29元 = 21元
答案：21元

[新输入]
问题：小红有100元，买了2个单价25元的书包，又买了4本单价10元的笔记本，最后剩下多少钱?
思考过程：

图 2-21　CoT 输入示例

输出:

思考过程:

(1) 计算买书包的总花费:2 个×25 元/个=50 元

(2) 计算买笔记本的总花费:4 本×10 元/本=40 元

(3) 总花费:50 元+40 元=90 元

(4) 剩余金额:100 元-90 元=10 元

答案:10 元

6. 加入种子词

在提示词的撰写过程中,除了上述常见的策略,还能融入“种子词”。所谓“种子词”,一般是指那些能够触发创意灵感、引导思维方向或者引发丰富联想的关键术语,是生成文章时需要涵盖的核心字词。种子词可以是任意能够充当思考与创作开端的词汇,它们宛如播下的种子,能够不断生长、萌芽,衍生出更多的想法与内容。输入示例如图 2-22 所示。

输出如下(仅供参考)。

清晨的阳光穿透智能监测系统的棱镜,在热带雨林的树冠层洒下一片斑驳的“数据

> 撰写一篇关于生态保护与技术创新融合的短文，要求体现可持续发展理念，字数控制在 300 字以内。
> 种子词：自然、科技、未来

图 2-22 加入种子词输入示例

光斑”。传感器正以微米级精度记录着每片树叶的呼吸频率,这些来自自然的原始信号,经人工智能算法解析后,化作保护濒危物种的“数字密码”。

在青海湖畔,光伏板矩阵随日光角度自动调整倾角,每一块硅晶板下都生长着耐盐碱的草本植物。智能滴灌系统根据土壤湿度数据精准补水,让清洁能源开发与高原草甸修复形成共生闭环。无人机搭载的光谱相机掠过红树林,将根系分布数据实时传输至生态数据库,为海岸带修复工程勾勒出精准的“数字地图”。

这些科技与自然的对话,正在重新定义人类与地球的关系。当区块链技术为珍稀木材贴上“数字身份证”,当基因编辑技术助力濒危植物繁育,当虚拟现实让城市居民“沉浸式”参与雨林养护,我们终于明白:可持续发展从来不是对自然的单向索取,而是以科技为笔,在生态底版上绘制平衡共生的未来画卷。

让每一行代码都流淌着对自然的敬畏,让每一次创新都指向万物和谐的远方——这或许就是科技最温暖的人文底色,也是我们能留给未来最珍贵的礼物。

2.4.3 陷阱与应对措施：新手必知的提示词设计误区

提示词在人与 AI 交互中起着重要的作用,但是在构建提示词时,存在着一些常见的陷阱,如果不加以注意,可能会导致得到的结果不尽如人意,无法充分发挥 AI 的能力,以下将详细介绍这些常见陷阱以及应对措施。

1. 语义模糊陷阱

(1) 陷阱描述

语义模糊是指提示词的表达不够清晰明确,使得 AI 难以确切理解用户的意图。这可能是由于使用了多义词、表述过于笼统或者缺乏必要的限定词等原因造成的。

示例:请告诉我关于“苹果”的信息。

分析:这里的“苹果”是一个多义词,既可以指水果苹果,也可以指苹果公司。由于没有明确限定,AI 可能会给出关于水果苹果或者苹果公司的各种不同类型的信息,导致结果缺乏针对性。

(2) 应对措施

在使用可能存在歧义的词汇时,要尽可能明确其具体所指。例如,将上述提示词修改为“请告诉我关于水果苹果的营养价值的信息”或者“请介绍一下苹果公司的发展历程”,这样就可以让 AI 清楚地知道用户的需求。

2. 指令不明确陷阱

(1) 陷阱描述

指令不明确是指提示词没有清晰地表达出希望 AI 执行的具体任务或操作。这可能会导致 AI 对任务的理解出现偏差,从而给出不符合预期的结果。

示例:分析一下这篇文章。

分析:这个提示词没有明确说明分析的具体内容和角度,如是分析文章的结构、语言风格、论点论据,还是其他方面。AI 可能会根据自己的默认理解进行分析,但结果可能并非用户所期望的。

(2) 应对措施

在提示词中应详细说明希望 AI 执行的具体任务和操作。例如,将上述提示词修改为"请分析这篇文章的论点、论据以及论证过程,并指出其中存在的逻辑漏洞",这样 AI 就能更准确地按照用户的要求进行分析。

3. 过度依赖陷阱

(1) 陷阱描述

过度依赖是指用户在使用提示词时,没有充分发挥自己的思考和判断能力,而是盲目地相信 AI 的回答,甚至将所有的决策都交给 AI。这种做法可能会导致用户忽略一些重要的信息和潜在的风险。

示例:我想投资股票,你给我推荐一些股票吧,我就按照你说的买。

分析:股票市场具有高度的不确定性和风险性,AI 虽然可以提供一些相关的信息和建议,但并不能保证推荐的股票一定能够盈利。如果用户仅仅依赖 AI 的推荐而盲目投资,可能会遭受损失。

(2) 应对措施

在使用 AI 回答时,要保持理性和批判性思维,结合自己的知识、经验和实际情况进行分析和判断。例如,在投资股票时,可以参考 AI 提供的信息,但同时也要关注宏观经济形势、行业发展趋势以及公司的基本面等因素,做出自己的决策。

4. 偏见与伦理陷阱

(1) 陷阱描述

偏见与伦理陷阱是指在提示词中无意识地嵌入对特定群体、事物或概念的固有、片面且往往不准确的看法,这种刻板印象可能基于种族、性别、地域、职业等因素。由于这些刻板印象隐藏在提示词的字里行间,并非直白地表达出来,因此很容易被忽视,但却能在与 AI 交互中引导出不客观、不公平甚至带有歧视性的结果,从而引发诸多争议。

示例:写一篇关于某地区的文章,强调其缺点。

分析:模型可能会输出片面或者负面的内容,进而引发偏见。

(2) 应对措施

熟悉 AI 的基本伦理准则和限制,确保请求符合法律和道德标准,在提示词中使用中性表述,避免使用带有主观倾向的词汇(如缺点)。

5. 忽视迭代优化陷阱

(1) 陷阱描述

忽视迭代优化陷阱是指提示词设计完成后,用户可能认为一次输入就可以得到完美的结果,而忽略了对提示词的动态调整和优化。然而,AI 的输出往往需要经过多次迭代才能接近理想的效果,尤其在复杂的任务中。忽视迭代优化可能导致输出质量无法满足需求。

示例:写一份产品说明书。

分析:AI 可能生成一份过于通用或格式不规范的说明书,未满足特定产品的需求。

(2) 应对措施

要认识到 AI 的初次输出可能不完美,需要调整提示词逐步优化;将复杂任务分解为多个阶段,逐步完善提示词:1) 生成一份产品说明书的初稿;2) 补充安装步骤和图例说明;3) 增加常见问题解答和安全注意事项;根据 AI 的输出结果,灵活调整提示词,避免陷入固定模式;在每次迭代中加入人工审核,确保输出质量符合预期。

本章小结

本章系统地阐述了生成式人工智能(AIGC)的技术基础、核心原理及其对经济社会多领域的深远影响。首先,从技术层面切入,解析了机器学习、神经网络与深度学习、自然语言处理(NLP)与计算机视觉等支撑 AIGC 发展的关键技术,揭示了数据、算法与算力协同驱动的 AI 进化逻辑。在此基础上,重点剖析了大语言模型(LLM)的架构与训练机制,对比了通用大模型与垂类大模型在适用场景、性能优化及行业适配性上的差异化特征,凸显了模型设计与领域需求结合的重要性。

进一步地探讨了知识库与智能体的协同工作模式,以及提示词工程在提升 AI 交互效率与精准性中的关键作用,并通过工业制造、智能家居、智慧教育等场景的实践案例,展现了 AIGC 技术从理论到落地的完整链路。在应用层面,AIGC 已深度渗透至传媒、娱乐、医疗、教育等领域,推动内容生产范式革新、服务个性化升级与产业效率跃迁。

通过本章学习可知,AIGC 不仅是技术创新的集大成者,更是数字经济与社会发展的核心引擎,其未来发展将围绕多模态融合、可信 AI、轻量化部署等方向持续突破,同时需应对数据安全、伦理治理等挑战。本章为读者构建了 AIGC 的全景认知框架,为后续深入研究人工智能技术应用与行业变革奠定了坚实的基础。

课后练习

一、单选题

1. 下列(   )项不是机器学习流程的一部分。

A. 数据收集 B. 数据预处理 C. 模型选择 D. 数据加密

2. 以下(　　)类型适合信息检索或者知识问答场景。

A. 指令型提示词 B. 问答型提示词

C. 角色扮演型提示词 D. 分析型提示词

3. 在 COSTAR 框架中,为 AI 提供任务相关背景信息的是(　　)。

A. Context(上下文) B. Objective(目标)

C. Style(风格) D. Audience(受众)

4. 以下属于零样本提示的是(　　)。

A. 把这段话翻译成日语,要口语化一点

B. 假设你是一名律师,告诉我租房合同要注意什么

C. 参考以下文案风格,撰写儿童保温杯的促销文案

D. 分析新能源汽车销售增长的主要原因

5. 关于忽视迭代优化陷阱,以下说法错误的是(　　)。

A. 忽视迭代优化可能导致输出质量无法满足需求

B. 复杂任务不需要多次迭代就可以得到理想结果

C. AI 的初次输出往往不完美,需要调整提示词

D. 在每次迭代中加入人工审核有助于确保输出质量

二、填空题

1. 在机器学习中,常用的评估指标有准确率、均方误差等。其中,准确率表示正确预测的样本数占总样本数的________。

2. 机器学习流程通常包括数据收集、数据预处理、模型选择、训练模型和________。

3. 在机器学习中,模型选择的依据是________。

4. 在机器学习中,数据预处理的目的是________。

5. 在机器学习中,模型可以看作是一个数学函数 $f(x)$,用于将输入数据 x 转换成 y,即 $y=f(x)$。这里的 y 通常代表________。

三、简答题

1. 请简述有监督学习的特点,并举例说明。

2. 请简述机器学习与传统编程的区别,并举例说明。

3. 请解释什么是数据标注,并举例说明。

应用篇

第3章 大模型的日常应用

本章导读

本章通过新能源汽车销售专员“小白”的一周生活场景，生动地展示了人工智能技术在职场、学习和日常生活中的多样化应用。从高效完成销售数据分析、智能生成工作报告，到利用 AI 加速专业知识学习、优化家庭娱乐体验，本章以案例驱动的方式，引导学生理解 AI 工具如何赋能现代职业人的工作流程、学习效率和生活品质。通过真实场景的模拟与工具实操，学生将逐步掌握 AI 技术的基础应用逻辑，并思考如何将智能化工具融入自身的职业发展与生活规划中，培养面向未来的数字素养。

学习目标

知识目标

- 了解 AI 在销售、学习、娱乐等场景中的典型应用场景及价值。
- 掌握常用 AI 工具的功能特点。
- 认识 AI 伦理与数据隐私保护的重要性。

技能目标

- 能够使用 AI 工具完成销售数据分析、PPT 生成、营销文案撰写等职场任务。
- 学会使用 AI 文献总结工具快速提炼知识要点，并利用 AI 问答系统解决实际问题。
- 掌握 AI 音频/视频工具的基础操作，如语音转文字、原创音乐生成、智能视频剪辑等。
- 具备根据需求选择合适 AI 工具的能力，并能结合场景优化 AI 输出结果。

素养目标

- 培养“人机协同”思维，理解 AI 作为辅助工具的角色定位，避免过度依赖技术。
- 增强创新意识，探索 AI 技术在不同生活场景中的创造性应用方式。
- 树立数据安全意识，遵守 AI 工具使用的伦理规范，尊重知识产权与隐私保护。
- 提升终身学习能力，主动适应智能化技术对职业能力提出的新要求。

3.1 工作场景：AI 提升销售效率

场景导入

PPT：工作场景：AI 提升销售效率

在竞争激烈的新能源汽车销售领域，作为 4S 店销售顾问的小白，每日面临着分析销售数据、准备汇报材料、撰写产品文案、制作宣传素材等一系列复杂且关键的任务。随着 AI 技术的飞速发展，为销售工作带来全新变革与助力，借助先进的 AI 工具，不仅能高效地完成各项繁琐工作，如快速完成数据分析、自动生成专业 PPT、瞬间产出多版营销文案以及快速制作精美宣传视频等，还能将更多的精力聚焦于服务客户，从而推动销售业绩节节攀升。

3.1.1 实践案例：销售数据分析与决策

微课 3-1 销售数据分析与决策

案例背景

小白所在的 4S 店日常依靠专业的商业智能平台（Business Inteligence，BI）工具进行销售数据分析与管理。但因业务发展需要，BI 系统临时进行升级维护，而此时小白接到一项紧急任务，需在下周向总部汇报近期销售业绩并提出策略调整方案。由于 BI 系统无法使用，且常规替代方法难以应对复杂多样的销售数据及深入分析需求，小白决定借助 AI 工具来进行数据分析，为汇报提供支持。

案例实施

步骤 1：需求分析

在小白遇到当前紧急任务的情况下，常规替代方法难以应对复杂多样的销售数据分析需求。因此，小白计划借助 AI 工具来完成此次销售数据分析工作。具体而言，需要利用 AI 处理原始销售数据记录，对这些数据进行深度挖掘和分析，生成直观且具有洞察力的可视化图表及详细的文字分析描述,以便清晰地呈现销售数据背后的规律和问题。在此基础上,还需根据分析结果进一步生成具有针对性和可操作性的销售策略调整建议,为小白的汇报提供有力的数据支持和决策依据。AI 数据分析流程如图 3-1 所示。

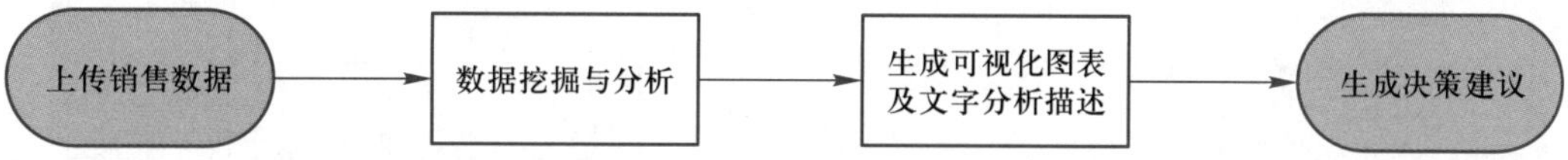

图 3-1 AI 数据分析流程图

下面将以办公小浣熊 AI 工具为例,讲解如何使用 AI 进行销售数据分析,生成可视化图表和销售策略调整建议。

步骤 2:上传原始数据记录

使用浏览器访问办公小浣熊官网,进行账号注册和登录。登录成功后,单击页面左侧导航栏“数据分析”按钮,进入数据分析页面,如图 3-2 所示。

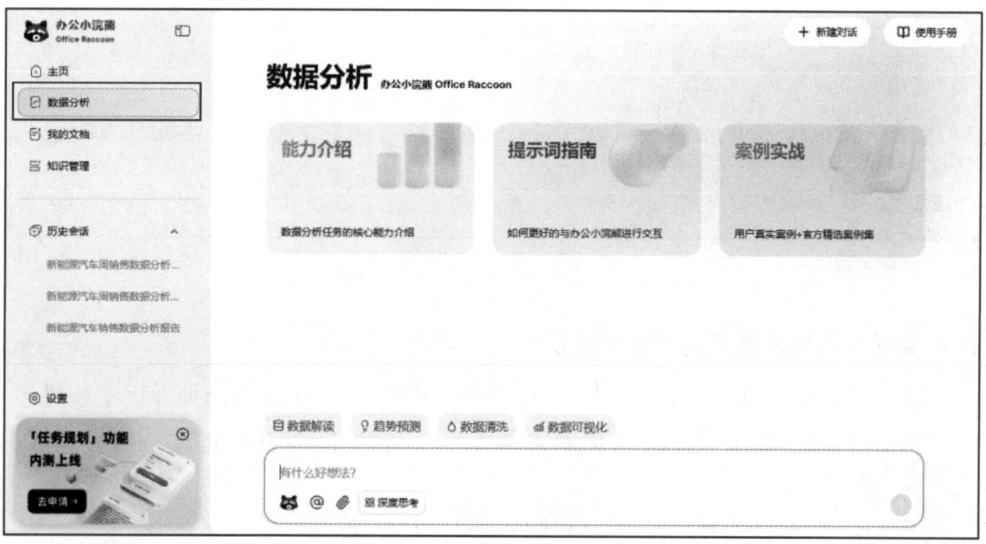

图 3-2 小浣熊数据分析页面

单击页面下方文本框中的“附件”按钮,上传本地原始销售数据记录文件,上传成功后页面右侧会展示出数据详情,如图 3-3 所示。

步骤 3:设计数据分析提示词

按照“指令+输出格式+目标”的策略设计数据分析需求的提示词,提示词如下:

“这是某新能源汽车企业的原始销售数据记录,帮我从各个维度分析这份数据,生成相关可视化分析图,每张图下方加以文字分析说明,最后形成详细的销售策略调整建议。”

在文本框中输入提示词,按 Enter 键发送指令,如图 3-4 所示。

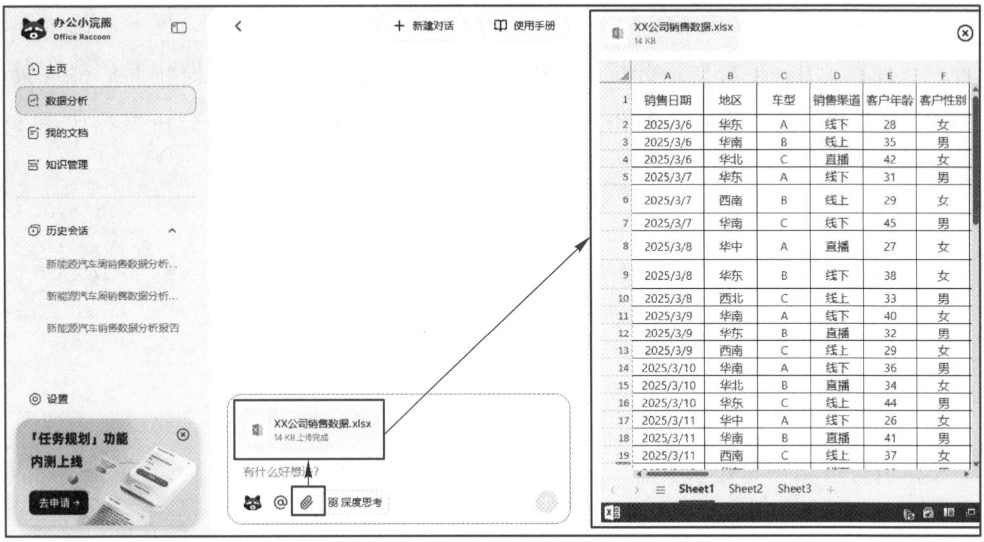

图 3-3　上传本地原始销售数据记录文件

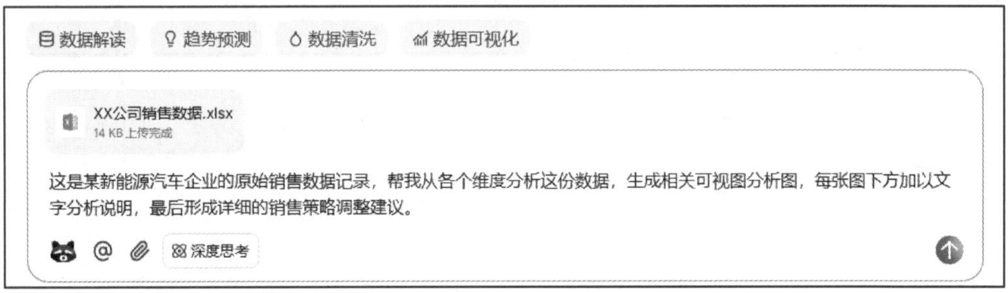

图 3-4　输入数据分析提示词并发送指令

步骤 4:生成可视化图表及销售决策建议

通过返回的结果可以看出,AI 从地区、车型、渠道、客户年龄与性别等多个维度对数据进行了详细分析,并生成了可视化图表和文字分析描述,以及销售策略调整建议,如图 3-5 所示。

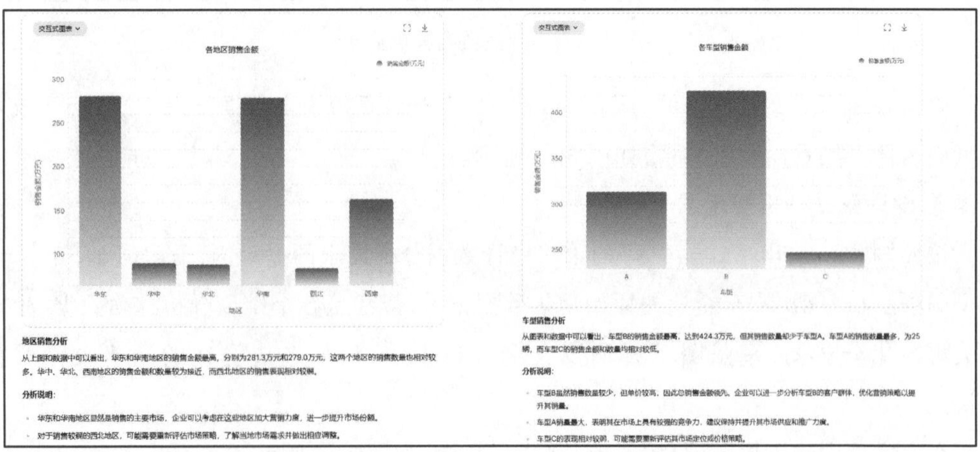

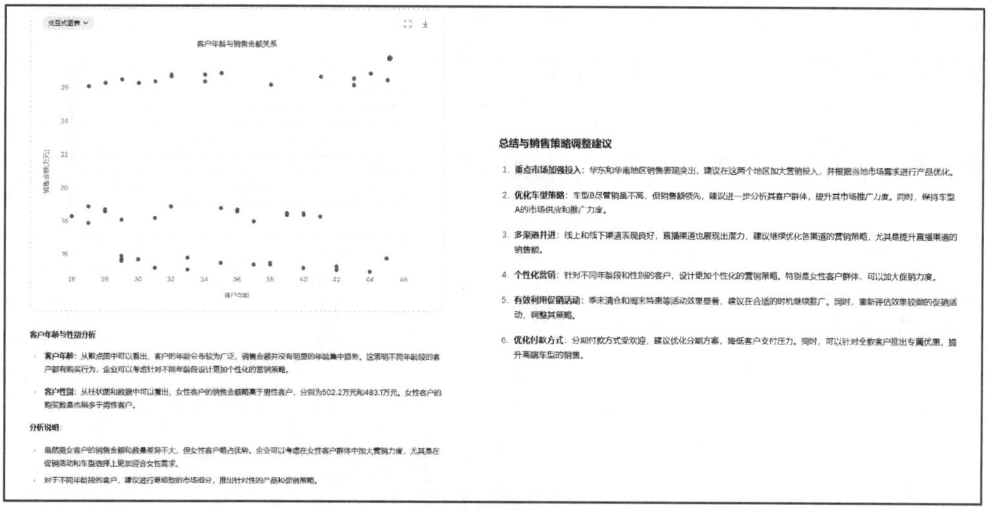

图 3-5 销售数据分析结果

案例启思

1. 将企业销售数据上传至外部 AI 平台(如办公小浣熊)时,如何避免敏感信息泄露?是否应优先选择支持本地化部署的 AI 工具?

2. AI 生成的销售策略调整建议是否过于通用?如何结合业务实际经验优化 AI 建议,提升其可执行性?

案例拓展

尝试借助 AI 工具分析近期学习成绩并生成可视化图表和知识提升补强建议。

3.1.2 实践案例:工作总结汇报 PPT 制作

案例背景

为了向上级领导和团队成员清晰地展示自己的工作进展与成效,小白每周都要进行工作总结汇报。然而,以往小白都是亲自收集、整理一周的工作数据,撰写详细的汇报文案,再花费大量时间制作精美的 PPT,过程繁琐且耗时,严重影响了工作效率。随着 AI 技术的发展,小白计划先将工作内容进行粗略整理,然后将内容交给 AI 生成 PPT,以此来优化工作流程、提高效率。

微课 3-2 工作总结汇报 PPT 制作

案例实施

步骤 1:需求分析

在每周工作总结汇报 PPT 制作任务中,小白首先需要选取一款合适的 AI 工具,然后将工作总结草稿上传至 AI 工具，接着清晰准确地描述 PPT 制作需求，如重点突出的内容板块、特定的页面布局要求等。AI 工具依据这些需求进行 PPT 生成后，需要人工对生成的 PPT 进行初步检查，判断是否符合要求。若不符合要求，则可对 PPT 进行编辑调整，直至达到满意效果。使用 AI 制作 PPT 的流程如图 3-6 所示。

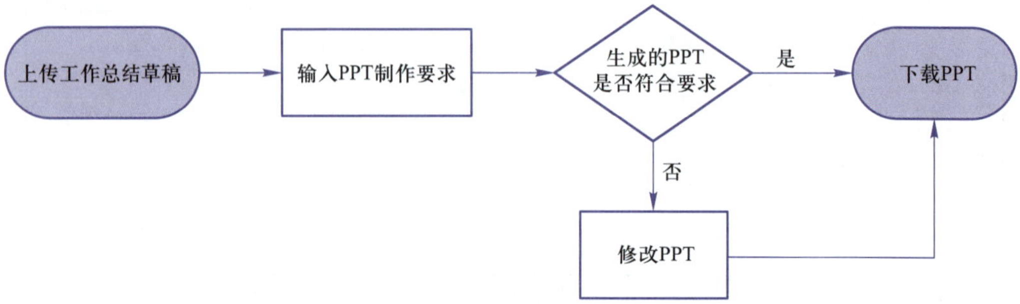

图 3-6　使用 AI 制作 PPT 的流程图

下面将以 Kimi 为例，讲解如何使用 AI 工具快速制作工作总结汇报 PPT。

步骤 2：上传工作总结草稿文件

使用浏览器访问 Kimi 官网，进行账号注册和登录。登录成功后，依次单击“Kimi+”→“PPT 助手”图标，进入 PPT 制作页面，如图 3-7 所示。

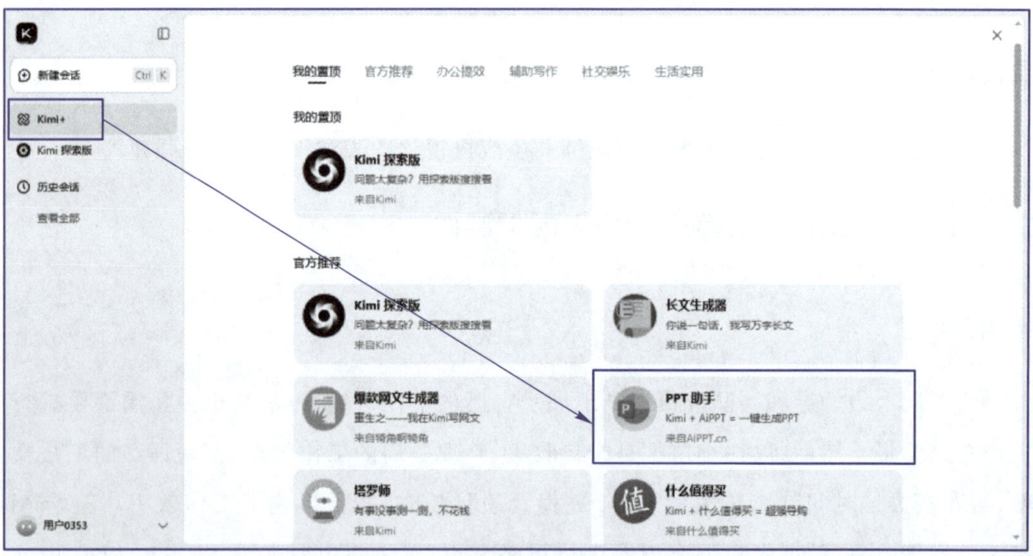

图 3-7　进入 PPT 制作页面

在 PPT 制作页面，单击页面下方的“附件”按钮，上传本地整理好的工作总结草稿文件，如图 3-8 所示。

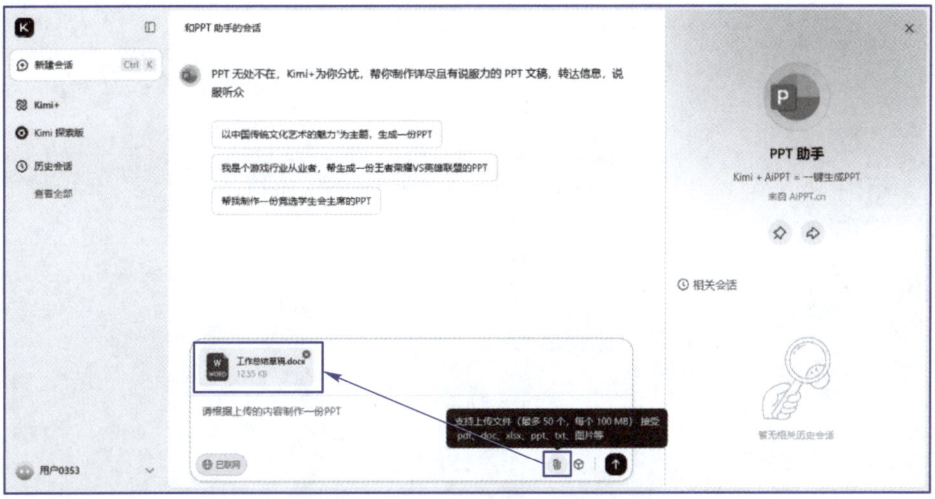

图 3-8 上传工作总结草稿文件

步骤 3:设计 PPT 制作提示词

按照“指令+输出格式+目标”的策略设计 PPT 制作提示词,提示词如下:

“根据这份工作总结草稿生成一份汇报 PPT,润色文字描述,进行详细总结分析,重点内容突出显示,如涉及数据的内容字号加大且用鲜亮的色彩配色。”

在文本框中输入提示词,按 Enter 键发送指令,如图 3-9 所示。

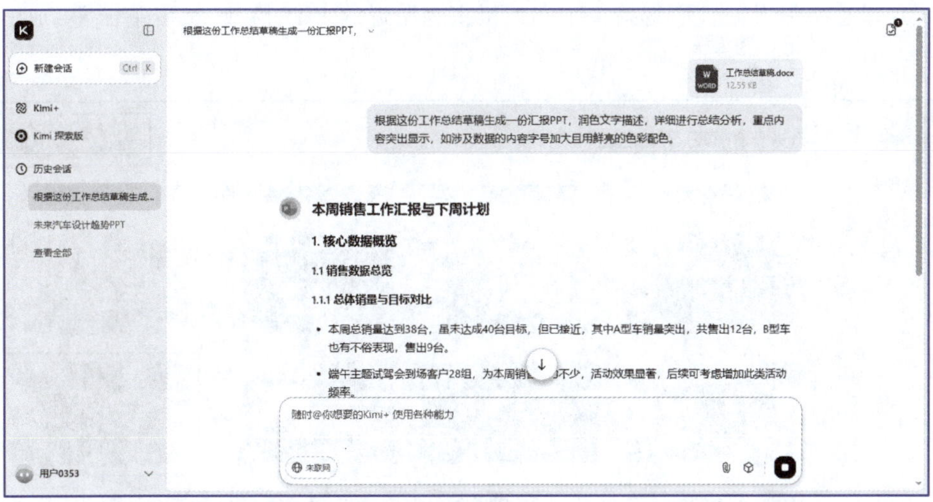

图 3-9 输入 PPT 制作提示词并发送指令

步骤 4:生成 PPT 并查看效果

Kimi 在接收到指令后会先生成文字版 PPT 大纲,确认大纲无误后即可单击“一键生成 PPT”按钮,进入 PPT 模板选择页面,如图 3-10 所示。

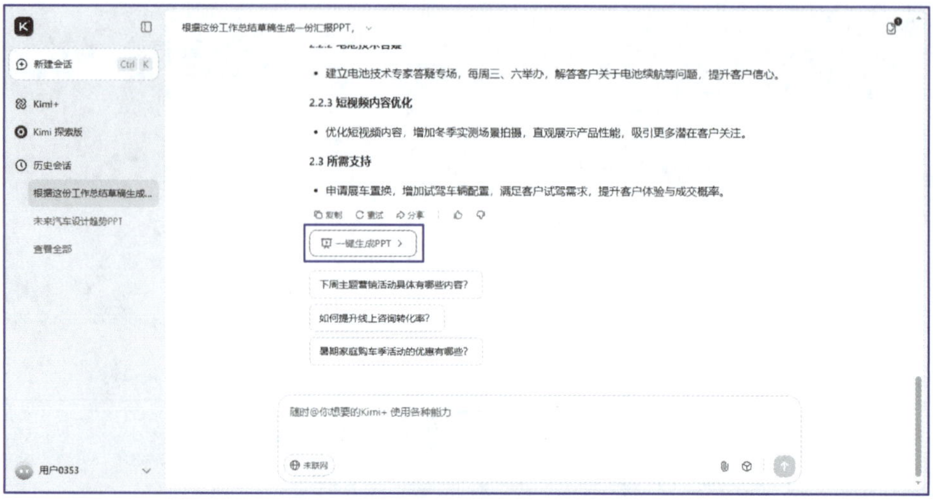

图 3-10 确认 PPT 大纲内容

小智解疑惑

Kimi 不支持直接编辑 PPT 大纲，若需进行调整，可通过对话的方式告知 Kimi 具体修改内容，由其修改；也可复制大纲至对话框手动修改后，再告知 Kimi 按最新内容生成 PPT。

在 PPT 模板选择页面，可根据主题颜色、设计风格和应用场景查找合适的 PPT 模板。选择“总结汇报”选项，选择一个和汇报主题贴近的 PPT 模板，然后单击“生成 PPT”按钮，如图 3-11 所示。

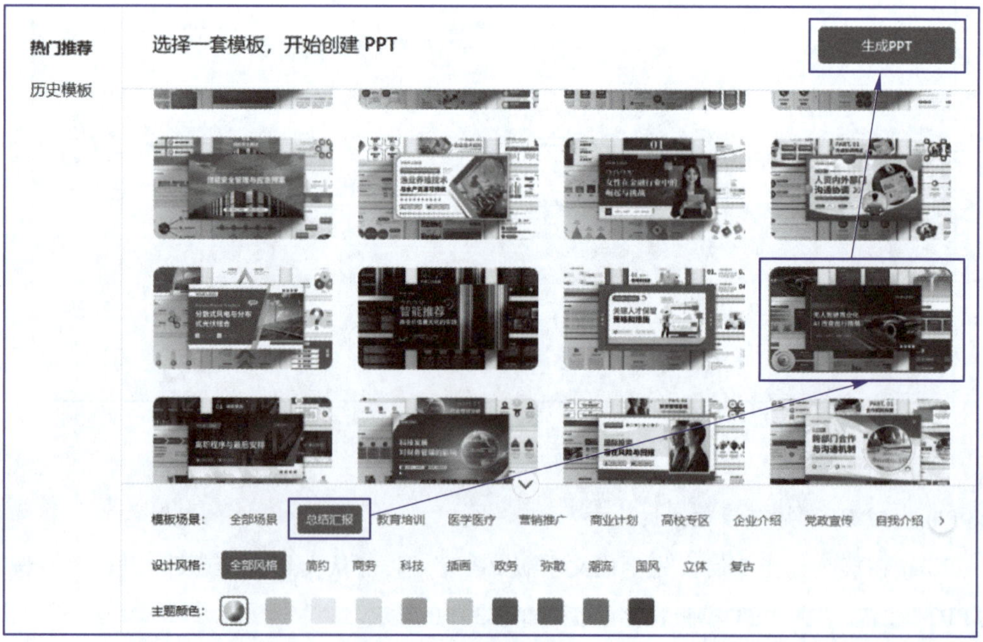

图 3-11 选择模板并生成 PPT

之后 AI 会自动根据大纲内容和选择的模板生成 PPT,如图 3-12 所示。

图 3-12　使用 AI 生成工作总结汇报 PPT

步骤 5:优化 PPT

可以看出 AI 生成的 PPT 存在主讲人、时间、公司 LOGO 信息缺失,关键数据没有按照要求突出显示等问题。此时,可以单击"编辑"按钮,进入编辑页面手动调整 PPT 内容,从而优化 PPT,如图 3-13 所示。

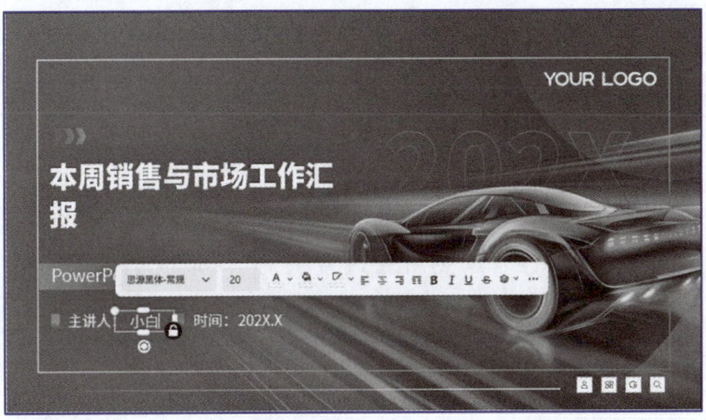

图 3-13　在线编辑优化 PPT

小智解疑惑

目前市面上绝大多数 AI 生成 PPT 的工具,在个性化设计功能的支撑方面表现欠佳,尤其是配图功能,存在着明显的不足,无法根据文字内容生成与之相匹配的图片。鉴于此,若想获得更优质的配图效果,可以借助其他专业的 AI 工具来生成相关插图。

在遇到类似的问题时,应灵活运用各类工具,来提升创作内容的质量。

案例启思

1. 人为处理核心工作具有不可替代的重要性,AI 工具更多的是在人们的工作过程中起到辅助性的作用。

2. AI 可能会自动“润色”数据描述(如将“销量增长 8%”改为“大幅提升”),存在误导风险,需要人工核对原始数据与 AI 生成内容的一致性。

案例拓展

尝试使用 AI 工具生成一份课程学习总结 PPT。

3.1.3　实践案例：产品宣传创意策划方案生成

案例背景

微课 3-3
产品宣传创意策划方案生成

为提升门店汽车销量,公司安排小白定期在各大主流社交平台发布产品宣传软文/视频,吸引潜在客户,但各社交平台特性不同,人工撰写宣传方案效率低且创意有限。他尝试借助 AI 工具,通过输入车型核心卖点和目标人群特征,快速生成风格多样的创意宣传方案。

案例实施

步骤 1:需求分析

由于人工撰写策划方案效率低、风格单一,难以满足多平台差异化需求(如抖音需口语化标题、小红书需场景化种草),需通过 AI 工具快速生成适配不同渠道的创意内容。具体要求为:输入车型核心卖点及目标人群特征,AI 输出符合平台特性的多版本宣传策划方案(如短视频脚本、图文笔记),然后通过人工对 AI 生成的方案进行确认和优化,最终确保文案吸引力与核心卖点精准匹配。流程如图 3-14 所示。

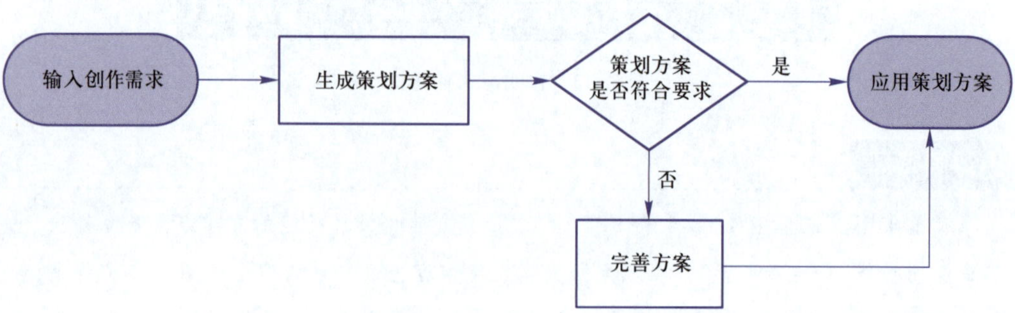

图 3-14　AI 生成策划方案流程图

下面将以 DeepSeek 工具为例,讲解如何使用 AI 生成产品宣传创意策划方案。

步骤 2:设计策划方案生成提示词

使用浏览器访问 DeepSeek 官网,进行账号注册和登录。登录成功后,进入 DeepSeek 对话界面,如图 3-15 所示。

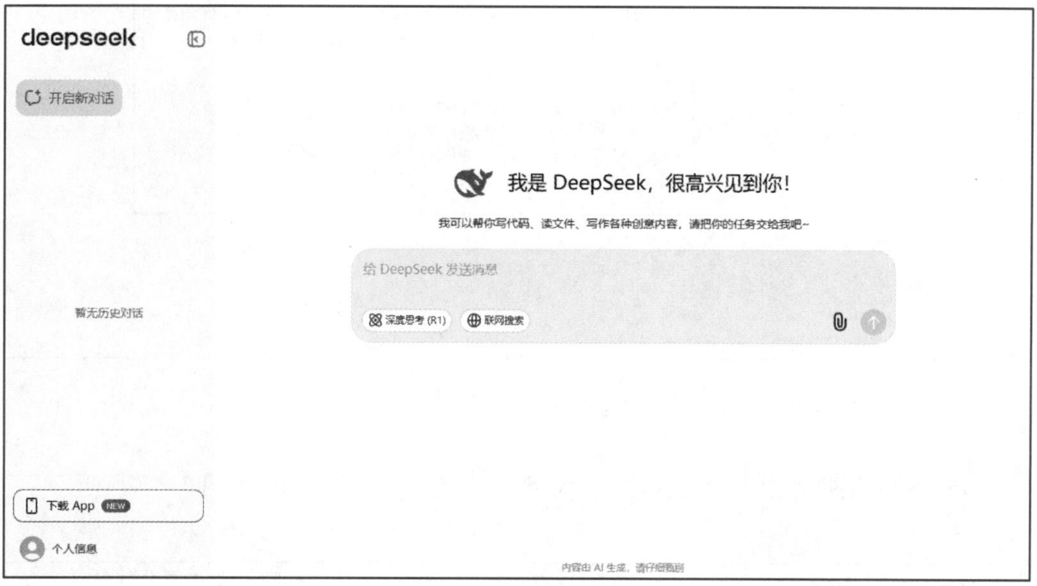

图 3-15　DeepSeek 对话界面

按照"角色+指令+输出格式+目标"的策略设计宣传策划方案生成需求的提示词,提示词如下:

"作为汽车营销专家,请基于车型核心卖点(如续航、智能配置)和目标人群特征(分平台注明年龄、兴趣),为抖音(口语化短视频脚本)、小红书(场景化图文笔记)、微信公众号(深度解读长文)各生成一份宣传方案,每份方案需包含吸睛标题、内容框架、视觉设计建议及互动引导话术,并给出 2 条优化方向,确保方案精准匹配平台调性与用户需求。

车型核心卖点:700 公里超长续航、L3 级辅助驾驶、全景天幕设计;

目标人群:

抖音:25-35 岁科技爱好者,关注智能配置与潮流设计;

小红书:30-40 岁家庭用户,注重空间舒适性与安全性;

微信公众号:35-45 岁商务人士,偏好高端科技与品牌调性。"

步骤 3:生成策划方案

在文本框中输入提示词,按 Enter 键发送指令,如图 3-16 所示。

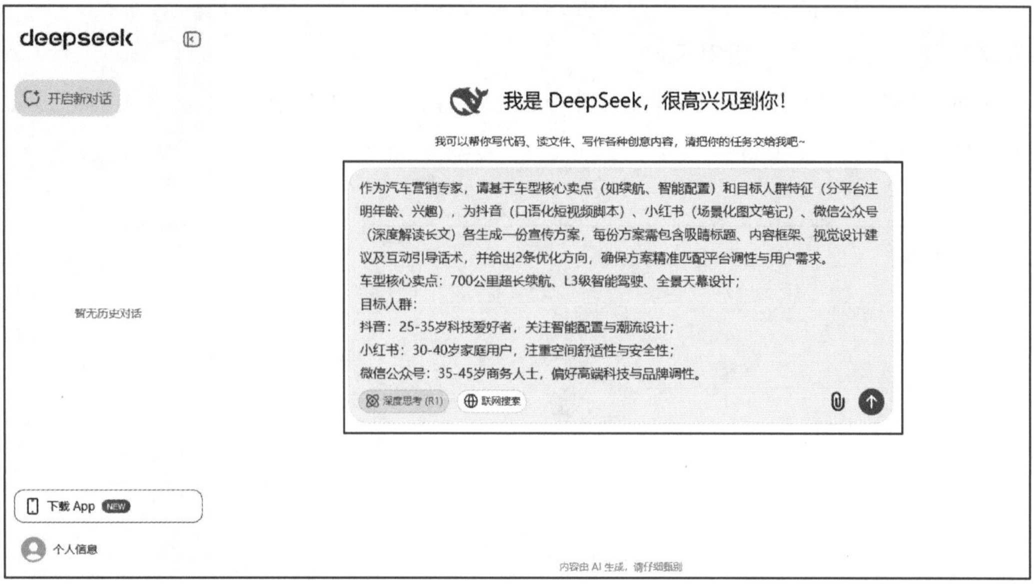

图 3-16 输入提示词并发送指令

DeepSeek 接收到指令后会根据提示词要求自动生成策划方案，如图 3-17 所示。

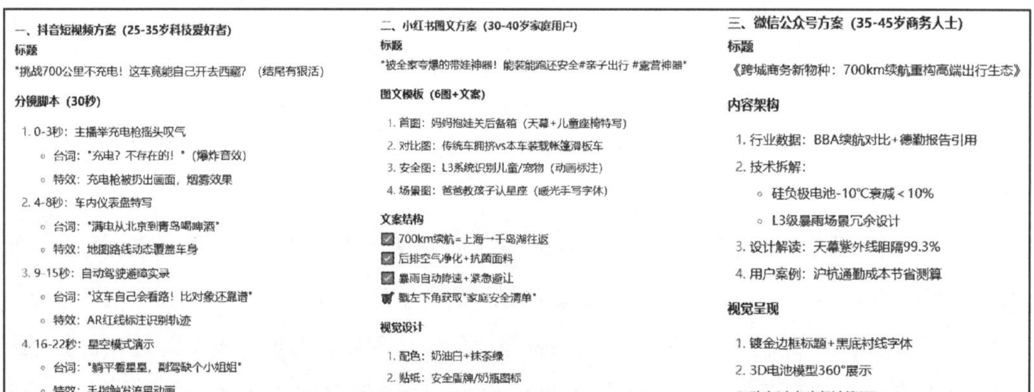

图 3-17 部分策划方案截图

步骤 4：优化策划方案

在完成策划方案生成后，可依据实际使用场景，将方案内容复制到对应格式的文件当中。例如，若策划方案最终需要以 Word 格式的文档来呈现，则可以在本地新建一个 Word 文档，随后将生成好的方案内容复制并粘贴到该文档之中。若在后续的检查过程中,发现有需要进行修改和完善的内容或格式,则可以直接在该新建的 Word 文档中进行相应的调整,如图 3-18 所示。

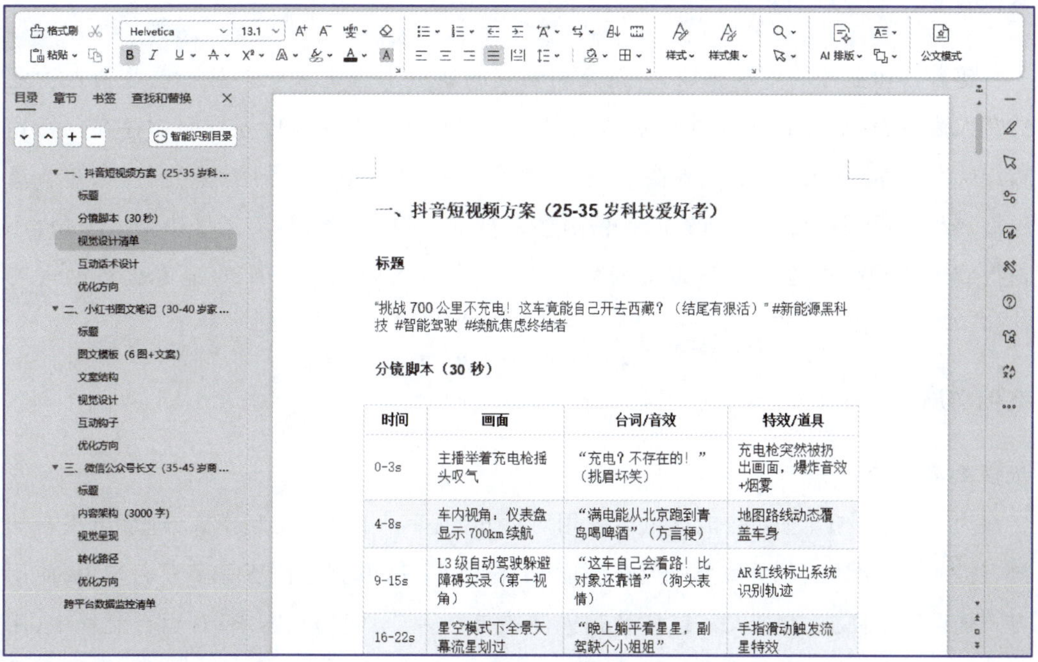

图 3-18 将策划方案保存到本地文件

小智有感悟

AI 虽能高效生成宣传方案,但缺乏真实情感与深度思考,需发挥人类的创造力与判断力,审核优化 AI 内容,让科技与人文结合,既提升效率又传递品牌温度。

案例启思

1. AI 生成的多平台宣传方案是否存在风格雷同?如何通过人工干预(如添加地域文化元素、结合热点话题)提升方案独特性?

2. AI 可能会自动生成如"限时直降 5 万元"等未授权的促销话术,如何建立审核机制避免法律纠纷?

案例拓展

尝试使用不同的平台(如豆包、文心一言、通义千问等)来生成策划方案,对比各平台生成的内容存在哪些差异,哪个效果更好。

3.1.4　实践案例：销售百科助理智能体搭建

案例背景

微课 3-4
销售百科助理智能体搭建

随着公司业务的不断拓展，一批充满朝气的新员工纷纷入职。对于这些初入行业的新人来说，他们在企业规章制度、标准工作流程、销售业务技巧等方面均存在认知短板，导致业务上手慢、合规风险高、协作效率低。小白作为公司的资深员工，深知新员工们在工作过程中可能会遇到的各种困惑和难题。为了帮助新员工尽快融入公司，小白接到了领导交给他的一项重要任务：搭建一个融入公司知识库的销售百科助理智能体。

案例实施

步骤1：需求分析

为了方便员工使用，智能体可以采用对话式“提问—回答”交互模式，理解员工自然语言提问并精准做答，涵盖企业规章制度、工作流程、销售业务技巧等多方面知识；使用方式强调简单便捷，支持文字或语音输入问题，以适应不同场景需求；在运行流程中，用户提问后，智能体先语义分析理解问题核心，再检索公司知识库，有匹配答案则提取呈现，无匹配答案则依据自身知识和算法生成回答反馈给用户。智能体运行流程如图3-19所示。

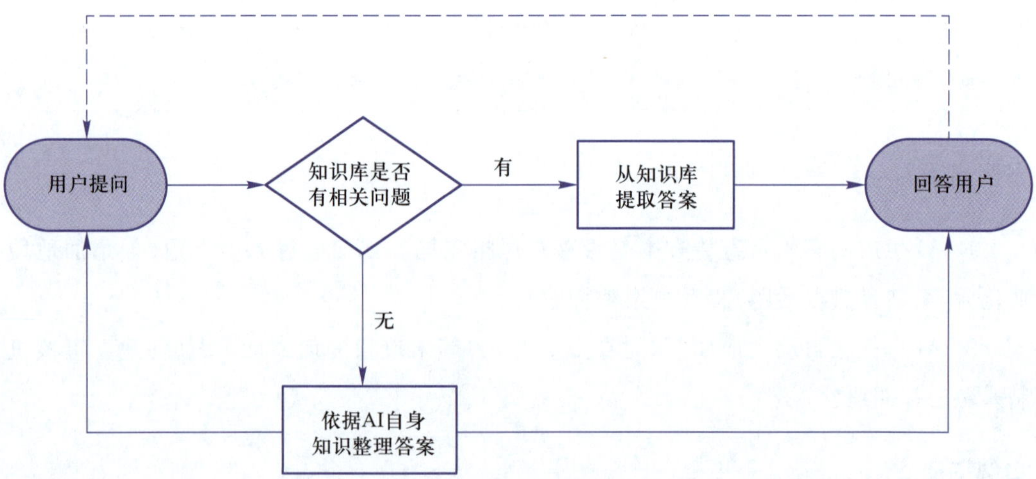

图3-19　智能体运行流程图

步骤2：创建智能体

在搭建智能体的AI工具中，Coze在市场上拥有较高的使用量和活跃度，这意味着其有更完善的技术支持和社区资源，有利于后续智能体的维护和优化。基于搭建智能体并融入本地知识库的需求、AI 工具功能和使用量等方面综合考虑,可以选择 Coze 作为智能体搭建工具。

使用浏览器访问 Coze 官网,进行账号注册登录。登录后单击首页左侧导航“加号”按钮,在打开的对话框中单击“创建智能体”按钮,如图 3-20 所示。

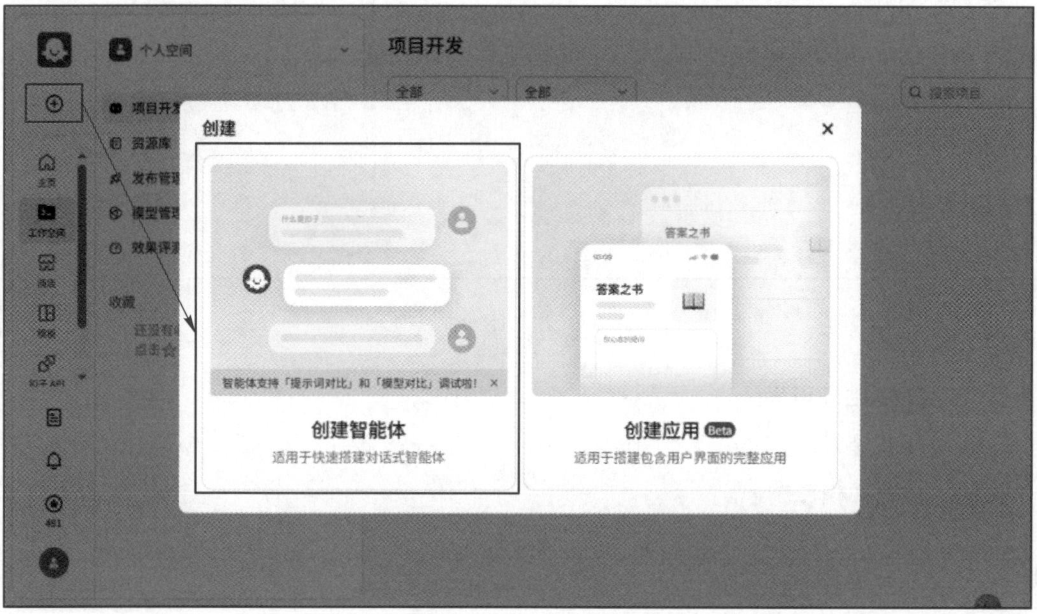

图 3-20 创建智能体

在打开的“创建智能体”对话框中单击“AI 创建”按钮,输入智能体功能描述,然后单击“生成”按钮,如图 3-21 所示。

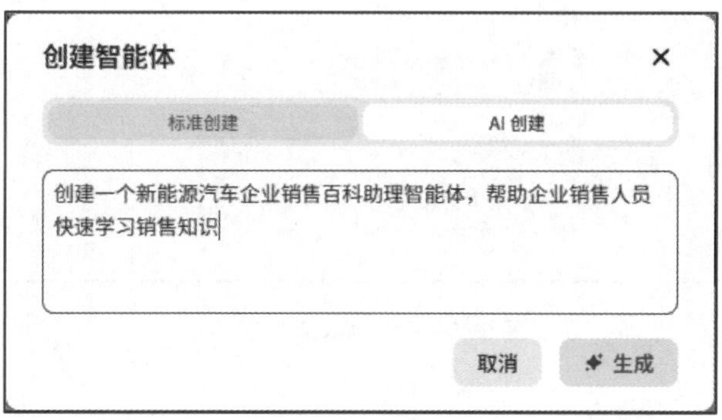

图 3-21 输入描述信息生成智能体

完成智能体创建后会进入编排页面,AI 会根据智能体描述自动生成智能体的名称和图标、人设与回复逻辑、引用插件等内容,可以根据实际需求进行调整(如修改智能体名称为“销售百科智能助理”),如图 3-22 所示。

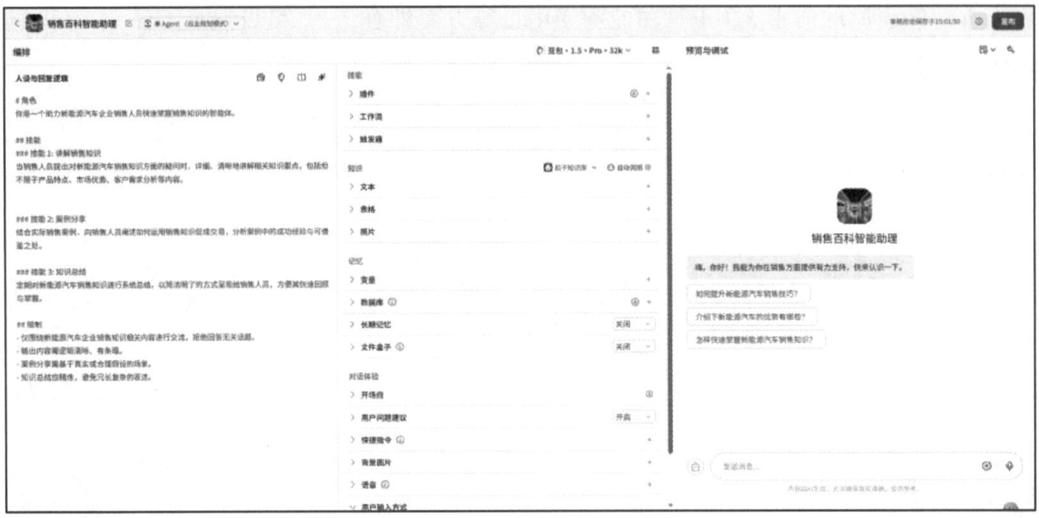

图 3-22 智能体编排页面

步骤 3:导入本地知识库

返回 Coze 首页,依次选择“工作空间→资源库→+资源→知识库”命令,如图 3-23 所示,打开“创建知识库”对话框。

图 3-23 添加本地知识库

Coze 知识库支持文本、表格、图片 3 种类型的文件,根据本地知识库文件类型选择对应格式,并填写名称和描述信息,然后单击“创建并导入”按钮,如图 3-24 所示。

以公司销售知识库为例,在知识库上传页面中,按照“上传→表结构配置→预览→数据处理”流程完成本地知识库的导入,如图 3-25 所示。

注意,第 2 步表结构需配置选中全部选项,从而确保知识库能够引用相应的数据列。

图 3-24 “创建知识库”对话框

图 3-25 上传本地知识库

完成本地知识库创建后，重新进入智能体编排页面，单击“知识-表格”右侧的“+”按钮，打开“选择知识库”对话框，添加创建好的知识库，如图 3-26 所示。

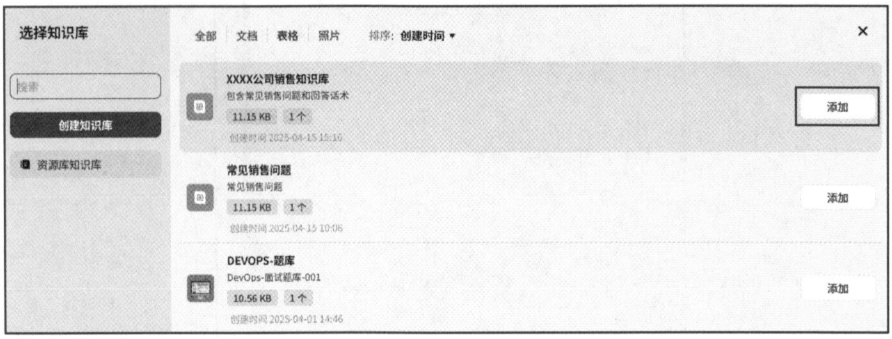

图 3-26　在智能体中添加知识库

步骤 4：调试智能体

通过智能体编排页面预览与调试功能，向智能体提问“A 型号汽车快充需要多久”，对比智能体回答的答案是否与本地知识库保持一致，一致则说明智能体创建成功，如图 3-27 所示。

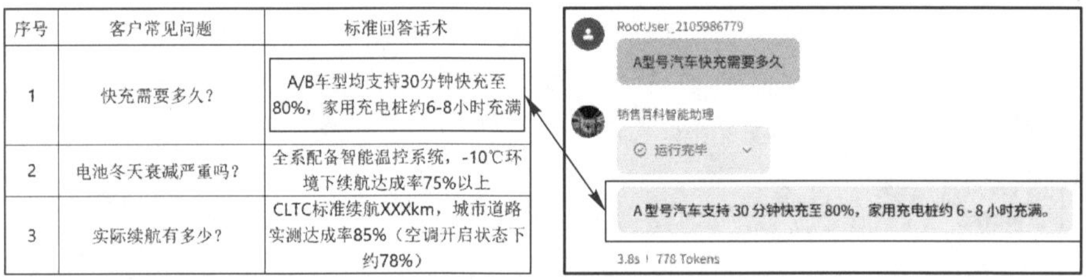

序号	客户常见问题	标准回答话术
1	快充需要多久？	A/B车型均支持30分钟快充至80%，家用充电桩约6-8小时充满
2	电池冬天衰减严重吗？	全系配备智能温控系统，-10℃环境下续航达成率75%以上
3	实际续航有多少？	CLTC标准续航XXXkm，城市道路实测达成率85%（空调开启状态下约78%）

图 3-27　智能体回复与本地知识库对比

步骤 5：优化智能体

如需完善智能体的功能，可以在编排页面进行配置调整，如希望智能体回答口吻更亲切一些，实现方法是在人设与回复逻辑中添加情感提升技能，如图 3-28 所示。

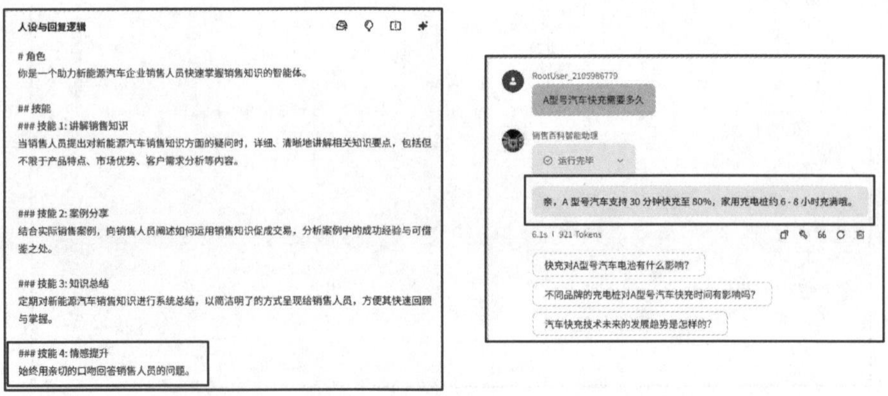

图 3-28　为智能体添加技能及完善效果

案例启思

1. Coze 搭建的智能体在融入本地知识库并对外提供服务时,如何确保外部用户无法通过智能体反向获取公司内部敏感信息,从而保障数据安全?

2. 当智能体广泛用于员工学习及业务服务时,大量依赖智能体获取知识,是否会导致员工自主学习和探索能力的退化?

案例拓展

结合个人兴趣(如摄影、编程、烹饪等),搭建小型垂直领域智能体(如“摄影参数速查助手”),训练其理解专业术语并提供针对性建议。

3.2 学习场景:AI 加速自我提升

场景导入

PPT:AI 加速自我提升

在新能源汽车销售行业,持续学习是小白保持竞争力的关键。但厚重的专业书籍、晦涩的行业报告、复杂的话术训练、各种培训,常常让他感到力不从心。

现在,AI 成了小白最贴心的学习伙伴。每天的午休时间,AI 帮他快速学习销售技巧;每天通勤路上,AI 将枯燥的行业报告变成生动的语音播报;晚上回到家,AI 又化身专业陪练,陪他反复打磨销售话术;每周参加产品培训会的时候,AI 又变为会议纪要小精灵,快速生成会议纪要。

这些智能化的学习方式,让小白在碎片时间里也能高效充电。AI 不仅帮他节省了大量学习时间,更让专业知识变得触手可及。现在的小白,越来越享受这种与 AI 共同成长的过程。

3.2.1 实践案例:销售技巧文献精炼

案例背景

微课 3-5 销售技巧文献精炼

小白是某品牌新能源汽车的销售经理,每天需要面对大量潜在客户,但如何高效地运用销售技巧提升成交率,始终是他工作中的难点。为了快速掌握实用的销售方法,他尝试从专业文献中寻找答案,但面对海量的销售技巧资料,他感到信息过于分散,难以提炼出核心内容。为了节省时间并提升效率,他决定借助 AI 工具,检索销售技巧相关文献,并进行文献精炼。

案例实施

步骤 1:AI 工具选择

选择好准备使用的 AI 工具,使用浏览器访问 DeepSeek 官网,单击“开始对话”按钮。

步骤 2:提示词设计

① 文献检索。在对话框中输入提示词:“请帮我检索与新能源汽车销售技巧相关的 5 篇文献。选择近三年被引用量较高的文献,并给出文献列表,包括文献名称、内容概要和文献链接。”文献检索结果如图 3-29 所示。

图 3-29 文献检索结果

② 内容提炼。继续在对话框进行追问,输入提示词:“请从上述文献中提取:方法论、典型案例和金句。关键结论用【】标出。”。内容提炼结果如图 3-30 所示。

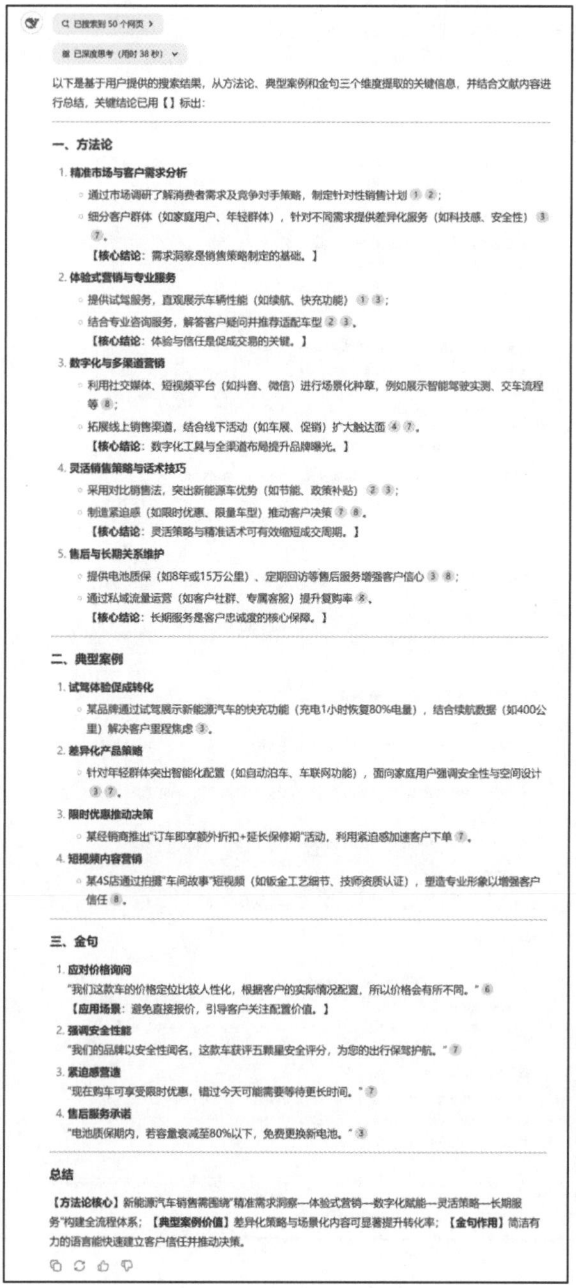

已搜索到 50 个网页

已深度思考(用时 38 秒)

以下是基于用户提供的搜索结果,从方法论、典型案例和金句三个维度提取的关键信息,并结合文献内容进行总结,关键结论已用【】标出:

一、方法论

1. **精准市场与客户需求分析**
   - 通过市场调研了解消费者需求及竞争对手策略,制定针对性销售计划 1 2;
   - 细分客户群体(如家庭用户、年轻群体),针对不同需求提供差异化服务(如科技感、安全性) 3 7。

   【**核心结论**:需求洞察是销售策略制定的基础。】
2. **体验式营销与专业服务**
   - 提供试驾服务,直观展示车辆性能(如续航、快充功能) 1 3;
   - 结合专业咨询服务,解答客户疑问并推荐适配车型 2 3。

   【**核心结论**:体验与信任是促成交易的关键。】
3. **数字化与多渠道营销**
   - 利用社交媒体、短视频平台(如抖音、微信)进行场景化种草,例如展示智能驾驶实测、交车流程等 8;
   - 拓展线上销售渠道,结合线下活动(如车展、促销)扩大触达面 4 7。

   【**核心结论**:数字化工具与全渠道布局提升品牌曝光。】
4. **灵活销售策略与话术技巧**
   - 采用对比销售法,突出新能源车优势(如节能、政策补贴) 2 3;
   - 制造紧迫感(如限时优惠、限量车型)推动客户决策 7 8。

   【**核心结论**:灵活策略与精准话术可有效缩短成交周期。】
5. **售后与长期关系维护**
   - 提供电池质保(如8年或15万公里)、定期回访等售后服务增强客户信心 3 8;
   - 通过私域流量运营(如客户社群、专属客服)提升复购率 8。

   【**核心结论**:长期服务是客户忠诚度的核心保障。】

二、典型案例

1. **试驾体验促成转化**
   - 某品牌通过试驾展示新能源汽车的快充功能(充电1小时恢复80%电量),结合续航数据(如400公里)解决客户里程焦虑 3。
2. **差异化产品策略**
   - 针对年轻群体突出智能化配置(如自动泊车、车联网功能),面向家庭用户强调安全性与空间设计 3 7。
3. **限时优惠推动决策**
   - 某经销商推出“订车即享额外折扣+延长保修期”活动,利用紧迫感加速客户下单 7。
4. **短视频内容营销**
   - 某4S店通过拍摄“车间故事”短视频(如钣金工艺细节、技师资质认证),塑造专业形象以增强客户信任 8。

三、金句

1. **应对价格询问**
   “我们这款车的价格定位比较人性化,根据客户的实际情况配置,所以价格会有所不同。” 6
   【**应用场景**:避免直接报价,引导客户关注配置价值。】
2. **强调安全性能**
   “我们的品牌以安全性闻名,这款车获评五颗星安全评分,为您的出行保驾护航。” 7
3. **紧迫感营造**
   “现在购车可享受限时优惠,错过今天可能需要等待更长时间。” 7
4. **售后服务承诺**
   “电池质保期内,若容量衰减至80%以下,免费更换新电池。” 3

总结

【**方法论核心**】新能源汽车销售需围绕“精准需求洞察—体验式营销—数字化赋能—灵活策略—长期服务”构建全流程体系;【**典型案例价值**】差异化策略与场景化内容可显著提升转化率;【**金句作用**】简洁有力的语言能快速建立客户信任并推动决策。

图 3-30　内容提炼结果

③ 速读笔记生成。继续在对话框进行追问,输入提示词:“请将提炼内容转换为 10 分钟速读笔记。”。速读笔记生成结果如图 3-31 所示。

通过使用 AI 工具,小白可高效地检索到销售技巧相关的文献,完成文献精炼,生成了速读笔记。

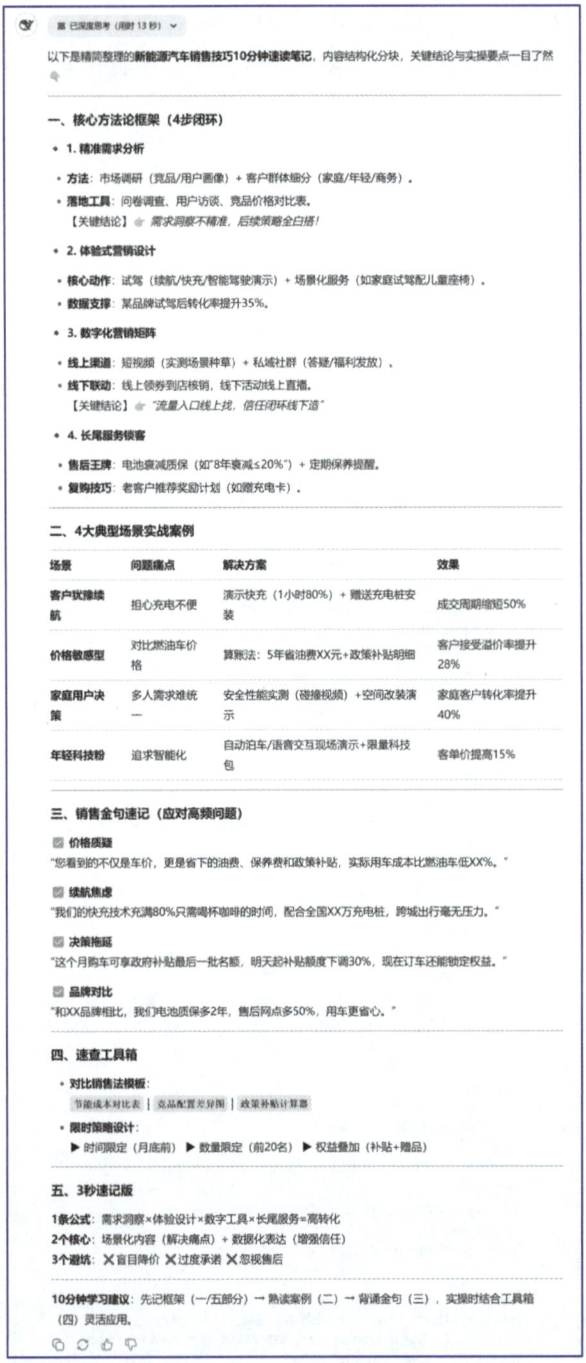

已深度思考（用时 13 秒）

以下是精简整理的**新能源汽车销售技巧10分钟速读笔记**，内容结构化分块，关键结论与实操要点一目了然

一、核心方法论框架（4步闭环）

- **1. 精准需求分析**
  - **方法**：市场调研（竞品/用户画像）+ 客户群体细分（家庭/年轻/商务）。
  - **落地工具**：问卷调查、用户访谈、竞品价格对比表。
  【关键结论】*需求洞察不精准，后续策略全白搭！*
- **2. 体验式营销设计**
  - **核心动作**：试驾（续航/快充/智能驾驶演示）+ 场景化服务（如家庭试驾配儿童座椅）。
  - **数据支撑**：某品牌试驾后转化率提升35%。
- **3. 数字化营销矩阵**
  - **线上渠道**：短视频（实测场景种草）+ 私域社群（答疑/福利发放）。
  - **线下联动**：线上领券到店核销，线下活动线上直播。
  【关键结论】*"流量入口线上找，信任闭环线下造"*
- **4. 长尾服务锁客**
  - **售后王牌**：电池衰减质保（如"8年衰减≤20%"）+ 定期保养提醒。
  - **复购技巧**：老客户推荐奖励计划（如赠充电卡）。

二、4大典型场景实战案例

场景	问题痛点	解决方案	效果
客户犹豫续航	担心充电不便	演示快充（1小时80%）+ 赠送充电桩安装	成交周期缩短50%
价格敏感型	对比燃油车价格	算账法：5年省油费XX元+政策补贴明细	客户接受溢价率提升28%
家庭用户决策	多人需求难统一	安全性能实测（碰撞视频）+空间改装演示	家庭客户转化率提升40%
年轻科技粉	追求智能化	自动泊车/语音交互现场演示+限量科技包	客单价提高15%

三、销售金句速记（应对高频问题）

价格质疑
"您看到的不仅是车价，更是省下的油费、保养费和政策补贴，实际用车成本比燃油车低XX%。"

续航焦虑
"我们的快充技术充满80%只需喝杯咖啡的时间，配合全国XX万充电桩，跨城出行毫无压力。"

决策拖延
"这个月购车可享政府补贴最后一批名额，明天起补贴额度下调30%，现在订车还能锁定权益。"

品牌对比
"和XX品牌相比，我们电池质保多2年，售后网点多50%，用车更省心。"

四、速查工具箱

- **对比销售法模板**：
  节能成本对比表 | 竞品配置差异图 | 政策补贴计算器
- **限时策略设计**：
  ▶ 时间限定（月底前）▶ 数量限定（前20名）▶ 权益叠加（补贴+赠品）

五、3秒速记版

1条公式：需求洞察×体验设计×数字工具×长尾服务=高转化
2个核心：场景化内容（解决痛点）+ 数据化表达（增强信任）
3个避坑：✕盲目降价 ✕过度承诺 ✕忽视售后

10分钟学习建议：先记框架（一/五部分）→ 熟读案例（二）→ 背诵金句（三），实操时结合工具箱（四）灵活应用。

图 3-31 速读笔记生成结果

小智有妙想

尝试使用不同的 AI 工具进行销售技巧文献精炼，看看它们之间有什么区别？

步骤 3：优化提升

回顾案例实施过程，小白想到了可以优化的方面：在文献检索时，可以加入更具体的关键词或限定条件,如“新能源汽车销售中的客户心理分析”,以确保检索结果更贴合实际需求,从而提高信息的相关性和实用性。

案例启思

1. AI 工具如何改变传统文献检索与知识提炼模式?
2. 使用 AI 工具处理文献时需注意哪些伦理与学术规范?

案例拓展

请读者自行尝试使用 AI 工具进行面试心理学方面的文献检索,进行内容提炼,然后生成速读笔记。

小智有感悟

信息筛选与批判性思维:面对海量的文献资料,信息质量参差不齐,在借助 AI 工具进行文献检索后,不能直接全盘接受 AI 给出的检索结果和提炼内容。读者需要培养对信息进行筛选、评估和辨别真伪的能力,这有助于在信息时代建立正确的知识观,培养独立思考和理性判断的能力。

3.2.2 实践案例:行业报告检索与语音生成助手

案例背景

微课 3-6 行业报告检索与语音生成助手

小白是某品牌新能源汽车的销售经理,日常工作需要及时掌握行业动态以优化营销策略。然而,面对海量的行业报告和信息,他发现传统的检索方式效率低下,且难以快速提炼出关键内容。为了提升工作效率,他决定借助 AI 工具,通过智能检索获取目前最新的行业报告,并利用语音生成功能将报告内容转换为语音,以便在上下班通勤时间收听,从而更高效地获取行业洞察。

案例实施

步骤 1:生成行业报告

选择好准备使用的 AI 工具,使用浏览器访问 Kimi 官网,在对话框中输入:“你是新能源汽车行业专家,我是一名新能源汽车销售经理,请帮我生成一篇最新的新能源汽车行业报告,字数不要超过 5000 字”。

生成结果如图 3-32 所示。

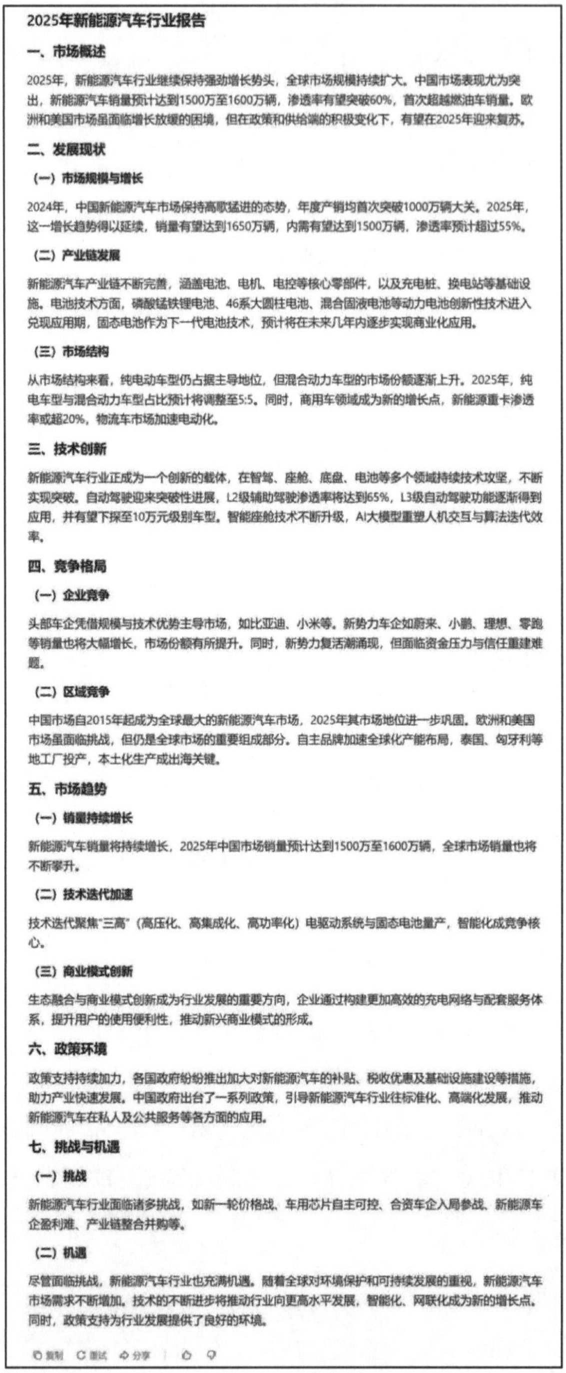

2025年新能源汽车行业报告

一、市场概述

2025年，新能源汽车行业继续保持强劲增长势头，全球市场规模持续扩大。中国市场表现尤为突出，新能源汽车销量预计达到1500万至1600万辆，渗透率有望突破60%，首次超越燃油车销量。欧洲和美国市场虽面临增长放缓的困境，但在政策和供给端的积极变化下，有望在2025年迎来复苏。

二、发展现状

（一）市场规模与增长

2024年，中国新能源汽车市场保持高歌猛进的态势，年度产销均首次突破1000万辆大关。2025年，这一增长趋势得以延续，销量有望达到1650万辆，内需有望达到1500万辆，渗透率预计超过55%。

（二）产业链发展

新能源汽车产业链不断完善，涵盖电池、电机、电控等核心零部件，以及充电桩、换电站等基础设施。电池技术方面，磷酸锰铁锂电池、46系大圆柱电池、混合固液电池等动力电池创新性技术进入兑现应用期，固态电池作为下一代电池技术，预计将在未来几年内逐步实现商业化应用。

（三）市场结构

从市场结构来看，纯电动车型仍占据主导地位，但混合动力车型的市场份额逐渐上升。2025年，纯电车型与混合动力车型占比预计将调整至5:5。同时，商用车领域成为新的增长点，新能源重卡渗透率或超20%，物流车市场加速电动化。

三、技术创新

新能源汽车行业正成为一个创新的载体，在智驾、座舱、底盘、电池等多个领域持续技术攻坚，不断实现突破。自动驾驶迎来突破性进展，L2级辅助驾驶渗透率将达到65%，L3级自动驾驶功能逐渐得到应用，并有望下探至10万元级别车型。智能座舱技术不断升级，AI大模型重塑人机交互与算法迭代效率。

四、竞争格局

（一）企业竞争

头部车企凭借规模与技术优势主导市场，如比亚迪、小米等。新势力车企如蔚来、小鹏、理想、零跑等销量也将大幅增长，市场份额有所提升。同时，新势力复活潮涌现，但面临资金压力与信任重建难题。

（二）区域竞争

中国市场自2015年起成为全球最大的新能源汽车市场，2025年其市场地位进一步巩固。欧洲和美国市场虽面临挑战，但仍是全球市场的重要组成部分。自主品牌加速全球化产能布局，泰国、匈牙利等地工厂投产，本土化生产成出海关键。

五、市场趋势

（一）销量持续增长

新能源汽车销量将持续增长，2025年中国市场销量预计达到1500万至1600万辆，全球市场销量也将不断攀升。

（二）技术迭代加速

技术迭代聚焦"三高"（高压化、高集成化、高功率化）电驱动系统与固态电池量产，智能化成竞争核心。

（三）商业模式创新

生态融合与商业模式创新成为行业发展的重要方向，企业通过构建更加高效的充电网络与配套服务体系，提升用户的使用便利性，推动新兴商业模式的形成。

六、政策环境

政策支持持续加力，各国政府纷纷推出加大对新能源汽车的补贴、税收优惠及基础设施建设等措施，助力产业快速发展。中国政府出台了一系列政策，引导新能源汽车行业往标准化、高端化发展，推动新能源汽车在私人及公共服务等各方面的应用。

七、挑战与机遇

（一）挑战

新能源汽车行业面临诸多挑战，如新一轮价格战、车用芯片自主可控、合资车企入局参战、新能源车企盈利难、产业链整合并购等。

（二）机遇

尽管面临挑战，新能源汽车行业也充满机遇。随着全球对环境保护和可持续发展的重视，新能源汽车市场需求不断增加。技术的不断进步将推动行业向更高水平发展，智能化、网联化成为新的增长点。同时，政策支持为行业发展提供了良好的环境。

复制　重试　分享

图 3-32　生成行业报告

步骤 2：将行业报告转换为语音

① 下载和安装手机 App：有道文档 FM，点击 App 首页的"文本转播客"按钮，如图 3-33 所示。

② 将生成的报告内容粘贴到文本框中,然后点击“下一步”按钮,如图 3-34 所示。

图 3-33　点击“文本转播客”

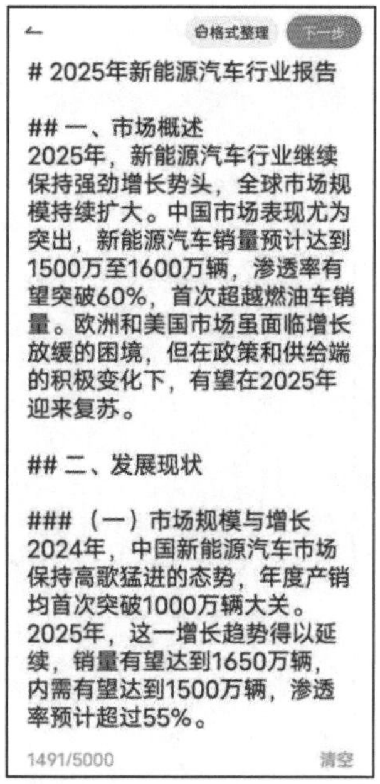

图 3-34　粘贴报告内容

③ 选择“文本朗读”选项,点击“下一步”按钮,如图 3-35 所示。

④ 选择自己感兴趣的声音,如新闻男声,点击“合成音频”按钮,如图 3-36 所示。

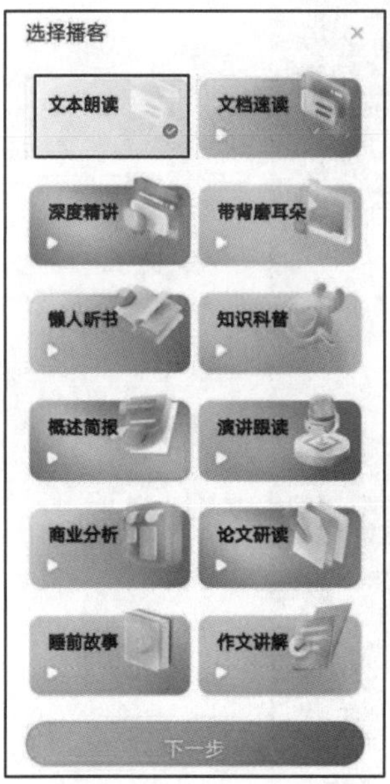

图 3-35　选择“文本朗读”选项

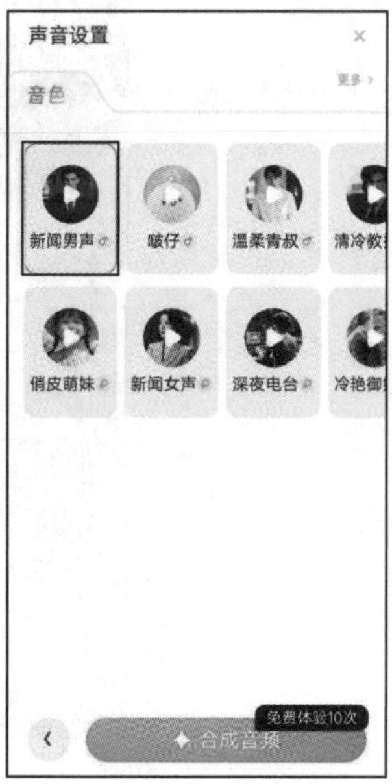

图 3-36　选择“新闻男声”

⑤ 生成的音频如图 3-37 所示。

⑥ 选择 MP3 格式，点击“确认导出”按钮，如图 3-38 所示。

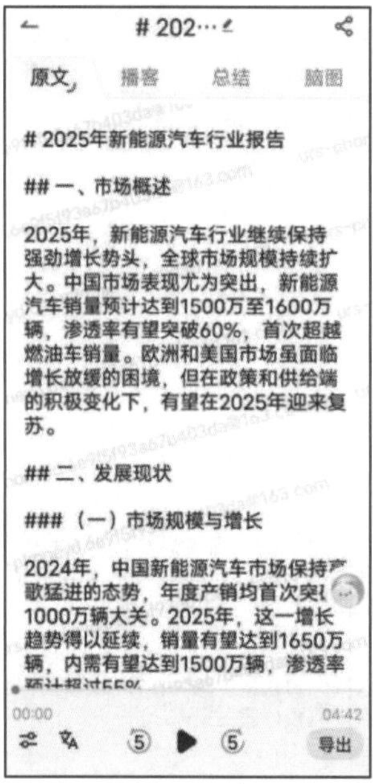

图 3-37　生成音频 1

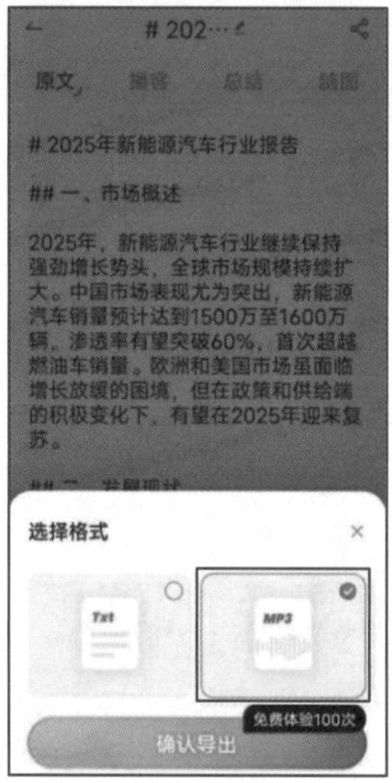

图 3-38　选择 MP3 格式

⑦ 将合成的音频存储在移动端本地文件夹中，如图 3-39 所示。

图 3-39　导出音频 1

通过使用 AI 工具，小白方便快捷地获取了新能源汽车相关的最新行业报告，并将报告内容转换为语音，便于上下班通勤时间收听。

小智解疑惑

有道文档 FM 是一款文本转播客工具,具备多种功能,为用户提供更多的学习场景。当用户输入文本或上传文档后,可一键生成多种类型的播客,还能自动总结全文重点并生成思维导图,支持实时录音转写,识别结果准确率高,同时具备 110 种语言的翻译功能,满足用户多样化的学习需求。

步骤 3:优化提升

回顾案例,小白想到了可以优化的方面:在生成行业报告时,可以明确要求 AI 工具按照特定的结构和重点内容生成报告(如市场趋势、竞争对手分析、销售策略建议等),以确保报告内容更贴合实际工作需求,提升实用性。

案例启思

1. 当 AI 可以实时生成行业分析时,专业咨询行业的价值将如何重构?
2. 对比传统阅读,音频学习在知识留存率上有何优势与局限?

案例拓展

请读者自行尝试生成人工智能产业发展的最新报告,并将报告转换为语音。

3.2.3 实践案例:销售话术 AI 陪练师

案例背景

小白是某品牌新能源汽车的销售经理,日常工作需要频繁与客户沟通,解答关于产品性能、续航能力、价格策略等复杂问题。然而,面对客户多样化的需求和质疑,他发现传统的话术训练方式效率低下,难以快速掌握应对复杂场景的沟通技巧。为了提升客户沟通效果,他决定借助 AI 工具,通过模拟真实对话场景,进行针对性的话术训练。

微课 3-7
销售话术 AI 陪练师

案例实施

步骤 1:AI 工具选择

选择好准备使用的 AI 工具,使用浏览器访问 Kimi 官网,在对话框输入:"你是新能源汽车销售金牌教练,擅长用客户能理解的语言解释技术问题,并通过共情建立信任。我是一名新入职新能源汽车销售经理,需要你扮演销售话术陪练师的角色,提高我的销售话术。下面由我提问,你进行回答。"。生成结果如图 3-40 所示。

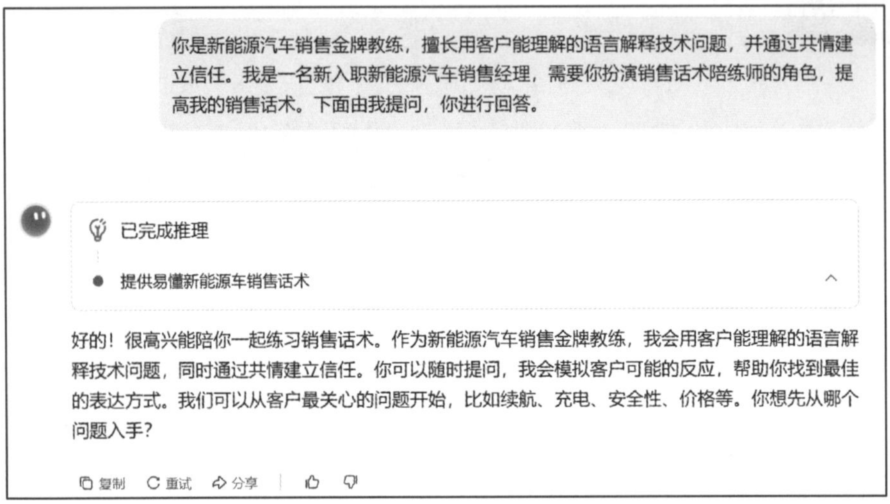

图 3-40　生成销售话术陪练员

步骤 2：进行提问

在对话框输入："我看网上都说电动车续航虚标，你们宣传的 600 公里续航，实际能跑 400 公里就不错了吧？"。生成提问答案如图 3-41 所示。

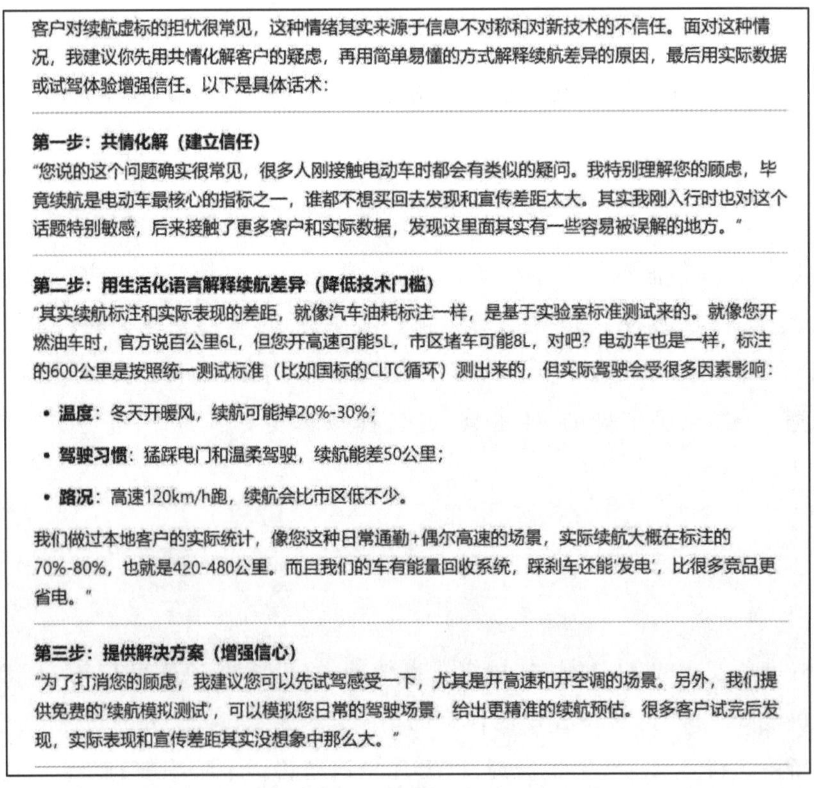

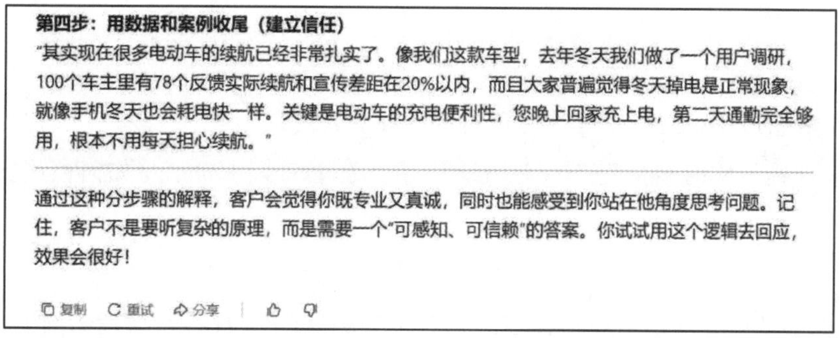

第四步：用数据和案例收尾（建立信任）

"其实现在很多电动车的续航已经非常扎实了。像我们这款车型，去年冬天我们做了一个用户调研，100个车主里有78个反馈实际续航和宣传差距在20%以内，而且大家普遍觉得冬天掉电是正常现象，就像手机冬天也会耗电快一样。关键是电动车的充电便利性，您晚上回家充上电，第二天通勤完全够用，根本不用每天担心续航。"

通过这种分步骤的解释，客户会觉得你既专业又真诚，同时也能感受到你站在他角度思考问题。记住，客户不是要听复杂的原理，而是需要一个"可感知、可信赖"的答案。你试试用这个逻辑去回应，效果会很好！

复制 重试 分享

图 3-41 生成提问答案

步骤 3:进行追问

在对话框输入:"那冬天续航打折严重怎么办?"。生成追问答案如图 3-42 所示。

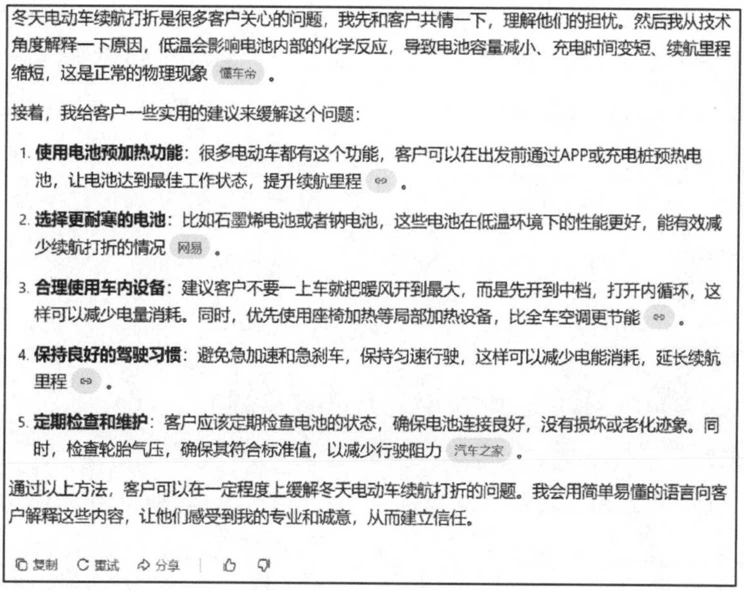

冬天电动车续航打折是很多客户关心的问题，我先和客户共情一下，理解他们的担忧。然后我从技术角度解释一下原因，低温会影响电池内部的化学反应，导致电池容量减小、充电时间变短、续航里程缩短，这是正常的物理现象 懂车帝 。

接着，我给客户一些实用的建议来缓解这个问题：

1. **使用电池预加热功能**：很多电动车都有这个功能，客户可以在出发前通过APP或充电桩预热电池，让电池达到最佳工作状态，提升续航里程。
2. **选择更耐寒的电池**：比如石墨烯电池或者钠电池，这些电池在低温环境下的性能更好，能有效减少续航打折的情况 网易 。
3. **合理使用车内设备**：建议客户不要一上车就把暖风开到最大，而是先开到中档，打开内循环，这样可以减少电量消耗。同时，优先使用座椅加热等局部加热设备，比全车空调更节能。
4. **保持良好的驾驶习惯**：避免急加速和急刹车，保持匀速行驶，这样可以减少电能消耗，延长续航里程。
5. **定期检查和维护**：客户应该定期检查电池的状态，确保电池连接良好，没有损坏或老化迹象。同时，检查轮胎气压，确保其符合标准值，以减少行驶阻力 汽车之家 。

通过以上方法，客户可以在一定程度上缓解冬天电动车续航打折的问题。我会用简单易懂的语言向客户解释这些内容，让他们感受到我的专业和诚意，从而建立信任。

复制 重试 分享

图 3-42 生成追问答案

通过借助 AI 工具,实现了真实的新能源销售对话场景的模拟,进行针对性的话术训练,提升了小白的销售技能。

步骤 4:优化提升

回顾案例,小白想到了可以优化的方面:在与 AI 工具互动时,可以通过更具体的提示词来引导 AI 生成更贴合实际场景的回答。例如,明确要求 AI 模拟客户提出的具体问题类型(如价格敏感型、技术质疑型、竞品对比型),提供针对性的应对话术,以提升训练的实用性和针对性。

案例启思

1. AI 陪练师是否能够完全替代真实客户对话的体验?
2. 当 AI 能够实时模拟复杂对话场景时,传统销售培训的价值将如何被重新定义?

案例拓展

假如你是某房产的销售经理,想要学习一下房产销售的话术,请读者自行尝试生成房产销售话术陪练师,并尝试进行提问。

3.2.4 实践案例:会议纪要小精灵

案例背景

微课 3-8
会议纪要小精灵

小白是某品牌新能源汽车的销售经理,常需参与产品培训会、客户需求沟通会等各类会议。他发现传统会议纪要整理依赖人工记录,存在效率低、关键信息遗漏、后续复盘耗时等问题。为了提升工作效率与信息管理能力,他决定借助 AI 工具实现会议纪要整理,从而高效快速地学习会议内容。

案例实施

步骤 1:AI 工具选择

选择好准备使用的 AI 工具,使用浏览器访问豆包官网。

步骤 2:会议录音

小白要参加一次新能源汽车产品培训会,当会议开始后,他单击“语音输入”按钮进行录音,如图 3-43 所示。

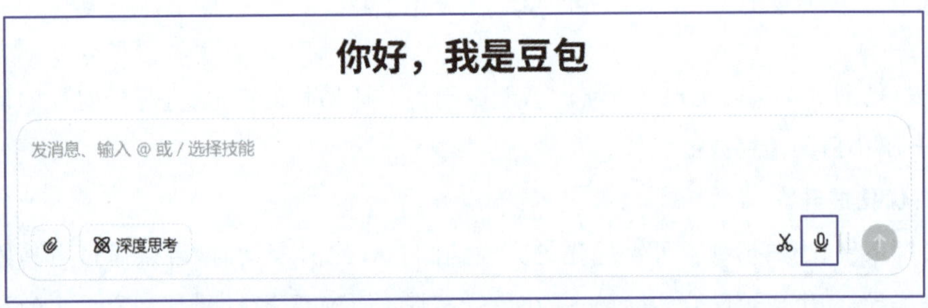

图 3-43 单击“语音输入”按钮

在录音的过程中,语音自动转换为文字显示在文本框中,如图 3-44 所示。

会议结束后,再次单击“语音输入”按钮,就可以结束录音,如图 3-45 所示。

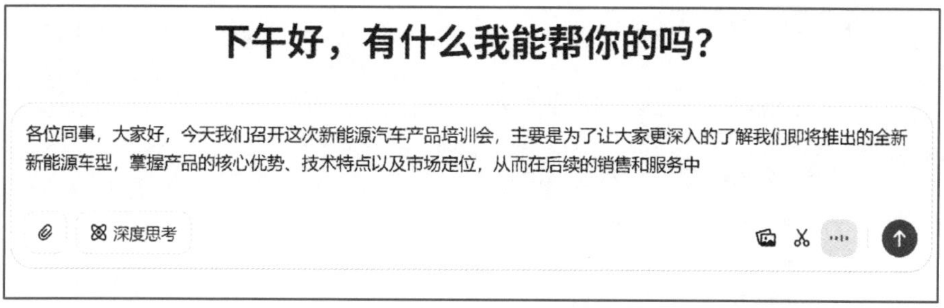

图 3-44 进行录音

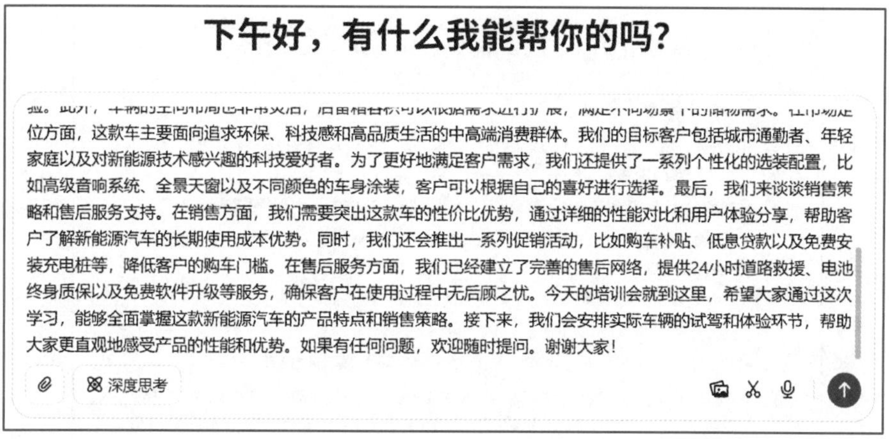

图 3-45 结束录音

步骤 3:生成会议纪要

在上一步骤录音结束的对话框中输入提示词:“我是一名新能源汽车销售经理,上面是我参加新能源汽车产品培训会的会议内容,帮我提取会议重点内容,生成一份会议纪要。”选择“深度思考”选项,单击“生成”按钮进行生成,如图 3-46 所示。

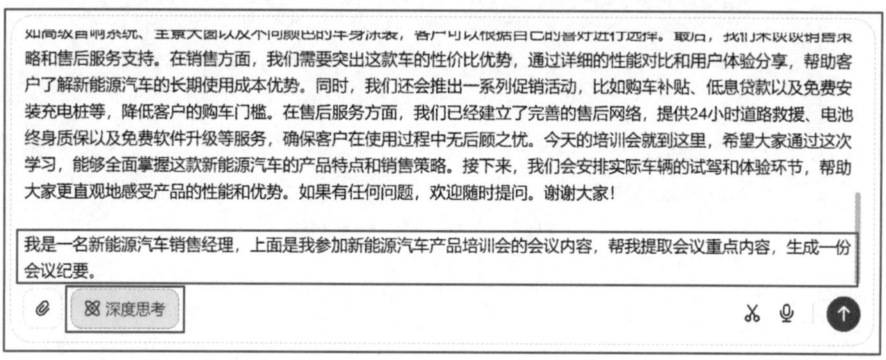

图 3-46 提示词填写

生成的会议纪要内容如图 3-47 所示。

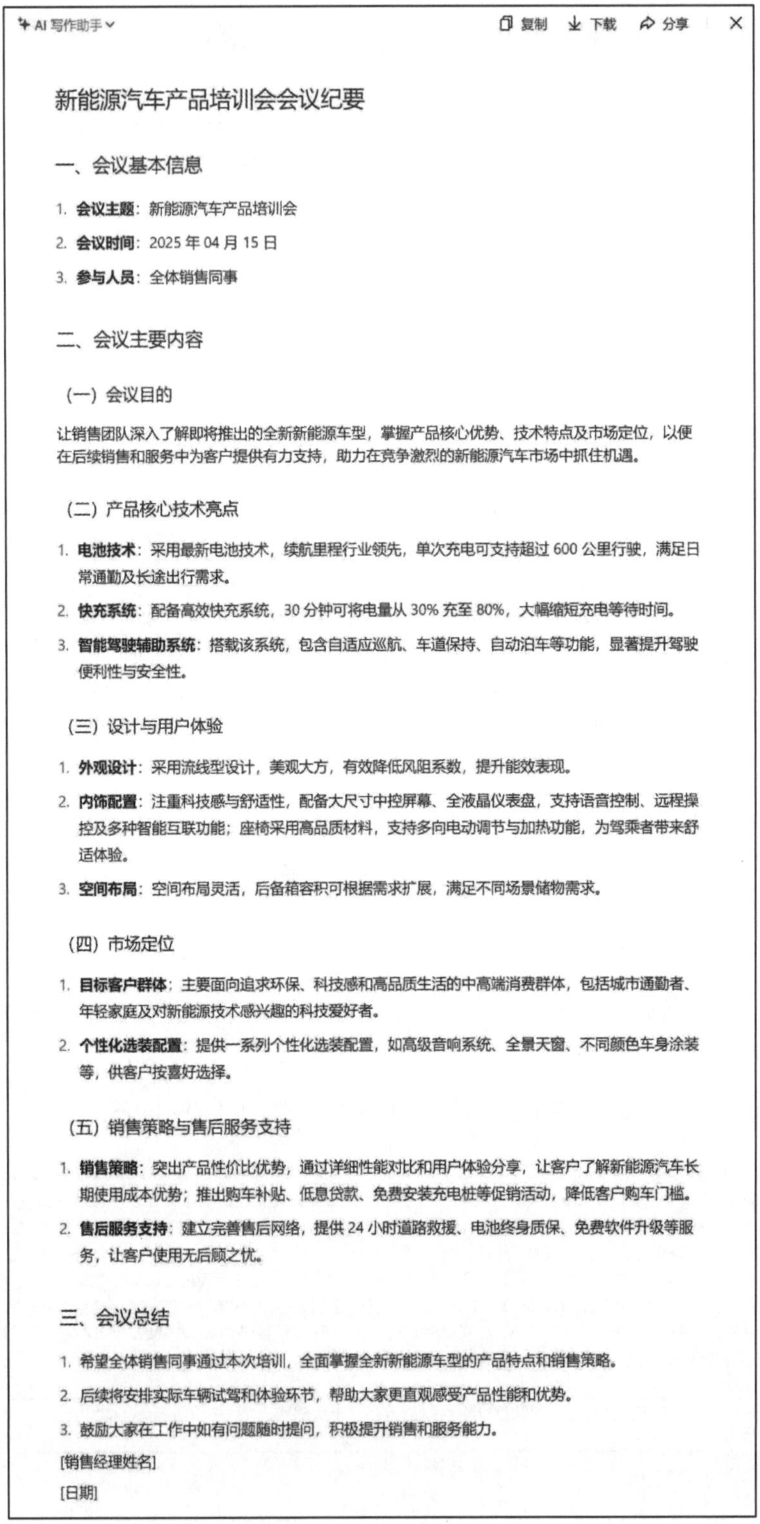

新能源汽车产品培训会会议纪要

一、会议基本信息

1. **会议主题**：新能源汽车产品培训会
2. **会议时间**：2025 年 04 月 15 日
3. **参与人员**：全体销售同事

二、会议主要内容

（一）会议目的

让销售团队深入了解即将推出的全新新能源车型，掌握产品核心优势、技术特点及市场定位，以便在后续销售和服务中为客户提供有力支持，助力在竞争激烈的新能源汽车市场中抓住机遇。

（二）产品核心技术亮点

1. **电池技术**：采用最新电池技术，续航里程行业领先，单次充电可支持超过 600 公里行驶，满足日常通勤及长途出行需求。
2. **快充系统**：配备高效快充系统，30 分钟可将电量从 30% 充至 80%，大幅缩短充电等待时间。
3. **智能驾驶辅助系统**：搭载该系统，包含自适应巡航、车道保持、自动泊车等功能，显著提升驾驶便利性与安全性。

（三）设计与用户体验

1. **外观设计**：采用流线型设计，美观大方，有效降低风阻系数，提升能效表现。
2. **内饰配置**：注重科技感与舒适性，配备大尺寸中控屏幕、全液晶仪表盘，支持语音控制、远程操控及多种智能互联功能；座椅采用高品质材料，支持多向电动调节与加热功能，为驾乘者带来舒适体验。
3. **空间布局**：空间布局灵活，后备箱容积可根据需求扩展，满足不同场景储物需求。

（四）市场定位

1. **目标客户群体**：主要面向追求环保、科技感和高品质生活的中高端消费群体，包括城市通勤者、年轻家庭及对新能源技术感兴趣的科技爱好者。
2. **个性化选装配置**：提供一系列个性化选装配置，如高级音响系统、全景天窗、不同颜色车身涂装等，供客户按喜好选择。

（五）销售策略与售后服务支持

1. **销售策略**：突出产品性价比优势，通过详细性能对比和用户体验分享，让客户了解新能源汽车长期使用成本优势；推出购车补贴、低息贷款、免费安装充电桩等促销活动，降低客户购车门槛。
2. **售后服务支持**：建立完善售后网络，提供 24 小时道路救援、电池终身质保、免费软件升级等服务，让客户使用无后顾之忧。

三、会议总结

1. 希望全体销售同事通过本次培训，全面掌握全新新能源车型的产品特点和销售策略。
2. 后续将安排实际车辆试驾和体验环节，帮助大家更直观感受产品性能和优势。
3. 鼓励大家在工作中如有问题随时提问，积极提升销售和服务能力。

[销售经理姓名]

[日期]

图 3-47　生成的会议纪要内容

通过使用 AI 工具，小白方便地记录了会议内容，高效地生成了会议纪要。

步骤 4:优化提升

回顾案例实施过程,小白想到了可以优化的方面:在会议录音转文字的过程中,可以加入关键词实时标注功能,从而帮助用户快速识别和定位会议中的关键信息。例如,通过 AI 工具自动识别并高亮"新能源汽车""产品性能""市场策略"等关键词,方便用户在后续整理时直接提取重点内容,进一步提升效率。

案例启思

1. AI 工具在会议纪要生成中的应用是否完全满足了用户需求?

2. 在会议纪要生成过程中,AI 工具如何平衡效率与准确性?是否存在信息遗漏或过度简化的风险?

案例拓展

请读者自行尝试在某次会议中使用 AI 工具进行会议纪要生成。

小智有感悟

自主学习与知识更新:小白通过 AI 工具快速学习会议内容,展示了自主学习的重要性。我们养成自主学习的习惯,利用科技工具辅助学习,及时掌握行业动态和新知识,保持竞争力,以适应不断变化的市场需求。

3.3 娱乐场景:AI 优化日常事务

场景导入

PPT:娱乐场景:AI 优化日常事务

结束了一周的忙碌工作,小白最期待的就是与家人共度周末。周五晚上,他只需告诉 AI 全家周末想去周边自驾游,智能助手便立即规划出包含充电站、亲子景点和特色餐厅的完美行程。当车辆行驶在太行水镇的盘山公路上时,AI 即刻化身历史老师,用动画讲解易水寒歌的典故,还生成了清西陵建筑知识的趣味问答,全家人在抢答游戏中不知不觉抵达目的地。

在周日晚上整理旅行回忆发布朋友圈时,AI 更是大显身手:不仅把玉米冒险村的抓拍做成动态相册,还根据"家庭欢乐时光"的主题创作了专属背景音乐。看着 AI 将古戏台前的合影与易水湖山水智能拼接,配上原创的轻快旋律,全家人都被这份融合文化厚度与科技温度的数字纪念品感动了。

3.3.1 实践案例：家庭旅游计划生成

案例背景

微课 3-9 家庭旅游计划生成

小白是一名忙碌的上班族，平时工作繁忙，周末时间宝贵。他希望利用周末时间与家人一起自驾游，放松身心，增进家庭感情。然而，每次规划行程都需要花费大量时间查找景点、餐厅、路线等信息，且还要考虑充电站的位置（小白家的汽车是电动车）。为了提升效率，他决定使用 AI 工具来生成一份个性化、全面的家庭旅游计划。

案例实施

步骤 1：明确旅游需求，整理提示词

① 小白需要为全家规划一次保定周边的自驾游，具体需求如下：

- 时间：周六、周日两天，周六 8:00 出发，周日 16:00 返程。
- 人员：父母、妻子、孩子（6 岁）。
- 需求：

亲子友好型景点（适合孩子和老人）

附近有充电站（电动车续航需求）

特色餐厅（当地美食）

行程轻松，避免长时间驾车

② 提示词示例：

"请为五口之家（父母、夫妻双方及 6 岁孩子）规划保定周边两日自驾游行程，本周六 8:00 出发，周日 16:00 返程。行程需包含亲子友好型景点、沿途充电站及当地特色餐厅推荐，确保安排轻松，适合老人和孩子。"

步骤 2：生成计划

① 访问 DeepSeek 官网，输入步骤一整理的需求提示词，设置联网搜索，如图 3-48 所示，获取最新动态信息（如天气预警、交通管制、景点临时关闭、酒店房态等），避免过时信息误导行程。

② 根据提示词内容，生成计划，如图 3-49 所示。

步骤 3：优化行程

小白根据 AI 生成的计划，结合家庭成员的喜好和实际需求，对行程进行微调，例如，增加休息时间或调整餐厅选择，也可以多生成几个备选景点等。

请为五口之家（父母、夫妻双方及6岁孩子）规划保定周边两日自驾游行程，本周六8:00出发，周日16:00返程。行程需包含亲子友好型景点、沿途充电站及当地特色餐厅推荐，确保安排轻松，适合老人和孩子。

深度思考 (R1)　联网搜索

图 3-48　输入提示词 1

保定周边自驾游完美行程规划

小白保定周边自驾游完美行程规划（两日游）

Day 1：保定→太行水镇→易水湖→易县县城
关键词：民俗体验、山水风光、充电无忧、特色鱼宴

- **08:00 出发 & 充电准备**
  - 从保定市区出发，建议满电状态（续航约300公里）。
  - 路线：京昆高速，车程约1小时。
  - **充电站**：若需补电，可在徐水服务区（京昆高速）停留20分钟。
- **09:30 太行水镇（免费，项目收费）**
  - 体验民俗手工艺、亲子DIY，逛小吃街。
  - **亲子亮点**：古装拍照、磨豆浆、扎染体验。
  - **午餐**：水镇内"太行灶台鱼"，柴火炖鱼配玉米饼。
- **13:30 易水湖（门票+船票¥120）**
  - 乘船游湖，登老子峰栈道观景，湖边亲子骑行。
  - **充电站**：景区停车场有快充桩（国家电网），补电1小时。
- **17:00 入住易县县城酒店**
  - 推荐"易州国际酒店"（含亲子房，充电桩可用）。
  - **晚餐**："易州老味道"品尝驴肉火烧、炸花椒芽。

Day 2：清西陵→农家采摘→返程保定
关键词：皇家文化、自然采摘、充电便捷

- **08:30 清西陵（联票¥108）**
  - 重点游览泰陵（康熙帝陵）和慕陵（互动式文化展览）。
  - **亲子贴士**：租电子讲解器，参与"寻宝打卡"活动。
- **12:00 永福山庄（人均¥60）**
  - 满族特色餐：鹿肉焖饼、酸菜白肉，配现磨玉米粥。
- **14:00 绿源生态农场（近清西陵）**
  - 亲子采摘（应季草莓/苹果），萌宠喂养。
  - **充电站**：农场入口有慢充桩（建议提前预约）。
- **16:00 返程 & 充电保障**
  - 路线：张石高速，车程1.2小时。
  - **充电站**：定兴服务区（国家电网快充），补电30分钟即达保定。

图 3-49　生成计划

小智解疑惑

AI 工具中深度思考和联网搜索的作用

深度思考：通过逻辑整合与批判分析，将信息转化为知识。例如，在策划营销方案时，结合用户数据与市场趋势，设计差异化策略。

联网搜索：快速获取外部信息辅助决策。例如，旅行前搜索实时天气、景点评价，优化行程安排。

案例启思

AI 在提升效率的同时，是否会让旅行失去探索的乐趣？

案例拓展

在运用 AI 工具生成旅游规划时，生成式交互体验是平衡效率与旅行趣味的关键。当用户发现部分规划内容与预期不符时，可通过即时对话补充需求，触发 AI 动态优化，生成更贴合心意的方案。请在原有规划的基础上安排一些“探索式任务”，例如，推荐隐藏的网红打卡点或安排自由探索时间，让旅行者在 AI 规划的基础上保留一定的探索乐趣。

3.3.2　实践案例：家庭旅游目的地科普

微课 3-10
家庭旅游目的地科普

案例背景

小白一家在前往保定易县游玩的旅途中，孩子们对车窗外闪过的风景充满好奇，不断提出各种问题：“易水湖和风萧萧兮易水寒有关系吗？”“咱们前往的清西陵是谁的陵墓？”为了让旅途变成生动的移动课堂，小白决定使用 AI 工具进行目的地科普，让全家在游玩的同时深入了解当地文化。

案例实施

步骤 1：明确要科普的内容

① 小白需要去到的是保定的易县，要经过太行水镇、易水湖、清西陵、玉米冒险村等旅游景点，所以要对这些旅游目的地进行科普。

② 提示词示例：

“给我科普一下易县”或“给我科普一下易县的易水湖”

步骤 2：形成科普内容

① 打开 AI 工具“心响”，输入步骤一整理的需求提示词，如图 3-50 所示。“心响”是一款以“AI 任务完成引擎”为核心的手机端超级智能体产品，不需要过多的提示词，会实现全流程托管，可以复制已有模板，也可创建新任务。

② 根据提示词，进行搜索，最终形成查询结果，如图 3-51 所示。

步骤 3：获取其他景点科普知识

重复步骤 1、步骤 2，即可获取太行水镇、易水湖、清西陵等旅游景点的科普内容，如输入“给我科普一下易县的太行水镇”，就会得到太行水镇的地理位置、文化特色和旅游亮点等信息,如图 3-52 所示。

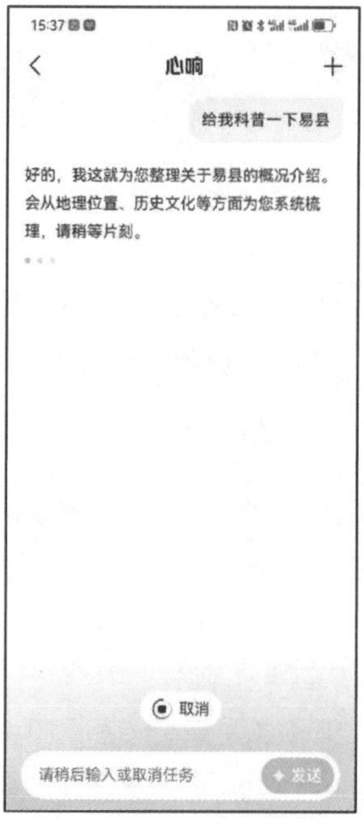

图 3-50 输入提示词 2

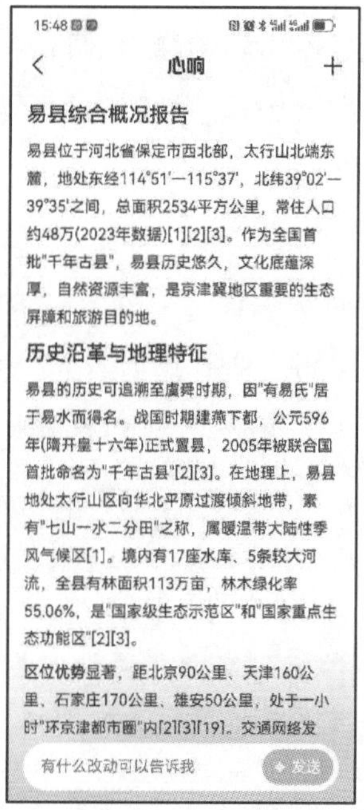

图 3-51 生成科普知识

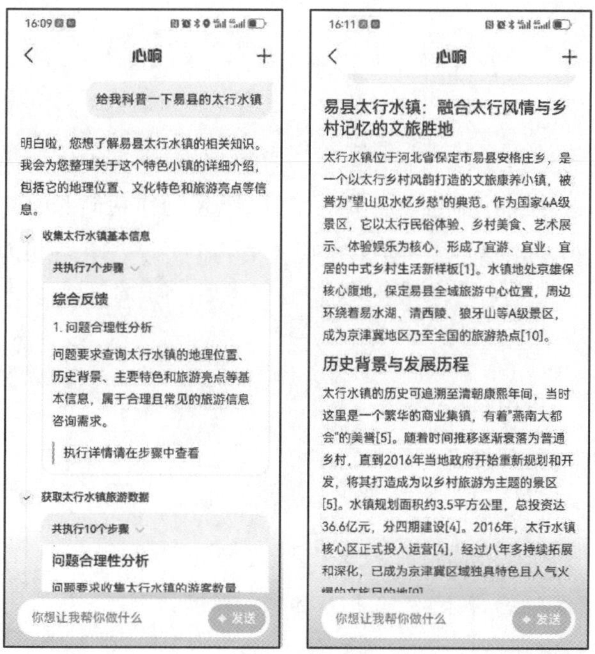

图 3-52 生成其他景点科普知识

案例启思

AI 工具能够给出较为翔实的科普内容,但在确保历史事实准确性的同时,如何将复杂的文化知识转化为孩子能理解的生动语言?

案例拓展

AI 工具可自动生成与景点相关的趣味问答,通过互动形式增强旅游科普的趣味性。系统会根据用户回答实时反馈,并解锁延伸知识点,使学习过程更加生动。这种设计尤其适合亲子场景,在轻松互动中提升文化体验,请尝试利用 AI 工具设置趣味问答环节。

小智有感悟

科技赋能教育,彰显自主学习价值,运用 AI 工具即时转化文化知识,培养终身学习能力。技术需要与人文融合,以趣味互动唤醒求知欲,打破教育时空边界。在知识普惠中促进教育公平,构建“随处可学”的生态,让学习成为生活常态。

3.3.3 实践案例:家庭旅游短片音频制作

案例背景

微课 3-11 家庭旅游短片音频制作

周日晚上,小白希望为短片添加一段专属背景音乐,以增强回忆的氛围感。然而,他缺乏音乐制作经验,既不会作曲也不擅长写歌词,手动制作耗时长且难以达到理想效果。为了高效解决问题,他决定借助 AI 音乐生成工具,通过输入主题和需求,快速生成原创歌曲旋律及押韵歌词。

案例实施

步骤 1:明确音乐需求,整理提示词

① 小白对音乐的要求如下:

- 主题:围绕“家庭欢乐时光”,体现温馨、轻松的氛围。
- 风格:轻快活泼的轻音乐,适合儿童和老人聆听。
- 时长:5s,适配短片视频长度。

② 提示词示例:

“生成一段 5 秒的原创背景音乐,主题为‘家庭欢乐时光’,风格轻快活泼,押韵且适合全家老少聆听。”

步骤 2:生成音乐与歌词

① 打开即梦 AI,输入步骤 1 所整理的需求提示词,选择风格类型,如图 3-53 所示。

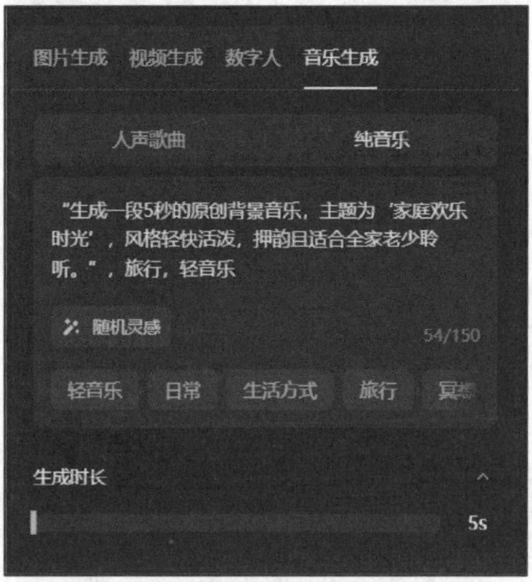

图 3-53 输入提示词 3

② 单击"立即生成"按钮,生成音频,如图 3-54 所示。

图 3-54 生成音频 2

步骤 3:优化与导出

① 优化风格或内容,如对旋律不满意,可重新生成或混合不同风格(如更改曲风为流行等);如对歌曲内容不满意,也可以采用随机灵感,优化内容,如图 3-55 所示。

② 导出音频,确保音质清晰且文件大小适中,便于嵌入视频剪辑软件,同时支持长时间播放时的流畅性,如图 3-56 所示。

案例启思

AI 在高效生成音乐的同时,是否会削弱家庭成员共同创作的意义?

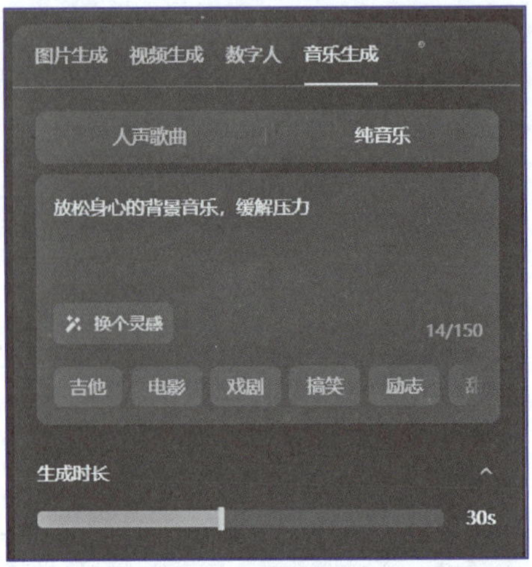

图 3-55 随机灵感

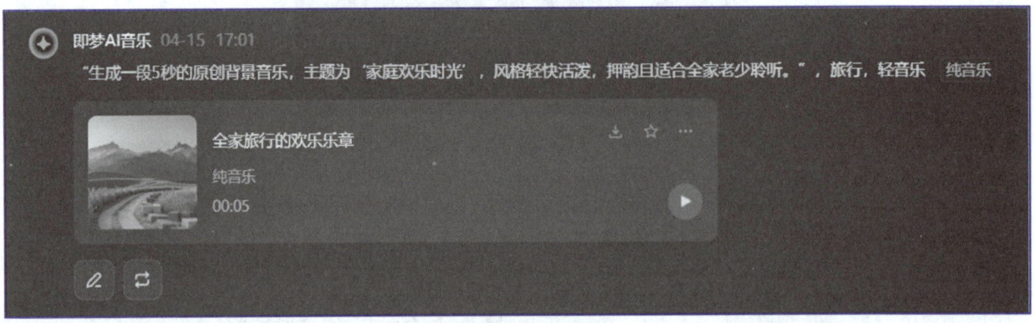

图 3-56 导出音频 2

案例拓展

即梦 AI 支持多语言人声歌曲生成,满足个性化需求,请尝试生成一个英文人声歌曲背景音乐。

3.3.4 实践案例:家庭旅游短片视频制作

案例背景

微课 3-12
家庭旅游短片视频制作

周日旅行返程后,小白想将两天的家庭旅行回忆整理成一段温馨的短视频,方便分享到朋友圈并永久保存。然而,快速将图片生成视频不容易,且小白缺乏专业的视频剪辑技能。为了快速高效地完成视频制作,他决定借助 AI 视频工具,自动生成并优化家庭旅游相册视频。

案例实施

步骤 1:整理照片和规划叙事逻辑

① 场景化筛选。

太行古镇：选择青石板路、古戏台、红灯笼等人文元素。

易水湖：挑选山水倒影、游船、湖畔栈道等自然景观。

清西陵：捕捉石牌坊、华表、陵寝全景等历史建筑。

玉米冒险村：突出玉米迷宫、农具体验、乡村民宿等亲子元素。

② 建立视觉逻辑，按照“历史人文→自然山水→乡村童趣”主题排序照片，每地点选择 1~2 张照片，确保动作连贯。

步骤 2：Vidu 参数设置

① 打开 Vidu，选择参考生视频，上传照片，选择清晰度、运动幅度和宽高比，如图 3-57 所示。

(a) (b)

图 3-57 设置参数

② 点击“创作”按钮，等待渲染完成，生成视频结果如图 3-58 所示。

图 3-58 生成视频结果

步骤 3:视频导出

导出视频,确保画质清晰且文件大小适中,所有图片都被正确使用和排列。

案例启思

个性化需求与技术优化的矛盾,用户对视频内容的情感化表达和个性化需求,与 AI 工具的标准化输出之间存在矛盾。未来 AI 工具是否能够更好地理解用户的情感意图,并提供更灵活的创作支持?

案例拓展

AI 在高效生成视频的同时无法满足长叙事需求,如果需要生成更复杂的长视频,需要分镜头动画生成后,人工拼接调整。请使用 Vidu 的图生视频功能,完成 4 个场景的分镜头动画,再使用剪映进行拼接。

本章小结

本章以新能源汽车销售专员“小白”的工作与生活为线索,系统阐述了人工智能技术在职场、学习及日常场景中的多维度应用。通过案例分析,展示了 AI 如何赋能销售数据分析、智能报告生成、营销方案策划、知识高效提炼及家庭娱乐优化等任务,并详细拆解了相关工具操作流程。本章强调“人机协同”思维,将理解 AI 作为辅助工具的定位,在提升效率的同时避免过度依赖技术;通过实践场景,培养数据安全意识、创新意识及终身学习能力。

课后练习

一、单选题

1. 在临时使用 AI 工具分析销售数据时,需优先考虑(　　)安全措施。

   A. 提高分析速度　　B. 选择支持本地化部署的工具

   C. 增加可视化图表数量　　D. 减少文字分析内容

2. 在使用 AI 生成营销策划方案时,可能导致法律风险的行为是(　　)。

   A. 添加地域文化元素　　B. 自动生成未授权促销话术

   C. 结合平台调性调整文案　　D. 优化视觉设计建议

3. 在搭建销售百科智能体时,为确保数据安全,应避免(　　)操作。

   A. 导入本地知识库　　B. 允许外部用户反向获取敏感信息

   C. 添加情感化回复逻辑　　D. 使用对话式交互模式

4. 将行业报告转换为语音学习时,AI 工具的主要优势是(　　)。

A. 完全替代人工阅读　　B. 提升知识留存率

C. 生成复杂数据图表　　D. 实时修改报告内容

5. 在家庭旅游计划生成案例中,AI 工具“联网搜索”功能的核心作用是(　　)。

A. 设计原创背景音乐

B. 获取实时动态信息(如天气、景点状态)

C. 生成趣味问答

D. 优化视频剪辑效果

二、填空题

1. 在设计数据分析提示词时,应遵循“________+输出格式+目标”的策略。

2. 在 AI 生成 PPT 的案例中,若需调整大纲内容,可通过________的方式告知工具修改需求。

3. 销售百科智能体的核心运行流程包括:语义分析→________→答案提取或生成。

4. 在使用 AI 工具生成会议纪要时,若需标注关键词,应开启________功能。

5. 在家庭旅游短片制作中,AI 工具 Vidu 支持通过________功能上传照片并生成分镜头动画。

三、简答题

1. 简述 AI 工具在提升职场效率中的核心价值,列举 3 个典型的应用方向。

2. AI 技术对传统学习模式产生了哪些变革?列举 2 种新型学习方式并说明优势。

3. 在设计 AI 工具提示词时,应遵循哪些策略以确保输出符合预期?

第4章 大模型的职业应用

本章导读

本章聚焦大模型在职业场景中的深度应用，揭示人工智能如何重塑传统工作范式，通过“数字营销”“艺术创作”“编程开发”“智能制造”四大核心领域的实战案例，展现大模型在商品主图设计、短视频内容生成、智能代码编写、机械齿轮三维建模等具体任务中的赋能路径。从电商运营的视觉营销创新到工业制造的智能化升级，从艺术设计的创意激发到科研辅助的精准支持，本章将系统解析大模型如何突破行业壁垒，实现“技术工具”到“职业生产力”的转化。通过典型 AI 工具（如 DeepSeek、绘蛙、Trae 等）的实操指南，帮助读者掌握 AI 与职业技能融合的核心逻辑，理解人机协同新形态下的效率革命与创新机遇，为应对智能时代的职业挑战奠定实践基础。

学习目标

知识目标

- 理解大模型在职业场景中的核心应用逻辑。
- 理解大模型如何通过“通用能力+领域微调”适配多样化职业需求。
- 熟悉主流职业场景 AI 工具的特性。
- 掌握职业场景中 AI 工具的应用技巧。
- 掌握提示词的使用技巧。

技能目标

- 能根据职业任务需求选择合适的AI工具解决实际问题。
- 具备将职业场景需求转化为结构化提示词的能力,能够通过优化指令提升内容的准确性与实用性。
- 具备从需求分析到成果输出的全流程协作能力,包括跨工具数据交互、多模态内容整合及基础模型部署等。
- 能识别AI生成内容的常见问题(如“幻觉”、格式错误等),并通过迭代优化提示词、人为修改提升输出质量。

素养目标

- 培养创新思维,理解AI驱动的职业变革趋势,主动探索“AI+专业”的融合创新点。
- 培养数据安全意识,在AI工具使用中遵守数据隐私保护规范,避免生成内容的版权与伦理风险。
- 培养终身学习意识,面对快速迭代的AI技术,具备自主学习新工具、新场景的能力,适应“人机协同”新常态,提升职业竞争力。
- 培养“技术+工具+业务”的复合思维,能够灵活运用各种AI工具解决实际工作中的复杂问题,提升工作效率。

4.1 开启数字营销新征程

PPT:开启数字营销新征程

在当今数字化浪潮的冲击下,人工智能技术正在深刻地改变电子商务的各个领域。随着人工智能技术的深入融合,为从业者带来了前所未有的效率提升和创意支持。在视觉设计领域,人工智能技术帮助设计人员从经验驱动转向数据驱动,从而释放了创意的潜力。在短视频运营方面,人工智能技术突破了内容生产效率的限制,使运营者能够摆脱重复性劳动,专注于策略的优化和对用户的深入理解。在处理跨境业务时,人工智能技术消除了语言障碍和文化差异,实现了本地化内容的高效适配,使得全球市场变得触手可及。在人工智能技术的赋能下,电子商务从业者的角色已从单纯的执行者转变为资源整合者,以更敏捷的决策和更精准的创意,推动品牌在数字化浪潮中占据有利位置。

本节将通过3个真实的任务场景,引导读者学习人工智能在电子商务领域中的应用方法。

4.1.1 实践任务：商品主图——视觉焦点的指挥官

任务描述

微课 4-1
商品主图：视觉焦点的指挥官

作为某电子商务平台店铺的美工人员，小智每日须在限定时间设计出数十张商品主图。这些主图不仅要满足平台规范要求，还要在众多竞争产品中显得突出。目前，主图设计过程高度依赖于个人的审美和经验，这不仅耗时费力且难以对设计效果进行量化评估。

现在，店铺即将推出一款男士运动鞋产品，小智需要设计出能够吸引用户的主图。主图需借助模特穿着展示的效果，迅速吸引用户的注意力，清晰地展示运动鞋的核心卖点，同时传达产品的高科技特性和舒适度，请你与小智一同迎接这一挑战。

任务实施

步骤 1：需求分析

本步骤需明确商品主图的呈现形式，为后续分析及制作提供指导方向，能与实际使用场景高度契合，具体考虑核心要素如下：

（1）目标受众分析

针对运动场景有透气核心诉求的男性消费者。

（2）核心需求提炼

① 产品主卖点：立体透气网。

② 吸引消费者眼球。

③ 展示模特上脚效果。

（3）设计要点

① 画面构图，突出主体。

② 色彩搭配，符合潮流。

③ 场景搭配，身临其境。

（4）基本规范

① 主图尺寸，适应平台要求。

② VI 视觉，符合品牌调性。

（5）商品素材

本任务中所提及产品的样式如图 4-1 所示。

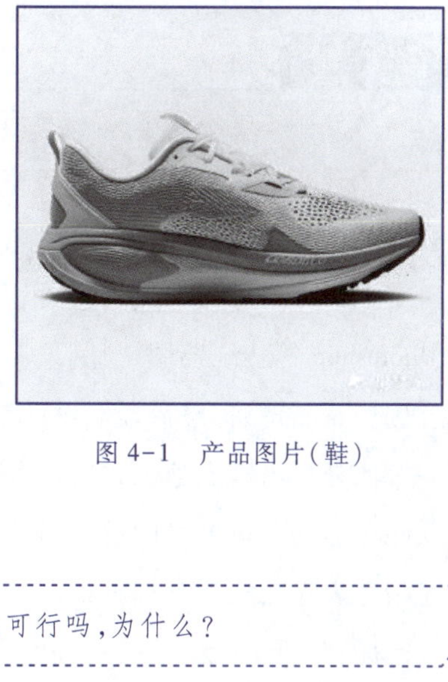

图 4-1 产品图片（鞋）

小智考考你

在设计商品主图时，设计者自己主观臆断设计样式可行吗，为什么？

步骤 2:工具选择

使用 AI 工具 DeepSeek 搜索“国内主流 AI 辅助商品主图制作工具”并学习相关知识,评估国内主流 AI 辅助商品主图制作工具,见表 4-1。

表 4-1 国内主流 AI 辅助商品主图制作工具对比

工具名称	核心功能	适用场景	优　　势
绘蛙	AI 商品图生成、AI 图片处理、多场景应用等	淘宝/天猫/京东电商商品主图等	操作简单,功能丰富,支持多种电商场景
即梦	文字绘图、图片生成等	电商海报制作、图文或短视频内容创作	功能强大,创作灵活,支持多种格式输出
稿定设计	海量电商模板、智能抠图、一键换背景等	多平台主图设计,中小商家低成本创作	模板更新快,操作门槛低,支持团队协作
可画	品牌元素库、智能调色、多语言文案等	电商主图设计,需品牌统一性的店铺	国际化模板资源,支持多端同步
创客贴	智能尺寸延展、智能配色方案等	新手快速制作主图	操作极简,素材商用授权明确等
佐糖	一键智能生成商品场景图、智能去瑕疵、自动调光等	低成本视觉升级	免费生成基础场景图

评估各类 AI 工具对设计任务的适用性。绘蛙支持免费生成高分辨率主图,可自定义品牌元素,输入关键词与 VI 要求能批量生成方案等,能够较好地满足任务需求。故小智接下来重点使用绘蛙工具开展商品主图设计制作。

小智动动手

大家和我一起使用这些商品主图制作工具,看看更喜欢哪一个吧!

步骤 3:内容创作

本步骤将通过与 DeepSeek 和绘蛙对话实现“对话即设计”的创作过程。全程无须使用 Photoshop 等传统绘图工具,只需通过自然语言交互即可完成商品主图设计制作。

(1) 竞品调研分析,提取设计要点

按照分析需求表达公式(问题+数据/信息+分析方法)拟定指令内容:“分析 2025 年男款跑步运动鞋电商主图设计趋势,提取高频关键词(如配色、构图、卖点、场景偏好)。”上述指令表达公式拆解如下:

问题:分析 2025 年趋势+提取高频关键词

信息:限定分析维度(配色、构图、卖点、场景偏好)

方法:趋势预测、关键词提取(系统逻辑)

(2) DeepSeek 问答,整理要点信息

打开 DeepSeek 官网,进入文本输入界面,输入指令内容后单击“⬆”按钮,如图 4-2 所示。

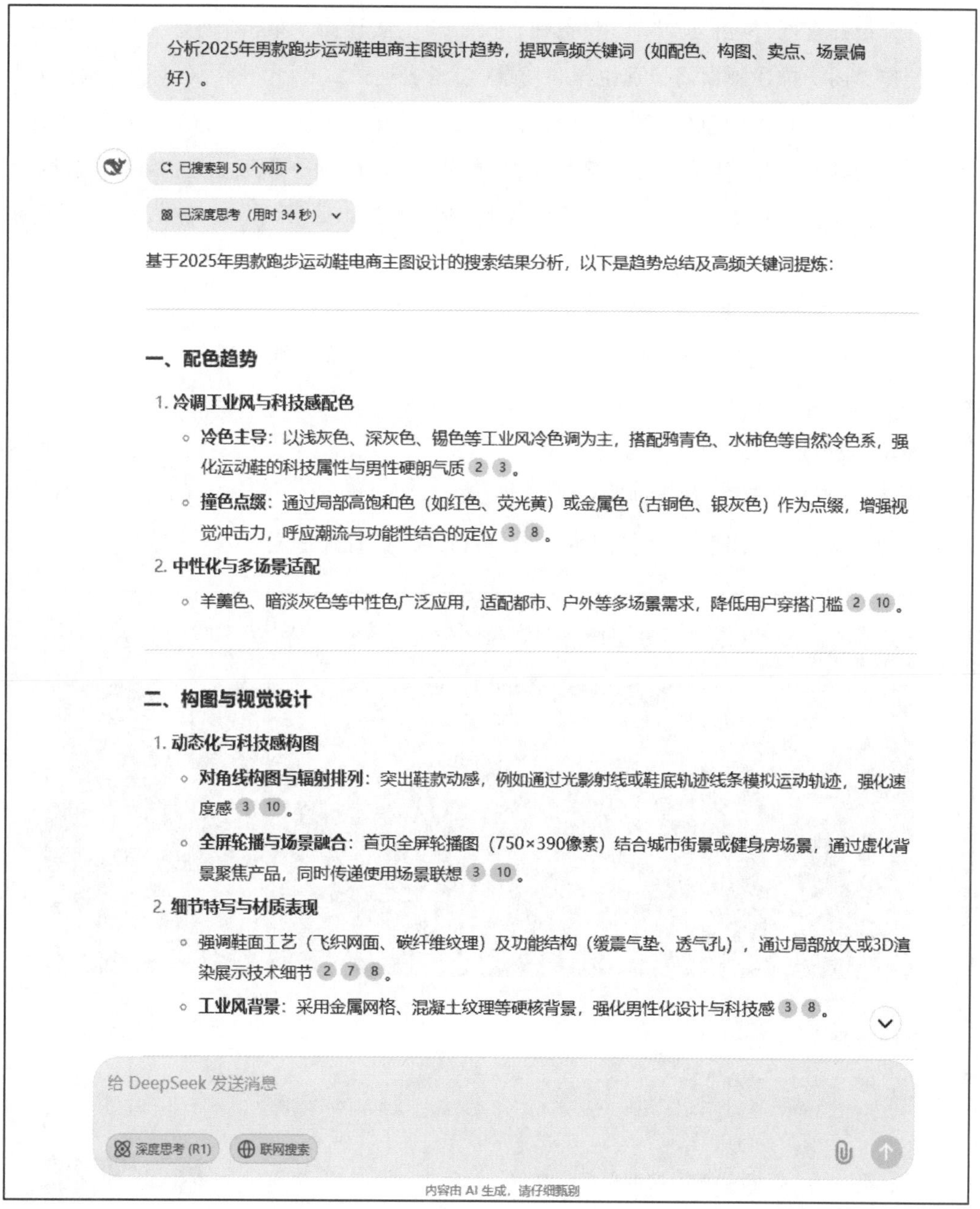

图 4-2 DeepSeek 问答界面

小智根据 DeepSeek 回答内容，整理所需要的信息：

热门配色：冷调工业色、科技感撞色、中性适配色；

常见构图：对角线动态构图、细节特写、工业风背景；

核心卖点：透气飞织科技、缓震技术、跨界联名；

场景偏好：城市运动场景、极简科技空间、促销标签化设计。

(3) 构思与生成

打开绘蛙官网，单击“立即使用”按钮，进入 AI 生图界面。单击“创意文生图”按钮，进入创作界面。描述画面需呈现主体和场景(参考表达公式：主体+衣服，环境+构图+其他细节)，并结合需求信息拟定指令：“青春洋溢男生，身着夏季运动装，在城市运动跑道，穿着跑步运动鞋，特写鞋子透气飞织科技，对角线构图，整体冷调工业色、极简科技风。”随后在对话框输入指令，并单击“立即生成”按钮，如图 4-3 所示。上述表达公式拆解如下：

主体：青春洋溢男生；

衣服：夏季运动装(基础服装)、跑步运动鞋(核心单品)、鞋子透气飞织科技(单品细节)；

环境：城市运动跑道(场景设定)；

构图：对角线构图(画面布局)；

其他细节：整体冷调工业色(配色)、极简科技风(设计偏好)。

图 4-3 绘蛙创意文生图界面

步骤 4:实施效果

在绘蛙界面单击“万物穿戴”按钮,进入鞋子商品图一键上身界面。单击“上传商品图”按钮,将产品图片上传。单击“选择参考图”按钮,选择所需参考图片。最后单击“免费试用”按钮,生成产品 AI 初版设计主图,如图 4-4 所示。

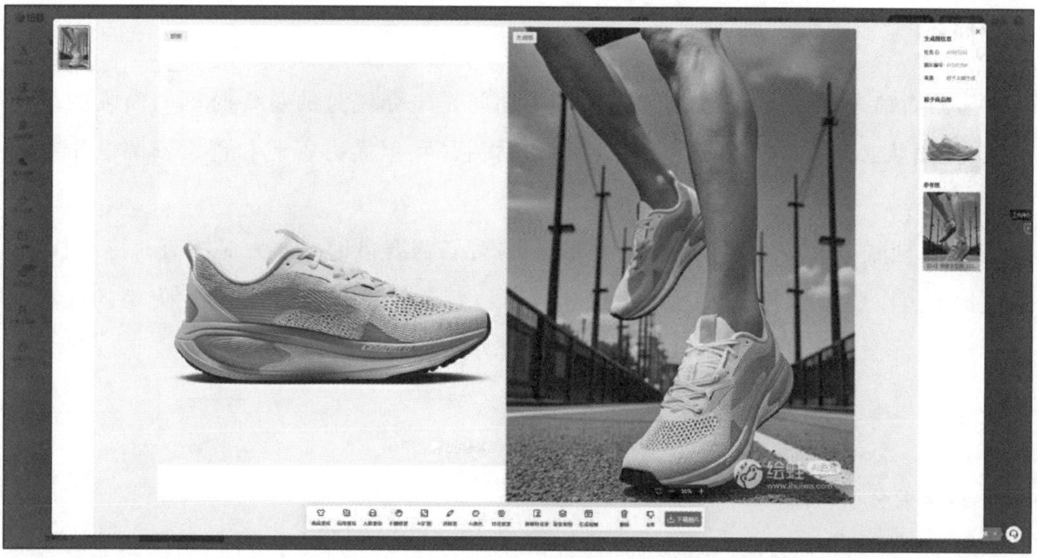

图 4-4　产品 AI 初版设计主图

步骤 5:效果优化

在 AI 生成商品主图后,需进一步优化以增强视觉吸引力和转化效果。首先,添加活动标识,放置平台规定的活动标签等(如“618 大促”),使用标准配色和字体等;其次,突出卖点信息,通过对比色强调价格、折扣等关键数据(如“限时直降 50 元”),通过系统化的优化流程,同时配合平台数据分析功能持续迭代,不断提升商品主图点击率。

任务小结

作为电子商务平台店铺美工,需快速生成符合市场趋势且突出产品核心卖点的视觉化主图,以提升消费者点击与转化率,本任务引导读者熟练运用 AI 工具 DeepSeek 及绘蛙组合:通过 DeepSeek 分析主图设计趋势,提取配色、构图等高频关键词;再运用绘蛙,通过“文生图”生成初版非品牌设计,再结合“图生图”功能融合自有产品图,优化品牌定制化主图。通过构图与配色抓取消费者注意力,清晰展示产品核心优势,强化品牌形象,从而提升电商平台竞争力。

任务拓展

作为某电商平台店铺的美工人员,需为即将上市的秋季女款风衣设计商品主图(可扫二维码查看实例)。风衣主打卖点为“防风防水面料”和“修身剪裁设计”,需通过主图传达产品的高级质感与实用性,吸引职场女性消费者。

秋季女款风衣

4.1.2 实践任务:短视频——用户心智的播种机

任务描述

微课 4-2 短视频:用户心智的播种机

作为店铺短视频运营,小智深谙大促销期间是争夺流量的重要时刻。面临的现实挑战是:团队必须在 3 天内制作出 50 条口播短视频,但人力资源和创意资源已显得极为紧张。

当前,店铺一款玻璃水杯正成为夏季热销产品,需要借助 618 大促销活动持续打爆。通过批量制作短视频,利用产品展示迅速吸引消费者的注意力,并结合大促销的优惠信息,持续曝光激发消费者购买欲望。现在,请与小智一同迎接这一挑战。

任务实施

步骤 1:需求分析

本步骤需明确短视频呈现形式,为后续分析及制作提供指导方向,确保其能够大促期间快速传播,具体考虑核心要素如下:

(1) 目标受众分析

针对有购买玻璃水杯需求的消费者,具体包括但不限于上班族、学生、家庭主妇等人群。

(2) 核心需求提炼

① 产品主卖点:小巧、便捷、低高温差耐受。

② 吸引消费者眼球。

③ 结合大促优惠信息。

(3) 内容策略

① 脚本类型,全面多样化。

② 视觉规范,突出核心点。

③ 基础素材,拍摄场景化。

④ 智能后期,处理批量化。

(4) 基本规范

① 短视频尺寸等,适应平台要求。

② VI 视觉,符合品牌调性。

(5) 商品素材

本任务中所提及产品样式如图 4-5 所示。

图 4-5 产品图片(水杯)

小智考考你

在产品大促期间,为什么某一产品要批量制作短视频并投放?

步骤 2:工具选择

使用 AI 工具 DeepSeek 搜索“国内主流 AI 辅助短视频制作工具”并学习相关知识,评估各类工具的功能差异,国内主流 AI 辅助短视频制作工具对比见表 4-2。

表 4-2 国内主流 AI 辅助短视频制作工具

工具名称	核心功能	适用场景	优势
即梦	AI 一键生成带货短视频、多平台尺寸适配等	电商直播切片/商品种草短视频	支持商品图+文案自动合成;免费版基础功能实用
剪映	AI 智能剪辑、自动字幕生成、语音转文字、智能滤镜/特效、一键成片模板库	抖音/快手等短视频平台	免费功能丰富,模板更新快;与抖音生态无缝衔接;操作简单
腾讯智影	AI 数字人播报、虚拟场景合成等	企业宣传/新闻播报/微信视频号	数字人逼真,支持定制形象;微信生态兼容性好
快影	动效贴纸、一键去水印、快手热门模板同步等	快手平台用户/草根创作者	完全免费;方言字幕识别准确;模板“网感”强
必剪	AI 语音合成、一键三连特效模板、智能抠像/绿幕合成、视频自动压缩适配 B 站画质等	B 站 UP 主视频创作、二次元内容、游戏解说、知识分享类视频	深度适配 B 站生态;内置大量动漫风格素材;免费无广告

小智对 AI 工具在短视频制作任务中的适用性进行了评估。综合来看,即梦能够将拍摄的素材与脚本文案紧密结合,实现短视频的快速生成。剪映具备自动识别字幕功

能,并对背景音乐等元素进行优化。通过上述工具的组合应用,能够较好地满足设计任务的需求。小智将重点运用即梦和剪映工具进行短视频的设计与制作。

步骤 3:内容创作

本步骤将通过与 DeepSeek、即梦和剪映交互实现创作过程,通过自然语言交互完成绝大部分短视频制作,最后再利用剪映等剪辑软件优化成片。

(1) 需求设计

按照创造性需求表达公式(主题+风格/约束+创新方向)拟定指令:“设计玻璃水杯产品口播短视频文案。① 体现玻璃水杯卖点:小巧、便捷、低高温差耐受,② 618 期间低至 5 折,③ 提供 10 种不同口播文案。”上述指令表达公式拆解如下:

主题:设计玻璃水杯产品口播短视频文案(明确核心任务);

风格/约束:体现玻璃水杯卖点,小巧、便捷、低高温差耐受,618 期间低至 5 折(内容约束);

创新方向:10 种不同口播文案(差异化及多样化)。

(2) DeepSeek 问答,整理要点信息

打开 DeepSeek,输入指令内容后单击“⬆”按钮,如图 4-6 所示。

图 4-6　DeepSeek 任务回答界面 1

小智根据 DeepSeek 回答内容,整理并优化所需信息:

文案 1 场景痛点型

保温杯太重？塑料杯怕烫？巴掌大玻璃杯装进通勤包！冰饮到热茶都搞定，618 直接半价，戳这捡漏！

文案 2 功能场景化

户外党狂喜！比手机还轻的玻璃杯，登山徒步挂在背包上超拉风~篝火旁倒热茶，溪水里冰果汁，618 狂欢价直接腰斩，错过再等一年！

文案 3 情感互动型

成年人的体面：包里永远有杯温水。比口红还轻的钢化玻璃杯，冷热交替不开裂，618 半价，速戳链接入手吧。

小智问问你

在整理短视频文案信息过程中，应该注意什么？

（3）素材拍摄

通过手机等拍摄设备拍摄短视频，拍摄口播人物及产品互动视频（可扫二维码查看示例），并录制一段 15 秒口播人物声音音频备用（音频具体要求见路径：即梦官网→数字人→对口型→上传本地音频的文字描述）。

口播种草短视频

步骤 4：实施效果

打开即梦官网，选择“数字人”→“对口型”选项，进入操作界面。单击角色模块中“导入角色图片/视频”按钮，上传玻璃杯原视频素材。在对口型模块输入需求文案。单击“上传本地配音”按钮，上传已录制音频。单击“生成视频”按钮，即生成 AI 短视频，如图 4-7 所示（可扫二维码查看效果）。

玻璃杯原视频素材

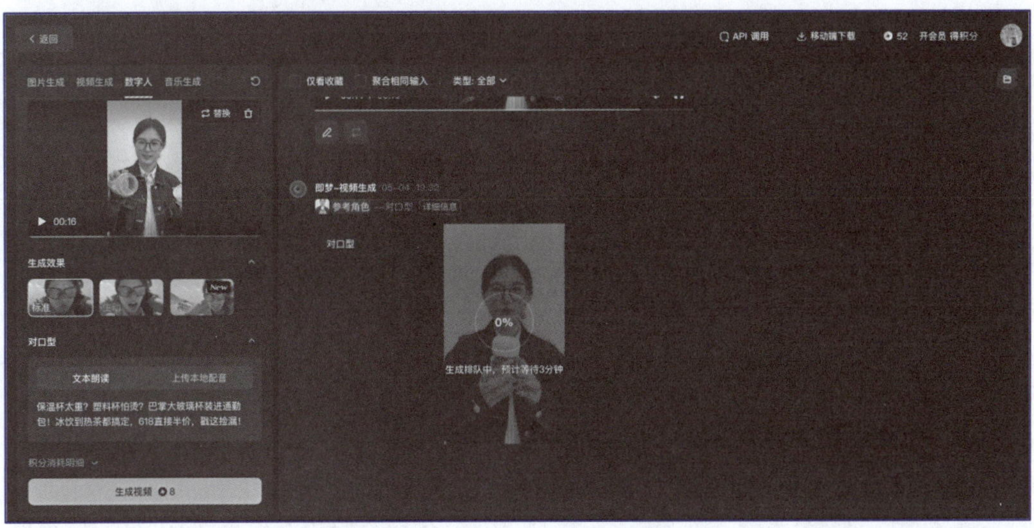

图 4-7 即梦操作界面 1

步骤 5:效果优化

玻璃杯 AI 口播短视频

打开剪映软件,单击“导入”按钮,上传“玻璃杯 AI 口播短视频”。单击“智能包装”→“营销带货”→“开始匹配”按钮,生成花字等并导出。可扫二维码查看效果。

在 AI 生成种草短视频后,往往还需要进一步优化以提升效果。可借助剪映等专业视频剪辑软件进行操作。这些软件功能丰富,能对视频的画面、音频等进行细致调整。例如,通过剪映软件可以优化视频的节奏,去除多余片段;还能添加合适的音乐、字幕和特效,让短视频更具吸引力,从而更好地吸引观众,达到理想的推广效果。

任务小结

作为短视频制作与运营人员,在大促场景中需高效产出兼具吸引力与功能性的种草内容,提升产品曝光以实现广泛种草。熟练运用 AI 工具 DeepSeek、即梦和剪映组合,通过 DeepSeek 快速生成多样化口播文案,解决内容创意瓶颈;再利用即梦一键生成真人化口播视频,降低了剪辑制作成本;并结合剪映添加精准字幕,提升信息传达效率。最终输出紧扣产品卖点、结合大促优惠的短视频,实现快速引流与转化,强化了品牌在电商大促期间的竞争力。

任务拓展

作为短视频运营人员,自选产品设计口播种草短视频,结合双 11 大促节点进行推广。

4.1.3 实践任务:数字人主播——好物全球的推荐官

微课 4-3 数字人主播:好物全球的推荐官

任务描述

小智作为跨境电商领域的初学者,尽管英语基础较为薄弱,却必须直面国外市场(英语为主)。由于文化差异,文案本地化工作遭遇重重困难,且招聘真人主播的成本极高。

现在,店铺即将推出一款发箍新品,需要制作符合国外年轻女性喜好的短视频。基于商品的卖点:轻便、可爱,小智将设计结构清晰的脚本文案。随后,根据脚本制作商品视频,以实现无语言障碍的高效产品传播,从而促进跨境销售。接下来,期待您与小智携手应对这一挑战。

任务实施

步骤 1:需求分析

本步骤需明确数字人短视频呈现形式,为后续分析及制作提供指导方向,确保其能够助力跨境销售。

(1) 目标受众分析

针对国外年轻女性消费者(英语为主),可能包括学生群体以及时尚爱好者等。

(2) 核心需求提炼

① 产品主卖点:轻便、可爱。

② 零语言基础下的有效传播。

(3) 设计要点

① 产品展示,全面清楚。

② 核心卖点,突出强调。

③ 外国形象主播,吸引消费者。

(4) 基本规范

① 短视频尺寸等,适应平台要求。

② VI 视觉,符合品牌调性。

(5) 商品素材

案例中所提及产品样式如图 4-8 所示。

图 4-8 产品图片(发箍)

步骤 2:工具选择

使用 AI 工具 DeepSeek 搜索“国内主流 AI 辅助数字人制作工具”并学习相关知识,评估各类工具的功能差异,国内主流 AI 辅助数字人制作工具对比见表 4-3。

表 4-3 国内主流 AI 辅助数字人制作工具对比

工具名称	核心功能	适用场景	优势
飞影数字人	2D 数字人快速生成、AI 短视频脚本适配等	电商带货、社交媒体营销、内容种草	模板化生成效率高,5 分钟快速出片等
可灵	AI 驱动虚拟形象实时生成等	虚拟直播、在线教育、个人 IP 打造	无须专业设备,手机端即可操作等
腾讯智影	3D 数字人建模、语音驱动口型同步、表情动作生成等	虚拟主播、企业宣传、教育培训	高精度口型匹配,支持多语言等
阿里云数字人	实时交互对话、AI 驱动表情/手势、文本/语音双模态生成	客服、直播带货、线上导览	低代码开发,支持实时渲染等
百度智能云曦灵	2D/3D 数字人快速生成、AI 语音合成、个性化形象定制	短视频创作、品牌营销、虚拟助手	提供丰富模板,零代码操作等
字节跳动火山引擎虚拟数字人	面部表情捕捉驱动、AI 换脸、短视频场景适配优化	直播、短视频、社交媒体互动	深度适配抖音生态,轻量化部署等
科大讯飞 AI 虚拟人	多方言语音合成、口型自动匹配、知识库问答系统集成	政务服务、金融咨询、多语言播报	方言支持全面,问答准确率高等

评估各类 AI 工具对数字人主播视频制作任务适用性。综合来看，DeepSeek 和飞影数字人能够较好地满足任务需求，可提供大量免费数字人主播角色，适应多国销售环境。

小智动动手

跟小智一起试用各个数字人 AI 工具吧，并阐述一下优劣势。

步骤 3：内容创作

本步骤将通过 DeepSeek 与飞影数字人对话实现“对话即设计”的创作过程，通过自然语言交互完成绝大部分数字人短视频制作内容，最后利用剪映优化成片。

（1）需求设计

按照创造性需求表达公式（主题+风格/约束+创新方向）拟定指令：“设计发箍产品口播短视频文案。① 体现发箍卖点：绿格子纹显白、佩戴轻便可爱，② 根据国外用户偏好，③ 文案需为英文，④ 提供 5 种不同口播文案。”上述指令表达公式拆解如下：

主题：设计发箍产品口播短视频文案（明确核心任务）；

风格/约束：体现发箍杯卖点：绿格子纹显白、佩戴轻便可爱，文案需为英文（内容约束），根据国外用户偏好（风格倾向）；

创新方向：5 种不同口播文案（差异化及多样化）。

（2）DeepSeek 问答，整理要点信息

打开 DeepSeek，输入指令内容后单击“⬆”按钮，如图 4-9 所示。

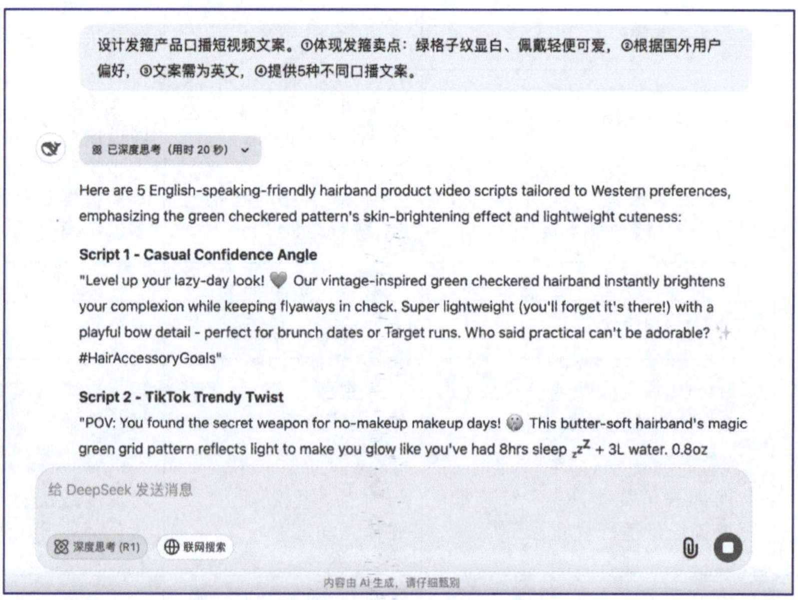

图 4-9　DeepSeek 任务回答界面 2

根据 DeepSeek 回答,整理需求信息:

文案 1:Level up your lazy-day look! Our vintage-inspired green checkered hairband instantly brightens your complexion while keeping flyaways in check. Super lightweight with a playful bow detail-perfect for brunch dates or Target runs. Who said practical can't be adorable?

文案 2:British countryside charm meets California comfort! Our velvet-lined hairband features photo-friendly green plaid that makes porcelain skin pop. Weightless design stays put during yoga flows or Disneyland marathons. Secret? Memory foam padding! Your scalp deserves this 5-star treatment.

步骤 4:实施效果

打开飞影数字人官网,单击一款公用数字人模块的数字人形象,如图 4-10 所示。输入带货文案,选择合适语音风格,单击"提交"按钮,生成数字人,如图 4-11 所示(可扫描二维码查看效果)。

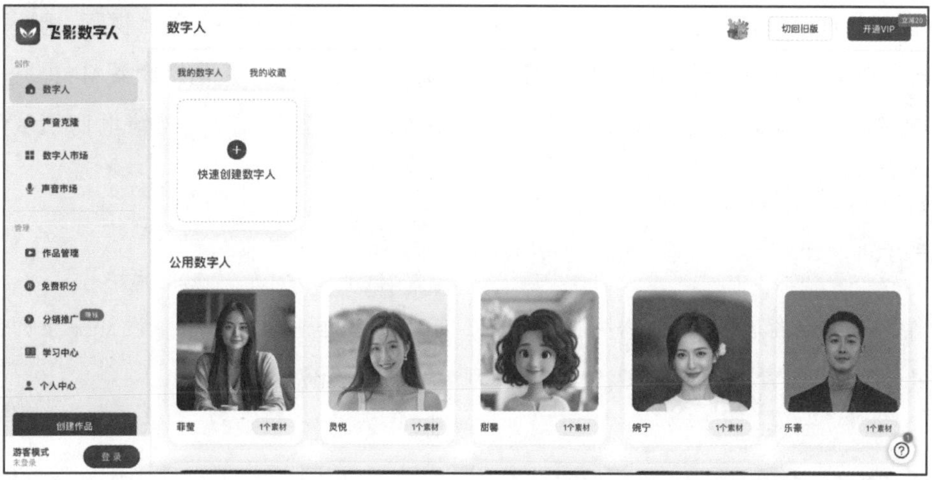

图 4-10 公用数字人模块

图 4-11 飞影数字人生成结果界面

数字人主播

小智考考你

数字人主播具备哪些优劣势,应如何看待数字人主播?

步骤 5:效果优化

数字人跨境销售视频

打开剪映软件,导入 AI 生成数字人主播演示视频,单击“AI 字幕”→“开始识别”按钮,生成字幕,再导入跨境产品图片,综合优化调整后导出成片(可扫二维码查看效果)。

任务小结

作为跨境电商运营人员(英语零基础),需在跨境销售场景中高效产出兼具吸引力与功能性的商品短视频,突破语言障碍以实现全球化传播。熟练运用 AI 工具组合 DeepSeek+飞影数字人+剪映,通过 DeepSeek 快速生成符合国外用户偏好的英文口播文案,解决跨境内容创意与语言瓶颈;利用飞影数字人一键生成真人化数字主播视频,结合脚本与语音风格适配,降低视频制作门槛;通过剪映添加精准字幕并优化视频素材,提升信息传达效率。最终实现零语言基础的高效跨境销售,从而强化品牌在跨境电商领域的竞争力。

任务拓展

作为跨境电商运营人员,需为自选产品(如帆布包、智能保温杯等)设计一条面向东南亚市场(英语或小语种)的数字人主播短视频,突出文化适配性。

4.2 开创艺术创作新世界

PPT:开创艺术创作新世界

在数字技术与创意产业深度融合的时代,人工智能正在重塑艺术创作的底层逻辑:从插画设计的视觉叙事革新到产品包装的文化符号重构,从 IP 形象的潮玩化表达再到跨媒介设计的无限可能,大模型正成为艺术从业者突破创意边界的“数字画笔”。传统艺术创作中依赖手绘功底与经验积累的工作范式,正逐步转变为“AI 辅助构思—人机协同创作—多元场景适配”的高效流程。设计师的核心能力也从单一技法掌握,升级为“技术工具运用+文化内涵解构+商业价值转化”的复合素养。

本节将通过 3 个真实任务场景,带领读者学习 AI 在插画、产品包装、IP 设计中的应用技巧。

4.2.1 实践任务：插画设计——画笔的 AI 魔法工坊

插画设计师是以视觉语言传递创意的专业设计者，擅长通过绘画技法将抽象概念转化为具象图像。需具备文化理解能力、视觉叙事能力和跨媒介技术应用能力，能够结合传统美学与现代数字工具进行创作，其核心职责包括需求分析、创意构思、风格定位及跨场景适配设计，服务于文旅宣传、商业推广等多领域。当代插画师需掌握 AI 绘图工具，应擅长将传统技法与数字特效融合，在保持文化调性的同时增强作品传播力，满足年轻化、社交化的市场需求。

微课 4-4
插画设计：画笔的 AI 魔法工坊

任务描述

小智作为一名新手插画设计师，现受保定市古莲花池景区委托，设计一幅兼具历史底蕴与网红传播属性的古风插画，需要吸引不同游客群体，如网红打卡旅拍、古风装扮者、文化爱好者，充分展示景区历史底蕴和园林特色，还可将作品用于不同营销场景。那么接下来，请与小智一起完成挑战。

任务实施

步骤 1：需求分析

（1）任务分析

- 主题：古风氛围插画
- 关键元素：唐宋美女、小桥、廊亭、荷花、水墨飞鸟
- 风格要求：工笔重彩与写意水墨融合，配色需古典雅致

（2）需求分析

按照分析需求表达公式（需求+场景+风格+元素）下发指令并生成，如图 4-12 所示，指令为："我是一名插画设计师，我想为保定市古莲花池景区设计一款古风氛围的插画，吸引年轻人来此打卡、旅拍。请帮我设计一张古风风格的插画"。

表达公式拆解如下：

问题：古莲花池古风插画+提取高频关键词；

信息：限定分析维度（古风插画、色彩、构图、风格、场景）；

方法：表达目的+关键词提取+需求分类筛选。

步骤 2：工具选择

（1）工具选择

使用 DeepSeek+即梦 AI 作为本任务的实现工具。

（2）需求整理

根据 DeepSeek 回答，整理需求信息，如图 4-13 所示。

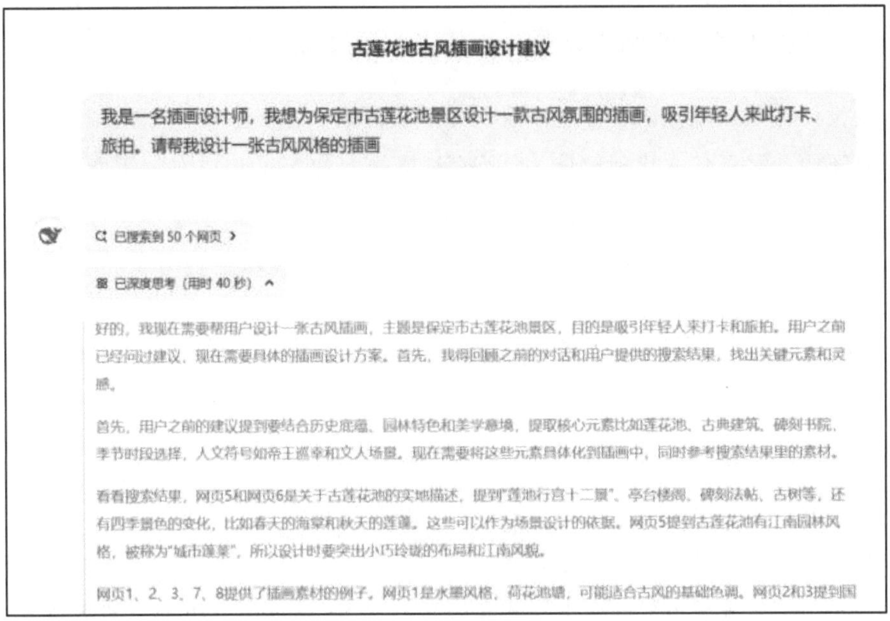

图 4-12　DeepSeek 回答界面

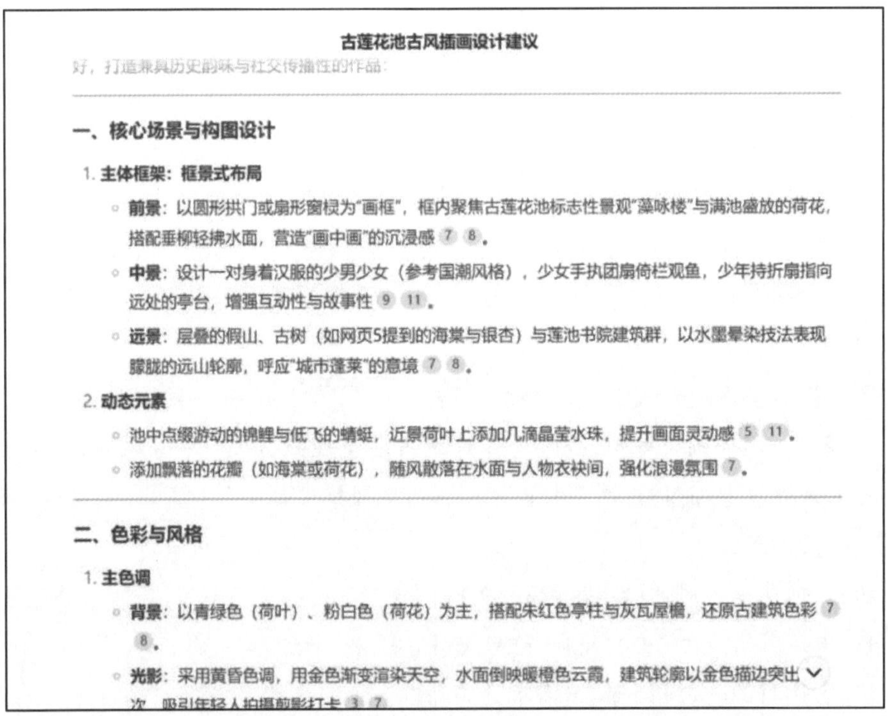

图 4-13　DeepSeek 任务回答界面 3

核心创意：将历史园林与现代打卡文化融合，通过"时空穿越"视角展现古莲花池的十二时辰之美。

场景构图：前景汉服少女倚靠太湖石、中景复刻经典"宛虹桥"拱形石桥，背景表现廊厅地标建筑。

色彩风格:霁青色(古建屋檐)+ 藕荷色(莲花渐变)低饱和渐变云纹。

文化细节:莲花效果参照古莲花池现存百年古莲,太湖石纹路隐藏“直隶”二字篆书。

(3) 生成提示词

根据步骤 2 中 DeepSeek 回答的内容,继续追问:生成提示词,DeepSeek 回答如图 4-14 所示。

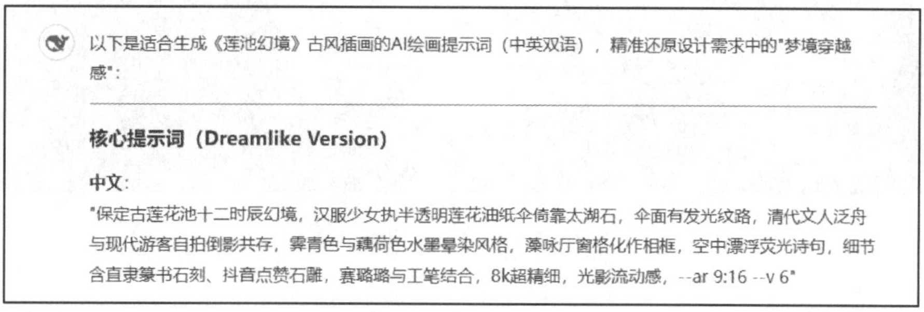

图 4-14 提示词

步骤 3:内容创作

进入即梦官网,单击“立即使用”按钮,进入 AI 作图界面,根据文生图逻辑输入需求提示词,选择生图模型,调整精细度,调整图片尺寸比例,如图 4-15 所示,输入提示词如下:

“国画工笔风格将历史园林与现代打卡文化融合,通过‘时空穿越’视角展现古莲花池的十二时辰之美。

画面构图前景——打卡焦点汉服少女执半透明油纸伞倚靠太湖石,伞面绘有莲花纹样,石桌上摆放现代奶茶杯与古书《莲池十二景》形成趣味对比;中景——核心景观复刻经典‘宛虹桥’拱形石桥,桥上点缀发光莲花灯(夜晚打卡亮点)水面呈现现实与倒影的双重时空、真实水面、清代文人泛舟对弈魔法倒影;现代 coser 游客拿手机自拍背景——地标建筑藻咏厅二层窗格透出暖光,窗框设计成手机相框造型空中飘浮发光诗句‘莲香入梦镜中游’,色彩系统主色调:霁青色(古建屋檐)+藕荷色(莲花渐变)、点睛色:朱砂红(印章式打卡图标)+荧光青(现代光效)”

表达公式拆解如下:

主体:汉服少女(古代服饰细节);

场景:古莲花池十二时景;

风格:国画工笔风(风格设定);

构图:背景留白、中心构图(画面布局);

视觉色调:朱砂红+荧光青。

图 4-15　即梦细项调整界面

步骤 4:实施效果

执行导入参考图→选择参考细项→生成图片操作后,根据需求调整细节参数(如 HD 超清、细节修复、局部重绘、扩图、消除笔等),如图 4-16 和图 4-17 所示。

图 4-16　即梦创意文生图界面 1

步骤 5:效果优化

生成结果如图 4-18 和图 4-19 所示,如需进一步完善优化效果图,还可使用 Photoshop 等专业软件进行处理。

图 4-17　即梦创意文生图界面 2

图 4-18　即梦创意文生图界面 3

图 4-19　即梦创意文生图界面 4

任务小结

本任务通过 DeepSeek 精准定位“年轻化国风”插画设计趋势，提取青绿撞色+动态粒子关键词突破传统插画静态感；使用即梦工具实现文生图：快速构建基础场景，通过“留白构图”“朱砂点缀”完整塑造人物与场景结合下的意境美感；最终输出既符合古莲花池旅游胜地的文化调性，又具备社交媒体传播潜力的国画工笔风插画。

任务拓展

为手游《长安幻想》设计古风角色“敦煌飞天”宣传插画，需融合传统壁画元素与赛博朋克光影。

操作流程：

步骤 1：使用 DeepSeek 输出关键指令

分析国潮游戏角色设计趋势，提取敦煌文化现代化改编的 3 个核心手法（如色彩/材质/动态）。

步骤 2：使用即梦创意文生图

赛博朋克霓虹下的敦煌飞天，传统瓔珞与机械臂共生，砂岩质感肌肤+流光绸带，仰视构图突出悬浮动态，故障艺术特效点缀……

步骤 3：生成的结果图片进行细化处理

4.2.2 实践任务：包装设计——产品包装的 AI 变形记

微课 4-5 盒想未来：AI 包装设计工场

产品包装设计师是专注于产品外观与功能整合的专业人员，通过视觉传达、材料创新及结构设计提升商品价值，其职责包括挖掘文化元素、平衡艺术美学与实用性、优化用户体验，并运用跨领域知识（如材料学、品牌策略）实现商业目标，需掌握 AI 辅助设计工具，结合传统工艺与现代技术，打造具备传播力与可持续性的包装方案，满足市场差异化竞争需求。

任务描述

小智作为一名产品包装设计师，受某月饼厂家委托设计一款兼具文化内涵与商业价值的中秋礼盒包装，产品包装能够吸引不同消费群体，平衡艺术性与功能性，包装需具备二次利用价值，打造具有传播属性的中秋文化载体，助力该品牌在节日市场中建立竞争优势。接下来，请与小智一起完成这个挑战。

任务实施

步骤 1:需求分析

(1) 任务分析

- 主题:古风月饼礼盒包装
- 关键元素:天地盖结构、青绿山水、瘦金体中秋诗歌、玉兔、赏月等中秋节元素
- 风格要求:北宋文人美学与现代极简主义包装结构融合,配色需从中国山水画中提取。

(2) 需求分析

按需求下发指令,获取多种设计思路,如图 4-20 所示。

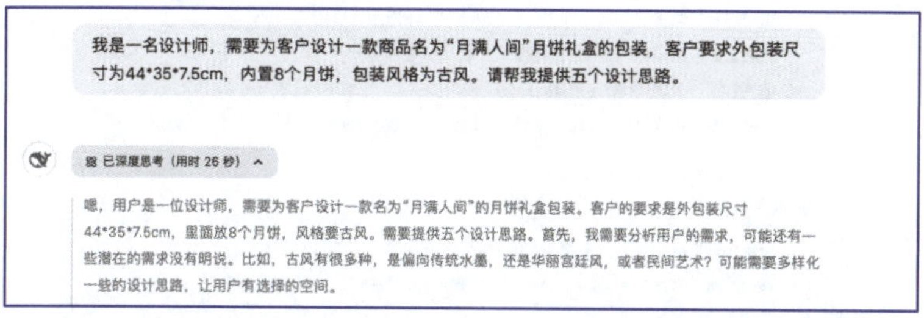

图 4-20 DeepSeek 任务回答界面 4

指令为:“我是一名设计师,需要为客户设计一款商品名为‘月满人间’月饼礼盒的包装,客户要求外包装尺寸为 44 * 35 * 7.5cm,内置 8 个月饼,包装风格为古风。请帮我提供五个设计思路。”

步骤 2:工具选择

(1) 工具选择

将 DeepSeek+即梦 AI 作为本任务实现工具。

(2) 需求整理

根据 DeepSeek 回答,整理需求信息,如图 4-21 所示。

① 主题概念:以宋代青瓷美学为基底,融合中秋赏月意境,通过“瓷承月华”的叙事逻辑诠释“月满人间”主题,构建跨越千年的风雅团圆场景。

② 视觉元素:冰裂纹理与青绿山水浮雕形成虚实对比,可旋转星宿月相盘、瘦金体烫银诗词、动态玉兔剪影三大符号系统强化中秋文化识别性。

③ 结构创意:天地盖磁吸翻盖联动旋转月相盘,双层 PLA 托盘实现“月映山水”立体构图,隐藏抽屉植入玉兔茶漏彩蛋,形成开盒行为的情感递进。

④ 材质工艺:环保纸浆模塑复刻青瓷开片质感,亚克力星宿盘冷雕工艺+食品级 PLA 山水托盘激光镂空,捶打铜箔与矿物染料喷涂再现古画肌理。

⑤ 配色方案:天青色渐变底色隐喻苍穹,赭石色山体与青绿描边还原《千里江山图》色谱,泥金色文字点缀如月光破云,构建古典雅致的月光色系。

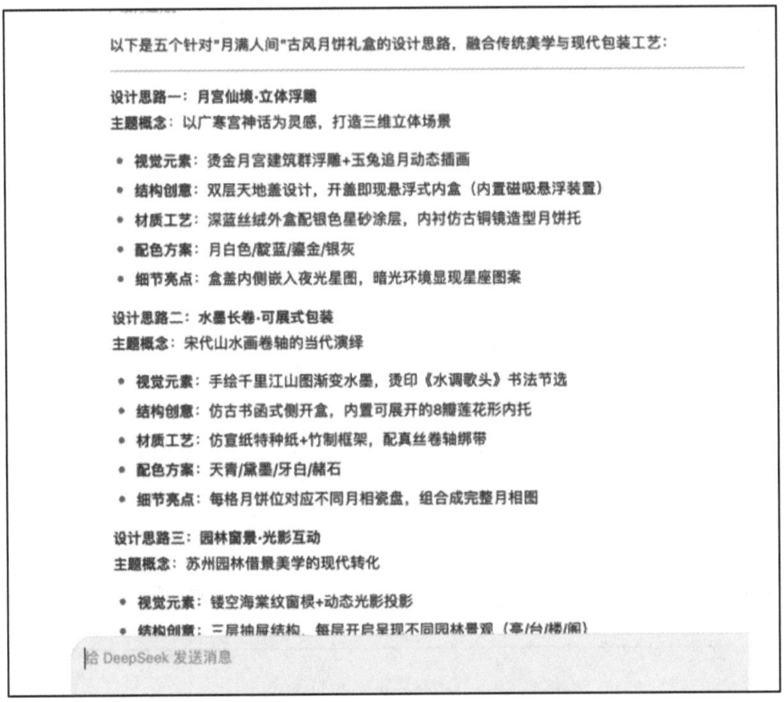

图 4-21 DeepSeek 任务回答界面 5

(3) 优化提示词

对 DeepSeek 提供的设计方案进一步完善,如图 4-22 所示。

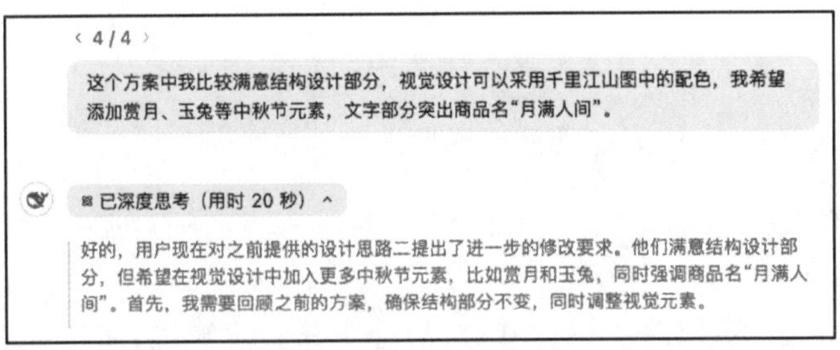

图 4-22 DeepSeek 任务回答界面 6

最终生成的提示词如图 4-23 所示。

步骤 3:内容创作

进入即梦官网的操作界面,单击"AI 作图"界面,根据文生图逻辑呈现风格主体和场景输入需求提示词,选择生图模型,调整精细度,以及选择图片的尺寸比例,如图 4-24 所示。

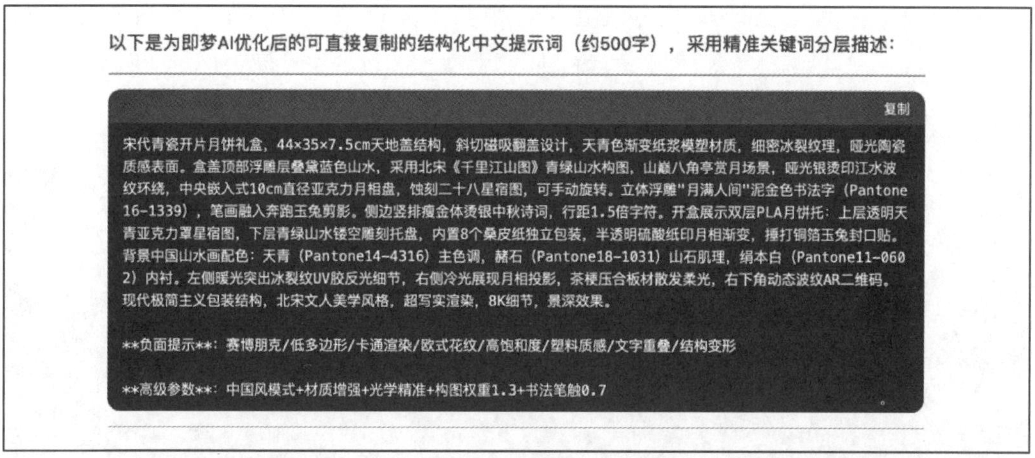

以下是为即梦AI优化后的可直接复制的结构化中文提示词（约500字），采用精准关键词分层描述：

复制

宋代青瓷开片月饼礼盒，44×35×7.5cm天地盖结构，斜切磁吸翻盖设计，天青色渐变纸浆模塑材质，细密冰裂纹理，哑光陶瓷质感表面。盒盖顶部浮雕层叠黛蓝色山水，采用北宋《千里江山图》青绿山水构图，山巅八角亭赏月场景，哑光银烫印江水波纹环绕，中央嵌入式10cm直径亚克力月相盘，蚀刻二十八星宿图，可手动旋转。立体浮雕"月满人间"泥金色书法字（Pantone 16-1339），笔画融入奔跑玉兔剪影。侧边竖排瘦金体烫银中秋诗词，行距1.5倍字符。开盒展示双层PLA月饼托：上层透明天青亚克力罩星宿图，下层青绿山水镂空雕刻托盘，内置8个桑皮纸独立包装，半透明硫酸纸印月相渐变，捶打铜箔玉兔封口贴。背景中国山水画配色：天青（Pantone14-4316）主色调，赭石（Pantone18-1031）山石肌理，绢本白（Pantone11-0602）内衬。左侧暖光突出冰裂纹UV胶反光细节，右侧冷光展现月相投影，茶梗压合板材散发柔光，右下角动态波纹AR二维码。现代极简主义包装结构，北宋文人美学风格，超写实渲染，8K细节，景深效果。

负面提示：赛博朋克/低多边形/卡通渲染/欧式花纹/高饱和度/塑料质感/文字重叠/结构变形

高级参数：中国风模式+材质增强+光学精准+构图权重1.3+书法笔触0.7

图 4-23　DeepSeek 任务回答界面 7

图 4-24　即梦操作界面 2

输入提示词"宋代青瓷开片月饼礼盒，44×35×7.5cm 天地盖结构，斜切磁吸翻盖设计，天青色渐变纸浆模塑材质，细密冰裂纹理，哑光陶瓷质感表面。盒盖顶部浮雕层叠黛蓝色山水，采用北宋《千里江山图》青绿山水构图，山巅八角亭赏月场景，哑光银烫印江水波纹环绕，中央嵌入式 10cm 直径亚克力月相盘，蚀刻二十八星宿图，可手动旋转。立体浮雕'月满人间'泥金色书法字（Pantone16-1339），笔画融入奔跑玉兔剪影。侧边竖排瘦金体烫银中秋诗词，行距 1.5 倍字符。开盒展示双层 PLA 月饼托：上层透明天青亚克力罩星宿图，下层青绿山水镂空雕刻托盘，内置 8 个桑皮纸独立包装，半透明硫酸纸印月相渐变，捶打铜箔玉兔封口贴。背景中国山水画配色：天青（Pantone14-4316）主色调，赭石（Pantone18-1031）山石肌理，绢本白（Pantone11-0602）内衬。左侧暖光突出冰裂纹 UV

胶反光细节，右侧冷光展现月相投影，茶梗压合板材散发柔光，右下角动态波纹AR二维码。现代极简主义包装结构，北宋文人美学风格，超写实渲染，8K细节，景深效果”，单击“立即生成”按钮，如图4-25所示。

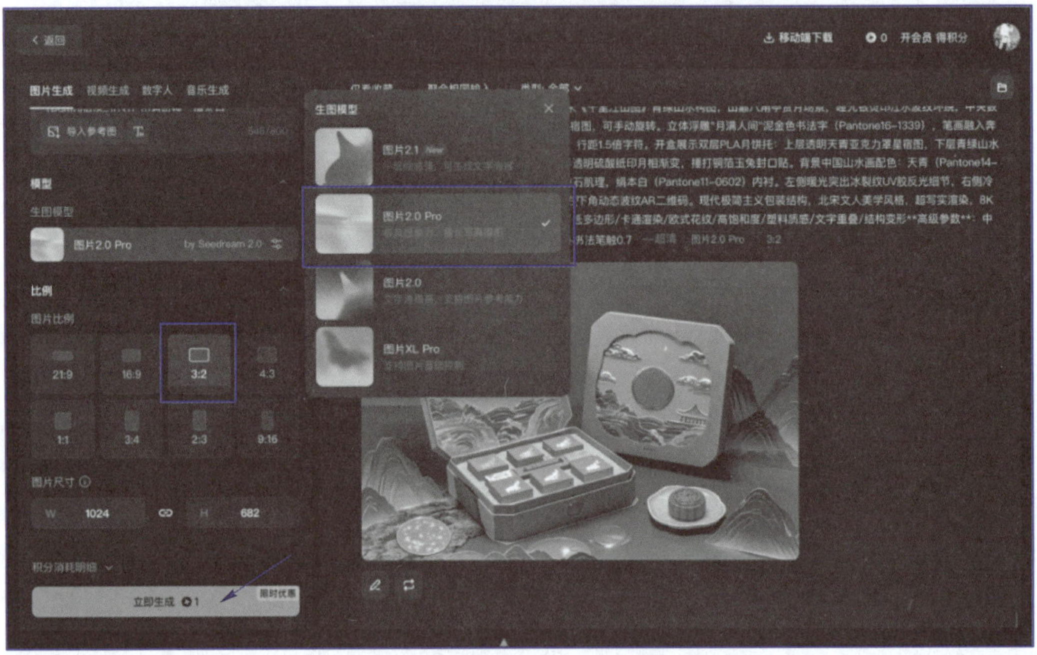

图 4-25 即梦创意文生图界面 5

步骤 4：实施效果

实施效果如图4-26所示。

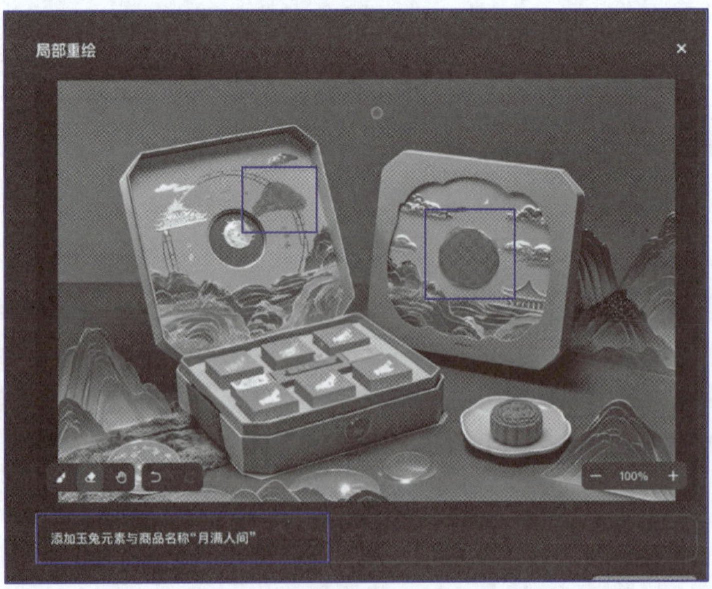

图 4-26 即梦创意文生图界面 6

步骤 5:效果优化

完成图片生成后,可以使用即梦 AI 的 HD 超清、细节修复、局部重绘、扩图、消除笔等功能,完善生成的效果图,也可使用 Photoshop 对效果图进行专业处理,如图 4-27 和图 4-28 所示。

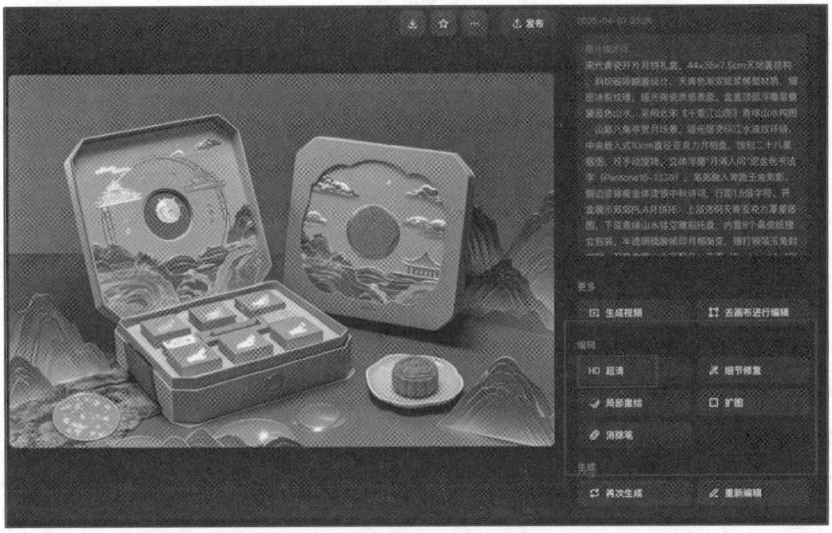

图 4-27 即梦创意文生图界面 7

图 4-28 完善效果

任务小结

本任务通过 DeepSeek 获取多种设计思路,定位“北宋文人美学”月饼礼盒包装设计风格,提取中国山水画—青绿山水色彩搭配;通过即梦工具实现文生图:快速生成效果图,实现中式古风美学与现代极简主义包装结构完美融合;最终输出艺术性与功能性,又具有传播属性的中秋文化载体包装设计。

任务拓展

为某巧克力生产企业设计一款洛可可风格礼盒包装。

操作流程：

步骤 1：使用 DeepSeek 输出关键指令：分析洛可可风格的设计特点（如色彩/材质/元素），获取多种设计思路，整合可用的方案，生成 AI 提示词。

步骤 2：使用即梦 AI 作图。

步骤 3：对生成的结果图片进行细化处理。

4.2.3 实践任务：IP 设计——文化 IP 的 AI 养成日记

微课 4-6
IP 的 AI 养成日记（上）

微课 4-7
IP 的 AI 养成日记（下）

IP 形象设计师是专注于打造具有辨识度与商业价值的虚拟形象的专业人员，负责从创意构思到落地的全流程设计，其核心职责包括提炼文化元素或品牌基因，设计符合市场需求的 IP 形象，并延展至表情包、衍生品、包装等应用场景，需掌握诸多设计软件，具备扎实的美术功底与创新思维，能平衡艺术表达与商业化需求。当今时代的 IP 形象设计师要掌握前沿的 AI 知识，与最新的设计流程，擅长利用 AI 工具发散思维与提升工作效率。

任务描述

小智作为一名 IP 形象设计师，受古莲花池景区委托，打造一款 IP 潮玩形象：莲花童子，快速建立景区视觉符号，提升游客记忆点，吸引年轻群体。以保定古莲花池近 800 年历史文脉为根基，通过当代潮玩设计语言重构传统文化符号。形象以"稚趣化人文景观"为核心理念，以可触化、可收藏的形式实现古典美学的年轻化传播，打造兼具地域文化标识性与商业衍生潜力的景区 IP。通过将凝固的历史景观转化为可拥抱的萌趣载体，以潮流化叙事激活古老园林的年轻基因，以玩具化思维构建文旅消费新场景，以符号化设计打造移动的城市文化名片。

任务实施

步骤 1：需求分析

（1）任务分析

- 主题：保定古莲花池景区 IP 形象：莲花童子
- 关键元素：潮玩 IP、Q 版、荷花、锦鲤
- 风格要求：呆萌、潮玩手办、景区主题色（粉白绿配色）

（2）需求分析

按需求下发如下指令，获取多种设计思路，如图 4-29 所示。

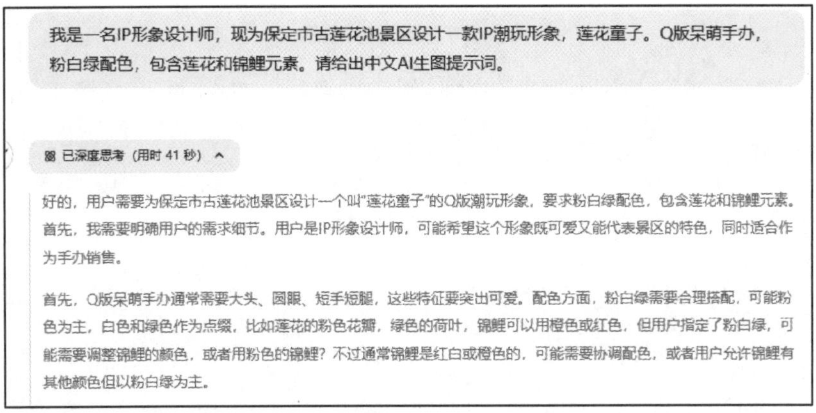

图 4-29 DeepSeek 任务回答界面 8

"我是一名 IP 形象设计师，现为保定市古莲花池景区设计一款 IP 潮玩形象，莲花童子。Q 版呆萌手办，粉白绿配色，包含莲花和锦鲤元素。请给出 AI 生图提示词。"

表达公式拆解如下：

问题：古莲花池 IP 潮玩形象+提取关键提示词；

信息：限定分析维度（IP 潮玩形象、风格、配色、元素）；

方法：表达目的+提示词生成+需求分类筛选。

步骤 2：工具选择

（1）工具选择

使用 DeepSeek+即梦 AI+Tripo 3D 作为本任务实现工具。

（2）需求整理

根据 DeepSeek 回答，整理需求信息，如图 4-30 所示。

① 主体描述：采用 2.5 头身 Q 版结构，头部占比 40%强化萌感，放大面部情绪表现力，同时保留足够细节雕刻空间。坐姿呼应古莲池亲水特性，悬浮荷叶底座构成动态平衡，流体水纹特效暗喻"莲池泛舟"历史场景。

② 核心元素：头顶绽放多层粉白渐变莲花（花瓣带露珠细节），发髻扎着锦鲤形状翠玉簪，身穿交领襦裙（主色象牙白+青瓷绿镶边），衣摆刺绣动态游动的红白锦鲤群，腰间悬挂古莲花池牌匾小挂坠。

③ 色彩风格：主色调水晶粉隐喻初绽莲瓣，莲茎绿提取自荷叶背面肌理；辅助色模拟古建筑彩绘褪色质感。

④ 材质表现：陶瓷釉光工艺模拟古瓷温润质感，次表面散射技术呈现婴儿肌肤透光效果，衣料采用半哑光缎面提升视觉层次。

（3）优化提示词

对 DeepSeek 提供的设计方案进一步完善，如图 4-31 所示。

莲花童子IP潮玩设计提示词

以下是为保定古莲花池景区设计的IP潮玩形象「莲花童子」AI生图提示词，兼顾文化元素与商业潮流感：

主体描述：

「超精细3D模型，Q版莲花童子手办，陶瓷釉光质感，大头身比例(2.5头身)，圆润呆萌婴儿脸，粉嫩腮红渐变效果，晶莹剔透的荔枝眼带星形高光，肉嘟嘟的短手短脚呈鸭子坐姿势」

核心元素：

「头顶绽放多层粉白渐变莲花（花瓣带露珠细节），发髻扎着锦鲤形状翠玉簪，身穿交领襦裙（主色象牙白+青瓷绿镶边），衣摆刺绣动态游动的红白锦鲤群，腰间悬挂古莲花池牌匾小挂坠」

场景交互：

「坐在悬浮的透绿荷叶底座上，脚边环绕3D流体效果的水波纹，右手举着迷你古亭糖葫芦，左手抱半透明鲤鱼灯笼（内置暖光粒子效果）」

色彩体系：

「粉白绿国风配色（Pantone 12-2105水晶粉 + 13-6107莲茎绿），局部用琉璃金点缀，背景渐变水墨效果带保定古城剪影」

风格参数：

「OC渲染器风格，次表面散射材质，8K细节精度，柔光布景，等距视角，潮玩盲盒包装质感，附带莲花形地台展示盒」

图 4-30 DeepSeek 任务回答界面 9

即梦AI中文提示词：

「超精细3D模型，Q版莲花童子潮玩手办，2.5头身陶瓷釉光质感，圆润婴儿脸+粉白渐变腮红，荔枝眼含星形高光，鸭子坐姿势，头顶多层粉白渐变莲花（花瓣带露珠），翠玉锦鲤发簪，象牙白青瓷绿襦裙（衣摆动态锦鲤刺绣），悬浮透绿荷叶底座，脚部3D流体水波纹，手持迷你古亭糖葫芦+半透明鲤鱼灯笼（暖光粒子特效），Pantone水晶粉与莲茎绿主色调，琉璃金镶边，背景水墨渐变保定古城剪影，OC渲染器风格，8K次表面散射材质，柔光布景等距视角，潮玩盲盒包装质感」

图 4-31 DeepSeek 提示词

根据需求，添加或删除提示词。例如，为方便后期在导入 Tripo 3D 中完成三维模型制作，要求图片背景颜色尽量单一，删除背景相关提示词，添加提示词“干净背景”，并提高该提示词权重。

步骤 3：内容创作

进入即梦官网，单击“AI 作图生成”按钮，进入操作界面，进入 AI 作图界面，将需求提示词复制并粘贴到图片生成窗口，选择生图模型“图片 3.0”，设置图片尺寸比例并生成，如图 4-32 所示。

步骤 4：实施效果

实施效果如图 4-33 所示。

图 4-32 即梦操作界面 3

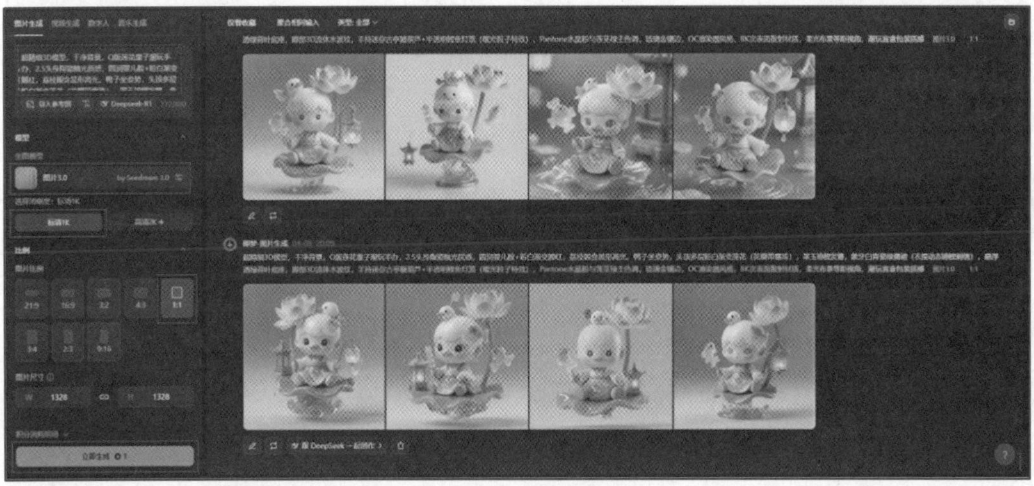

图 4-33 即梦创意文生图界面 8

步骤 5:效果优化

根据生图内容修改提示词,例如,即梦 AI 无法准确识别提示词中“鸭子坐姿势”(一种坐姿,多见于动漫)一词,可能会生成与需求不符的图片,将提示词修改为“坐姿”后再次生图。

完成效果图生成后,从中筛选最优设计(抽卡),如图 4-34 所示。

根据个人偏好和项目需求,使用局部重绘进行精细化调整,完成修改后,单击“下载”按钮,如图 4-35 所示。

图 4-34　即梦创意文生图界面 9

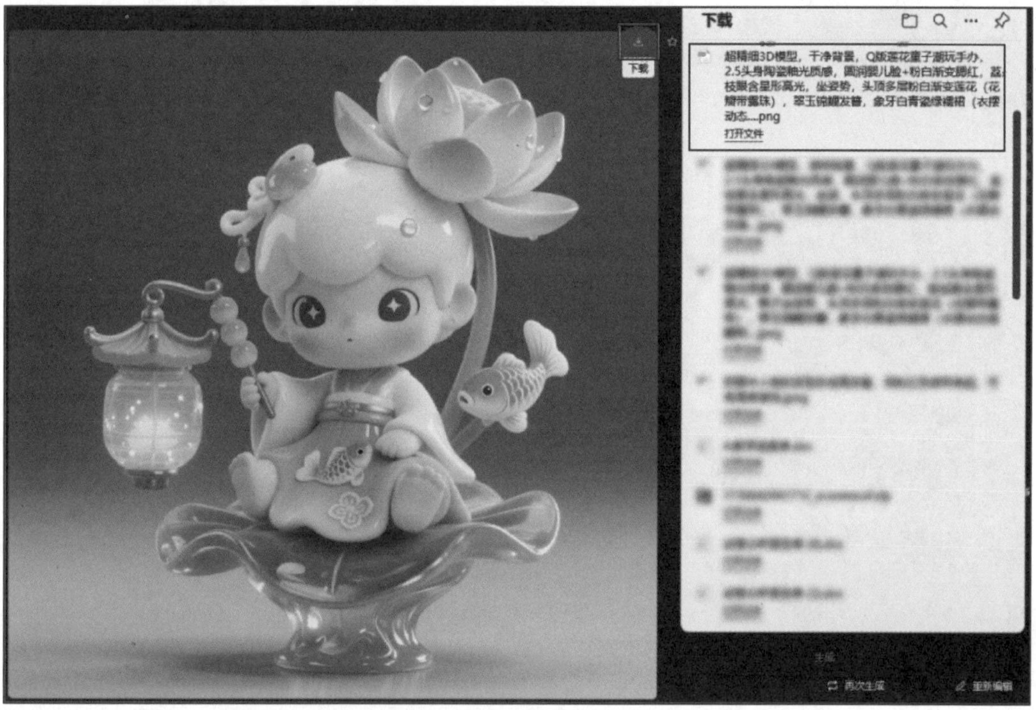

图 4-35　即梦图片编辑界面

最后借助 Tripo 3D 工具将平面图转成 3D 效果图。

进入 Tripo 3D 官网，单击“免费开始使用”按钮，如图 4-36 所示。进入操作界面，选择“图像转 3D”选项，如图 4-37 所示。

选择单张图片，导入从即梦 AI 中下载的 IP 形象图片，注意图片大小及格式，单击“生成”按钮，Tripo 3D 完成图像转 3D 后，可切换纹理开关按钮查看当前模型白膜及贴图状态效果，如图 4-38 和图 4-39 所示。

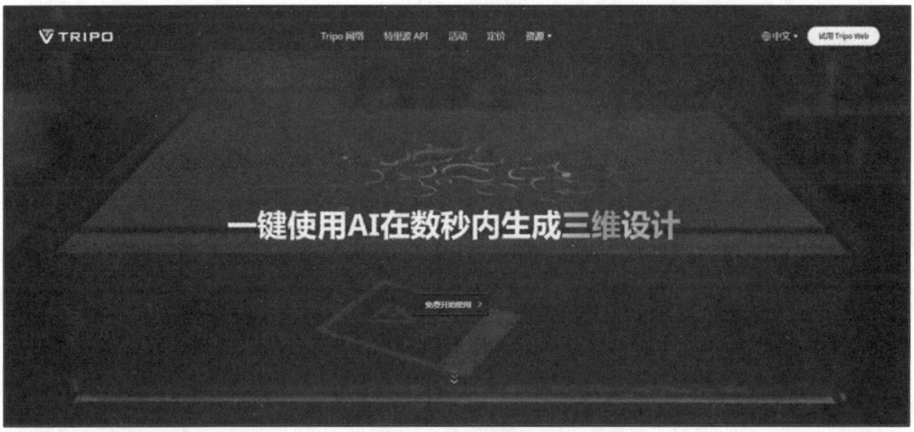

图 4-36 Tripo 3D 主界面

图 4-37 Tripo 3D 图生 3D 界面 1

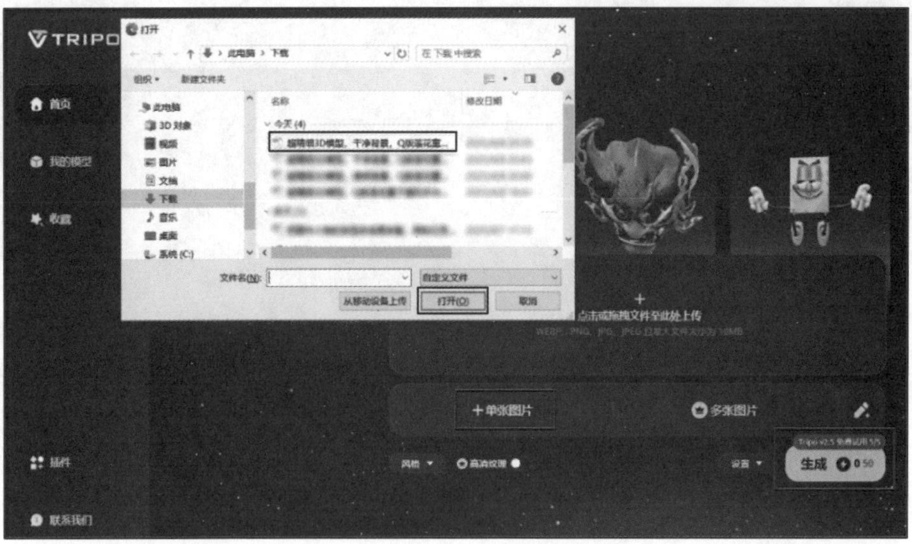

图 4-38 Tripo 3D 图生 3D 界面 2

(a) (b)

图 4-39 Tripo 3D 纹理开关界面

小智解疑惑

问：Tripo 3D 平台的优势有哪些？

答：Tripo 3D 可对当前模型进行骨骼绑定与动画制作，此外，还提供了 3 种风格化的模型样式，可根据需求选择相应效果。Tripo 3D 包含多种输出格式（如 fbx、obj 等），以适配不同的模型使用场景（如 3ds Max、Cinema 4D、Houdini 等）。

确定模型输出样式后，选择 3ds Max，选择“重拓扑”选项，选择 fbx 或 obj 格式，单击“下载”按钮，如图 4-40 所示。

图 4-40 Tripo 3D 图生 3D 效果

生成最终景区 IP 潮玩形象 3D 效果图，如图 4-41 所示。

(a) (b)

图 4-41 3D 效果图

任务小结

本任务通过精准需求描述，借助 DeepSeek 初步构建保定古莲花池景区 IP 形象提示词，根据模制作要求，添加或删除相关提示词；使用即梦 AI 生成多套方案，结合图片修改提示词，筛选最优设计，通过细节精调，提升模型效果；使用 Tripo 3D 完成“莲花童子”从概念到 3D 模型的制作。

任务拓展

中秋主题 IP“月宫玉兔”开发实战：使用 AI 工具链完成 Q 版玉兔潮玩的 2D 概念图与基础 3D 模型。

操作流程：

步骤 1：DeepSeek 提示词生成

输入特定需求，构造有效提示词，如风格、元素、配色等。生成国潮风格中秋玉兔 IP 提示词，要求 2.5 头身，毛绒质感，包含桂花树、捣药杵、月饼等元素，白金橙配色。

步骤 2：即梦 AI 文生图

生成尺寸为 1024×1024 像素的 3D 模型概念图，对生成的结果图片进行细化处理，要求既保持传统文化特色，又富有新意。

步骤 3：Tripo 3D 生成模型

上传即梦 AI 生成图至 Tripo 3D，生成三维模型，适配 3ds Max 软件，导出为 fbx 或 obj 格式贴图文件。

4.3 开辟编程跃迁新航道

PPT：开辟编程跃迁新航道

在信息化时代，软件已然成为人们生活、娱乐、学习与工作中不可或缺的一部分，例如，人们日常使用的微信、抖音、WPS 办公软件、B 站等，都属于软件的范畴。软件的核心价值在于通过逻辑设计解决实际问题，传统软件开发需要经历需求分析、UI 设计、软件编程、软件测试、部署运维等复杂流程，不仅涉及产品经理、设计师、程序员等多个岗位的紧密协作，更要求每个岗位应掌握大量的专业技能。而随着人工智能技术的突破性发展，正在重构软件开发的生产范式：通过智能需求解析、自动化代码生成、AI 辅助测试等创新应用，使"人人皆为开发者"的时代加速到来。

本节将通过 3 个真实案例，带领读者学习AI 在软件开发中的应用技巧。

4.3.1　实践任务：网站开发——你划我猜趣味竞赛平台

任务描述

微课 4-8 网站开发：你划我猜趣味竞赛平台（上）

小智是某科技公司的软件开发工程师。临近端午节，公司计划举办一场端午节团建活动，为了营造活动氛围，提升团队凝聚力，公司安排小智在不耽误其他工作开展的前提下借助 AI 工具快速开发一款兼具趣味性与节日氛围的你划我猜竞赛平台。接下来，请与小智一起完成这个挑战。

任务实施

步骤 1：需求分析

本步骤需明确竞赛平台的具体功能及呈现形式，为后续的平台设计与开发工作提供清晰的指导方向，确保其能够与实际使用场景高度契合。

（1）功能需求

在设计和规划竞赛平台功能时，可结合实际使用场景，充分参考各类热门综艺游戏以及传统竞赛活动的特点，同时借助 DeepSeek 等工具梳理平台的需求，具体功能如下：

① 双人组队挑战：平台无须联网即可在本地计算机运行，支持双人组队挑战。

② 自动出题功能。从平台预设的端午主题词库中随机抽取题目，确保每次出题不重复，避免人工出题可能出现的疏漏和不公平性，为比赛提供公正且丰富的题目资源。

③ 实时计分与排行榜功能。记录每组选手在比赛过程中的得分情况，根据答题的正确与否实时更新分数。同时，设置动态排行榜，实时展示各小组的排名信息。相较于传统手动记录分数的方式，应更加高效、准确且现代化。

④ 时间限制与答题规则设定：每组选手登记姓名后进入 10 分钟限时挑战，1 人比划 1 人猜题，每道题限时 30 秒作答，并且每组拥有 3 次跳过机会，以此明确比赛规则，确保比赛的有序进行。

⑤ 节日氛围营造：平台在界面设计上融入艾叶、龙舟等具有端午特色的元素，通过视

觉设计烘托节日气氛,使参赛者在比赛过程中感受到节日的独特魅力。

竞赛平台功能脑图如图 4-42 所示。

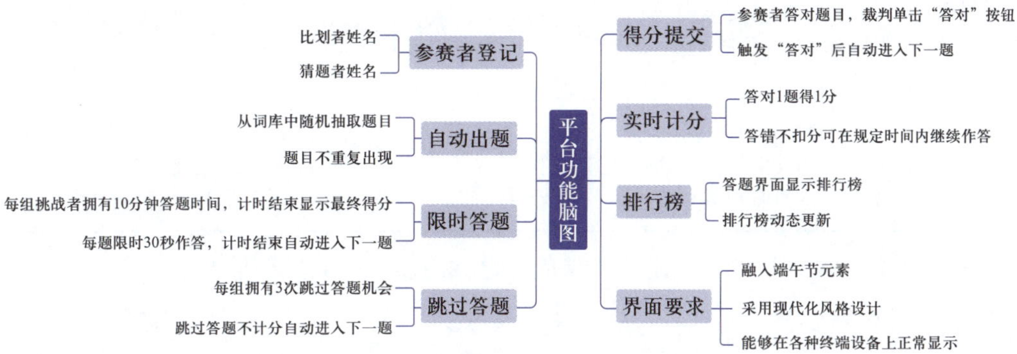

图 4-42　竞赛平台功能脑图

(2) 平台形式

平台可通过多种形式呈现,如桌面软件、网站、小程序、App 等。考虑到竞赛平台在公司端午节团建活动中使用,需确保活动参与人员获得良好的观看效果,并且能够快速实现平台的开发与搭建。因此可以采用本地化网站设计,其无须联网即可运行,可适应可能不稳定的网络环境,同时部署流程简单,具有良好的兼容性和可扩展性,能适配多种终端设备并支持未来功能扩展。

小智考考你

同学们经常使用浏览器访问的 B 站属于哪种形式的软件?

步骤 2:工具选择

使用 AI 搜索工具秘塔搜索“国内主流 AI 辅助编程工具”并学习相关知识,评估各类 AI 辅助编程工具的功能差异,国内主流 AI 辅助编程工具对比见表 4-4。

表 4-4　国内主流 AI 辅助编程工具对比

工具名称	核心功能	适用场景	优　　势
文心快码	文心大模型驱动,支持 100+编程语言,智能代码生成、优化、安全检测,私域知识融合	企业级开发、复杂业务场景	中国信通院认证;代码采用率 46%;支持企业私域知识集成,安全漏洞自动修复
通义灵码	通义大模型驱动,支持 200+编程语言,代码生成、单元测试、流程图生成	多语言开发、企业级项目协作	支持本地部署,数据安全性高
豆包 MarsCode	项目级代码补全、单元测试生成、代码解释,集成 CloudIDE 环境	快速原型开发、教育/新手学习	支持多语言和主流 IDE;免费基础版友好

续表

工具名称	核心功能	适用场景	优　势
腾讯云 AI 代码助手	混元大模型驱动，代码补全、对话式学习、编码规范辅助	团队协作、技术学习与规范落地	集成主流 IDE；腾讯内部 50%团队使用
Trae	支持自然语言生成代码、双模式交互（Chat/Builder）、图像解析生成代码、IDE 内实时预览	快速开发、教育学习	免费使用；全中文支持；支持本地化优化（如中文代码注释）；支持私有化部署

综合来看，Trae 作为国内 AI 原生集成开发环境，具备对话式快速开发功能，能较好地满足开发需求且降低开发难度，故选择 Trae 作为本次开发工具，下面将进行安装配置为后续步骤开展做准备。

使用浏览器访问 Trae 官网，单击“立即获取 Trae”按钮，下载 Trae 安装包并进行安装，如图 4-43 所示。

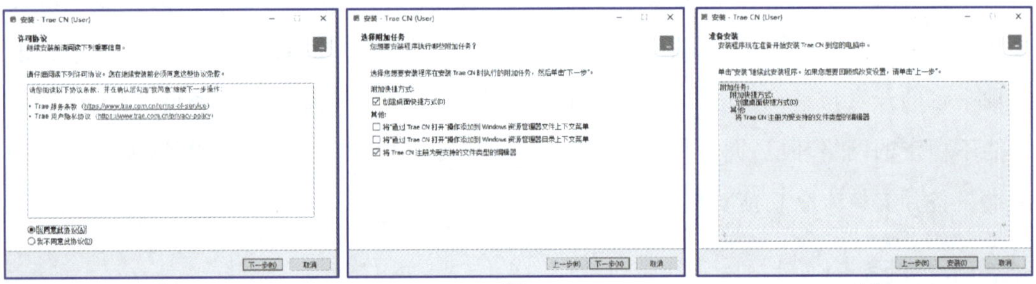

(a)　(b)　(c)

图 4-43　Trae 软件的安装流程

步骤 3：内容创作

微课 4-9 网站开发：你划我猜趣味竞赛平台（下）

本步骤将通过与 Trae 对话实现“对话即开发”的创作过程。全程无须手动编写代码，只需通过自然语言交互完成功能模块的确认与调试。

（1）创建网站文件夹

在个人计算机桌面创建一个名为“Web”的文件夹，用于保存使用 Trae 生成的网站代码。

（2）启动 Trae 打开项目文件夹

启动 Trae，单击“打开文件夹”按钮，在打开对话框中选择桌面“Web”文件夹，打开后可以看到当前项目目录已经切换到 Web 文件夹，如图 4-44 所示。

（3）设计提示词

按照“指令+输出格式+目标”的策略设计提示词，提示词如下：

① 指令：“开发”。

② 输出格式：“一款兼具趣味性与节日氛围的你划我猜竞赛平台”。

(a) (b)

图 4-44 打开网站文件夹

③ 目标:“平台采用本地化设计,无需联网即可运行,需双人组队挑战。为确保公平性,系统将从端午主题词库随机抽取题目,不重复出题。每组选手登记姓名后进入 10 分钟限时挑战,1 人比划 1 人猜题,每道题限时 30 秒作答,拥有 3 次跳过机会。平台实时显示动态排行榜。页面采用现代化风格,融入艾叶、龙舟等端午元素设计界面烘托节日气氛,确保生成的网站美观,不需要部署即可在不同设备上正常运行”。

Trae 支持对话式开发,用户只需通过自然语言清晰地描述开发需求(提示词)即可生成代码。若遇到功能复杂或原始需求模糊的项目,可以先借助 DeepSeek 来梳理项目需求、完善提示词,再使用 Trae 生成项目代码。

(4) 使用 Trae 生成代码

在 Trae 右侧面板中选择“Builder”模式(从零到一构建项目),并选择一个内置模型,在下方对话框中输入网站开发提示词,按 Enter 键发送任务指令,如图 4-45 所示。

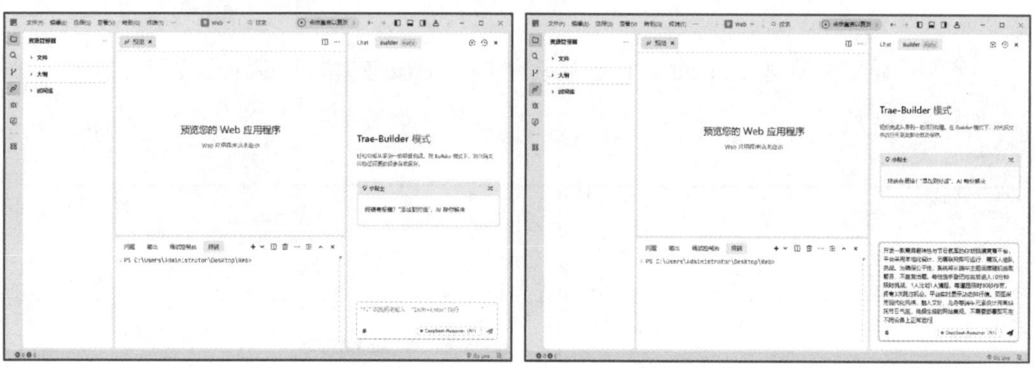

(a) (b)

图 4-45 发送任务指令

Trae 在接收到指令后会对需求进行深入思考,并规划出实现方法。思考完成后将开始生成网站代码,在这个过程中,Trae 会自动创建网站的代码文件并生成文件内容,实时显示整个创建过程,每完成一个文件创建都需要进行审查和手动确认,确认时单击“全部接受”按钮即可，如图 4-46 所示。

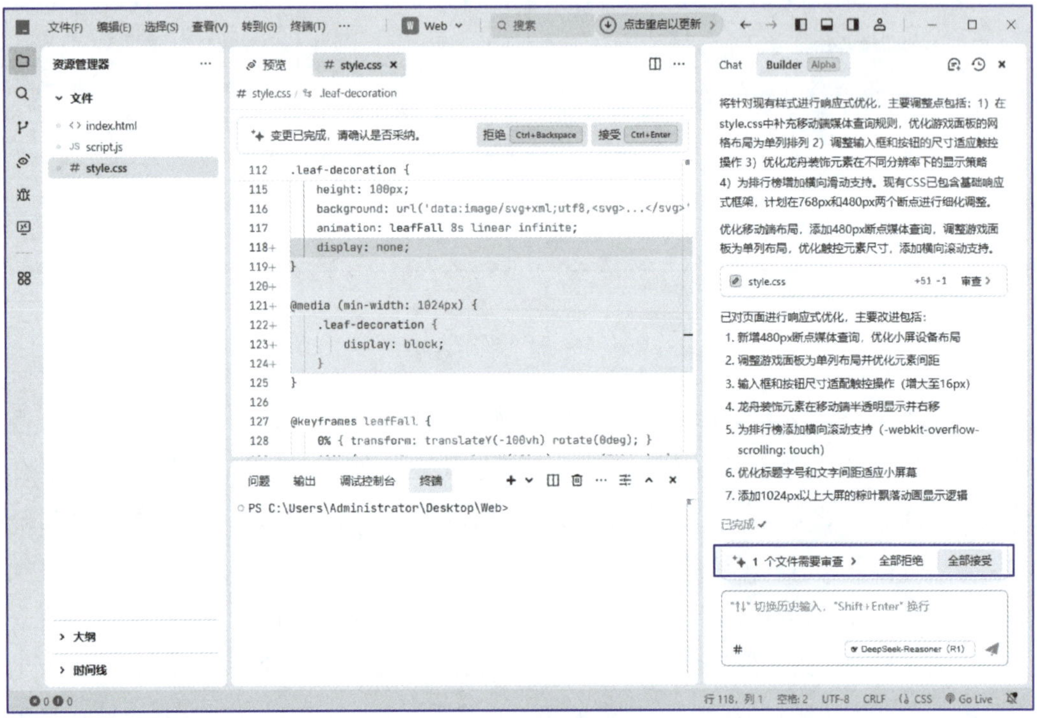

图 4-46 Trae 代码生成过程

小智有妙想

尝试使用不同的模型来生成网站，看看它们之间有什么区别？

步骤 4：实施效果

完成所有文件创建后，Trae 会自动启动一个本地服务，单击“运行”按钮查看网站效果，如图 4-47 所示。

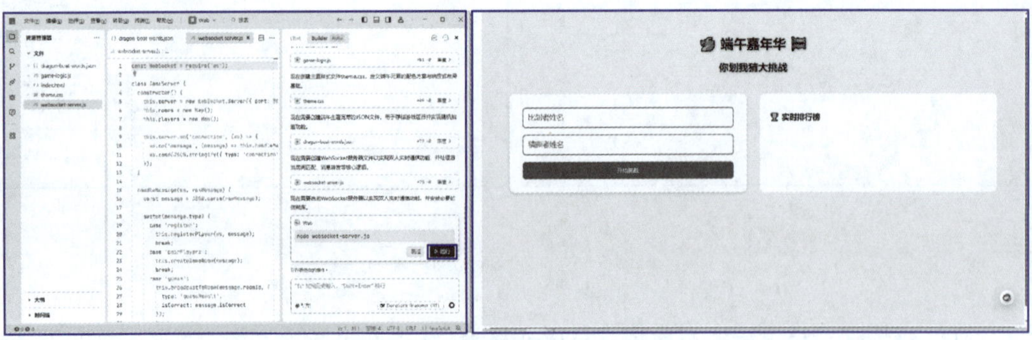

(a) (b)

图 4-47 查看网站效果

接下来测试网站是否可以正常使用。输入姓名后单击“开始挑战”按钮,待程序运行成功后,Trae 会自动打开网站,如图 4-48 所示。

(a) (b)

图 4-48 输入姓名单击开始挑战

步骤 5:效果优化

若想继续优化网站,则可以手动修改代码或将需要优化的内容描述给 Trae 让其进行修改,如“实时排行榜显示的内容太空,没有人挑战时默认提示‘活动即将开始,快来挑战吧!’”,如图 4-49 所示。

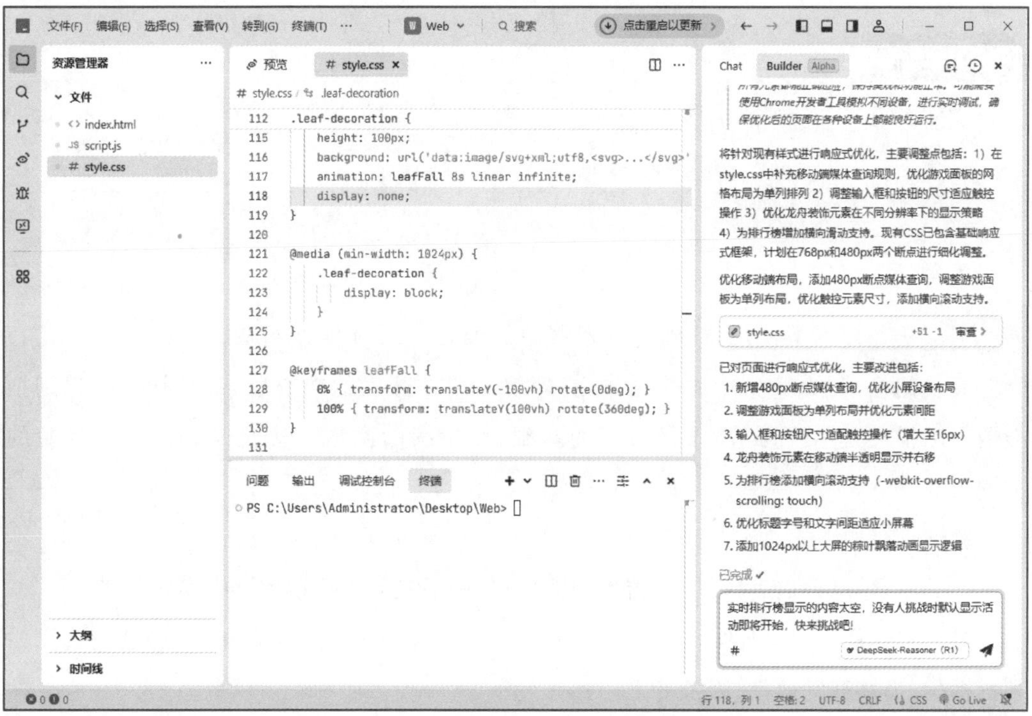

图 4-49 提出完善需求

Trae 接收到指令后会按照“思考—执行”的步骤修改代码,修改完成后预览效果,如图 4-50 所示。

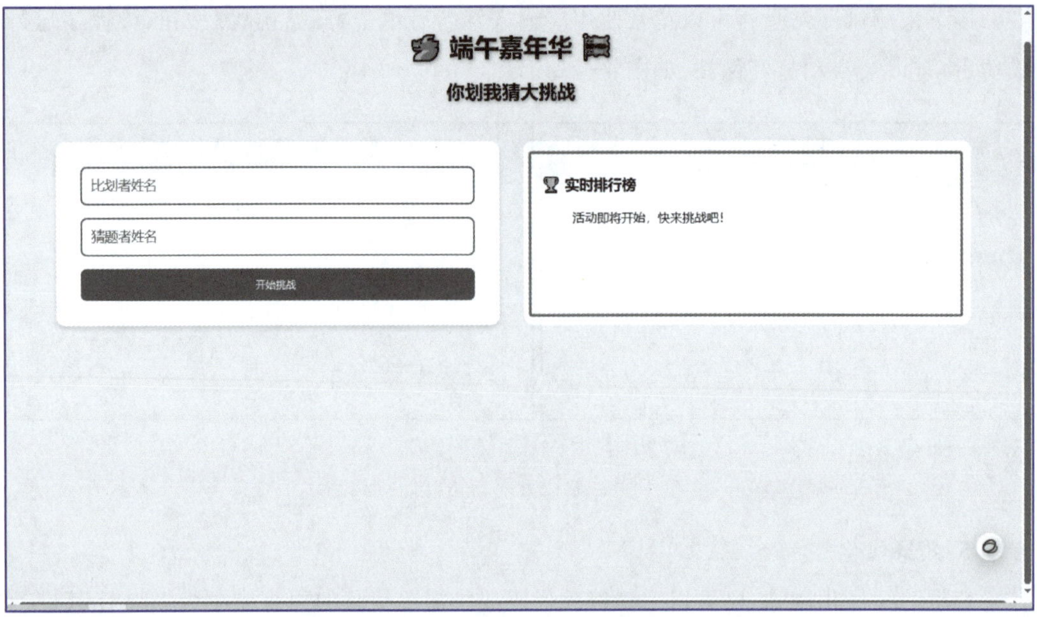

图 4-50　网站开发最终完善效果

可以看到实时排行榜下方添加了相应提示,实现了我们想要的效果。

小智有感悟

精益求精的每一处细节调整,都是将“能用”变为“好用”的关键跃升,正如微调琴弦才能奏出完美音律。

任务小结

本次任务探索了使用 AI 辅助开发网站的流程。通过任务实践,掌握了 AI 工具在降低开发门槛、提升效率中的关键作用,理解了网站开发的核心要素。同时,认识到精准的需求描述是 AI 生成高质量代码的基础,而持续的测试与优化是保障用户体验的关键。

关键收获如下:

(1) 需求解析:借助 AI 工具梳理功能需求,确保最终生成内容贴合实际场景。

(2) 工具应用:选择 Trae 作为开发工具,利用其对话式代码生成能力,快速搭建网站基础框架,提高开发效率、降低开发门槛。

(3) 提示词策略:通过“指令+格式+目标”的提示词设计方法,提升 AI 生成内容的可用性,减少后期修改成本。

(4) 人机协作优化:AI 生成初稿后,通过手动调整或 AI 优化,实现功能完善与体验升级。

任务拓展

尝试使用 Trae 工具开发一个“古韵流芳”古诗词阅读平台,要求包含以下功能:

(1) 分类浏览:按朝代(如唐、宋、元)、主题(边塞、山水、抒情)、作者(李白、杜甫、李清照)进行多维度分类,支持筛选与快速检索。

(2) 诗词详情页:展示原文(含生僻字注音、断句)、作者生平、创作背景、名句解析(标注典故与修辞手法)。

4.3.2　实践任务:界面设计——交通流量数据分析可视化大屏

任务描述

A 公司近期接到当地交通局的委托,需要开发一款交通流量数据分析可视化大屏,以帮助交通管理部门实时监控交通状况、优化交通信号灯配时,从而有效地缓解交通拥堵问题。小智作为 A 公司的 UI 设计师,接到了这项重要任务,但对于传统的界面设计方式,尤其是绘制复杂的图表,往往需要耗费大量的时间和精力,而此次任务时间紧迫,且需要展示的数据种类繁多、关系复杂,传统方式难以满足高效交付的需求,为此,小智决定借助 AI 工具辅助设计,利用 AI 的智能生成与优化能力,快速完成交通流量数据分析可视化大屏的设计工作。接下来,请与小智一起完成这个挑战。

微课 4-10
界面设计:
交通流量数据分析可视化大屏(上)

任务实施

步骤 1:需求分析

在本任务中,小智需要设计一款交通流量数据分析可视化大屏,用于帮助交通管理部门实时监控交通状况、优化交通信号灯配时。在对需求进行分析的过程中,可借助 DeepSeek 等工具,对客户提出的原始需求进行全面的分析与整理。交通流量数据分析可视化大屏功能脑图如图 4-51 所示。

步骤 2:工具选择

使用 AI 搜索工具秘塔搜索“国内主流 AI 辅助设计工具”并学习相关知识,评估各类工具的功能差异,国内主流 AI 辅助设计工具对比见表 4-5。

综合来看,MasterGo 能够高效处理大屏高密度数据组件布局,满足复杂数据可视化大屏的设计要求,因此选择 MasterGo 作为本任务的设计工具。

使用浏览器访问 MasterGo 官网,单击“免费使用”按钮,进行账号注册和登录,如图 4-52 所示。

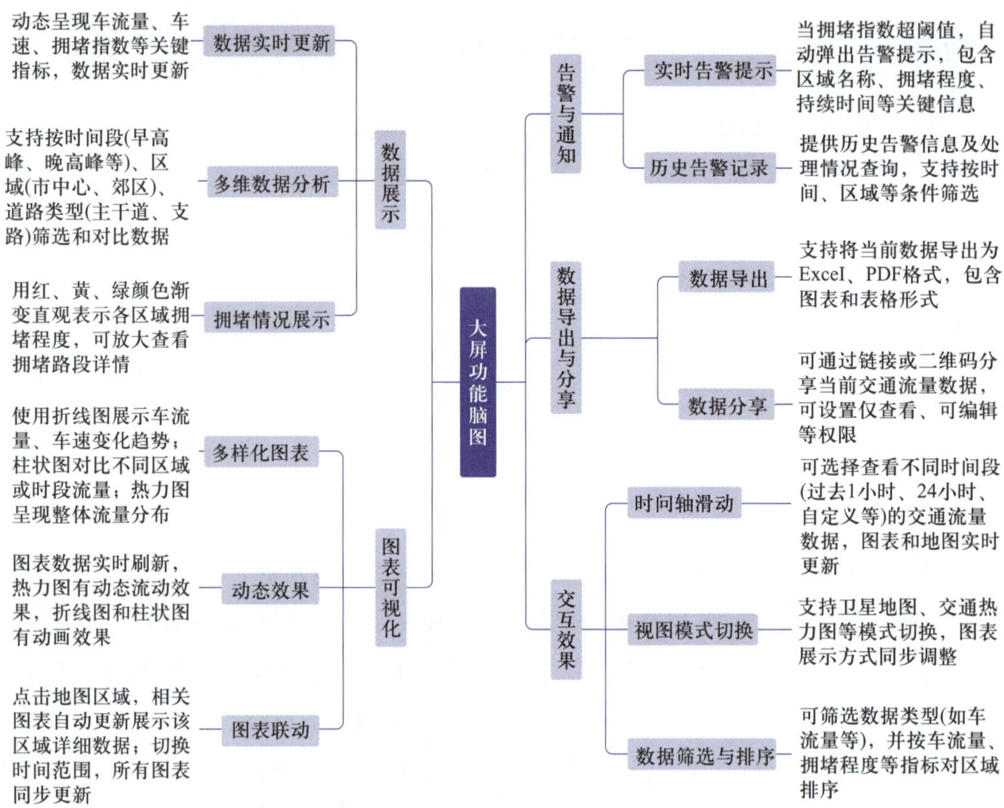

图 4-51 可视化大屏功能脑图

表 4-5 国内主流 AI 辅助设计工具对比

工具名称	核心 AI 功能	核心优势	适用场景
MasterGo	自动布局、智能填充、设计系统生成、AI 灵感推荐	全流程协作平台，支持团队实时同步设计规范，响应式布局适配多端设备	企业级产品设计、复杂系统开发
墨刀	智能原型生成、AI 图表/表格填充、多语言翻译、设计规范自动适配	低代码原型工具，内置海量组件库，支持 Axure 文件导入，团队协作评审效率可提升 200%	快速原型设计、跨团队协作
Pixso	AI 生图（支持人物/二次元/产品设计）、设计系统生成、智能配色、自动标注代码	云端协作工具，支持 Figma/Sketch 文件导入，全平台覆盖，数据私有化保障安全	UI/UX 设计、高保真原型制作
即时设计	AI 生成设计系统、智能抠图、设计元素清单、AI 建站（无须代码）	完全免费的在线工具，支持实时协作和版本控制，一键发布为可交互网页，兼容 Figma/Sketch 格式	快速出图、中小团队协作、电商设计

图 4-52　注册并登录 MasterGo

小智解疑惑

问：MasterGo 与即梦、文心一格等 AI 生图工具之间存在哪些区别？

答：MasterGo 专注于企业级 UI/UX 设计全流程协作，而即梦、文心一格等 AI 生图工具则侧重独立创意图像/视频素材生成，两者在垂直领域分别服务于专业设计流程与轻量化内容创作。

步骤 3：内容创作

（1）创建设计文件

进入 MasterGo 主页，单击“设计文件”按钮，如图 4-53 所示。

微课 4-11
界面设计：交通流量数据分析可视化大屏（下）

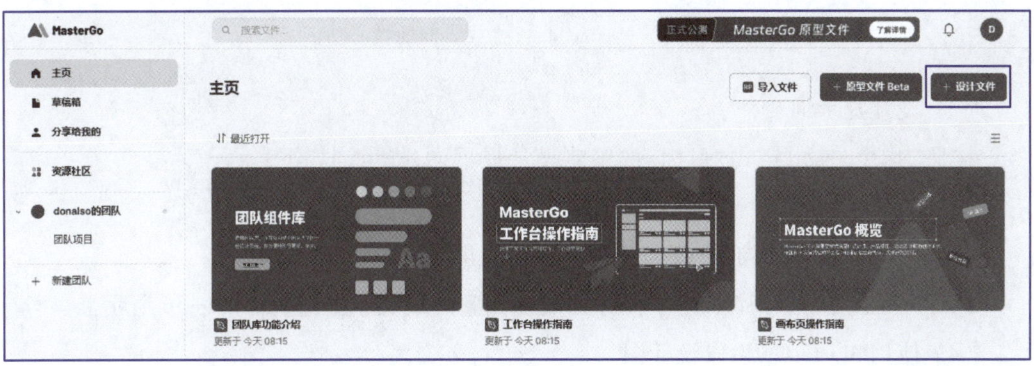

图 4-53　创建设计文件

（2）进入 AI 生成界面

创建设计文件后会自动进入设计文件编辑页面，修改文件名称为“交通流量数据分析可视化大屏”,并单击“AI 生成界面”按钮,如图 4-54 所示。

图 4-54　重命名页面并进入 AI 生成界面

在 AI 生成界面,即可通过对话的方式来生成界面设计图。MasterGo AI 生成界面的核心功能如图 4-55 所示。

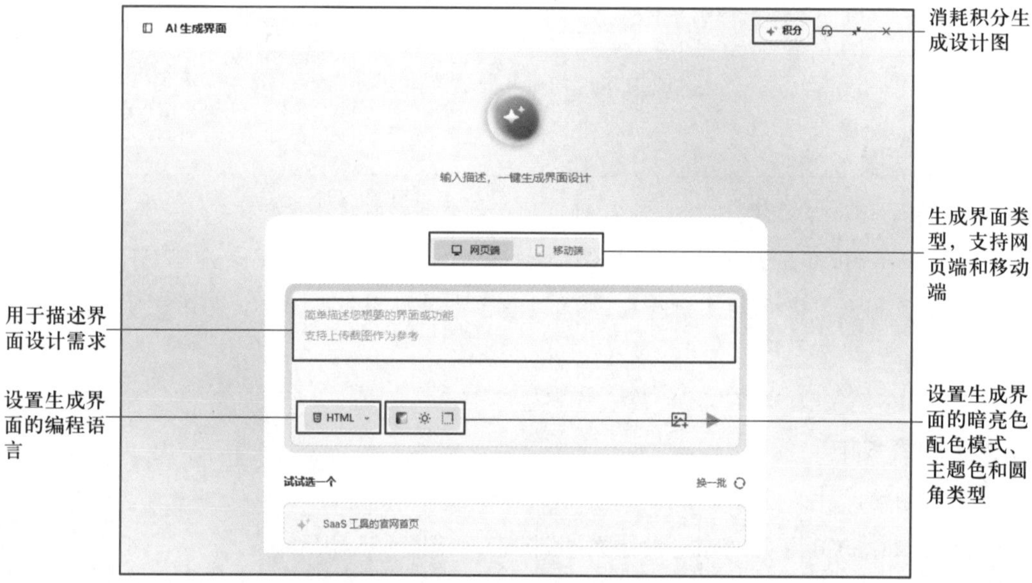

图 4-55　MasterGo AI 生成界面的核心功能

(3) 设计提示词

按照“指令+输出格式+目标”的策略设计提示词,提示词如下:

① 指令:“生成”。

② 输出格式:“交通流量数据分析可视化大屏”。

③ 目标:使用 DeepSeek 将本任务功能脑图整理成文字描述,如图 4-56 所示。

(4) 使用 MasterGo 生成设计图

在 AI 生成界面对话框中输入提示词,按 Enter 键发送,如图 4-57 所示。

MasterGo 在接收到指令后会对需求进行深入思考,并生成页面结构构思,可单击“开始生成”按钮或输入修改建议,如图 4-58 所示。

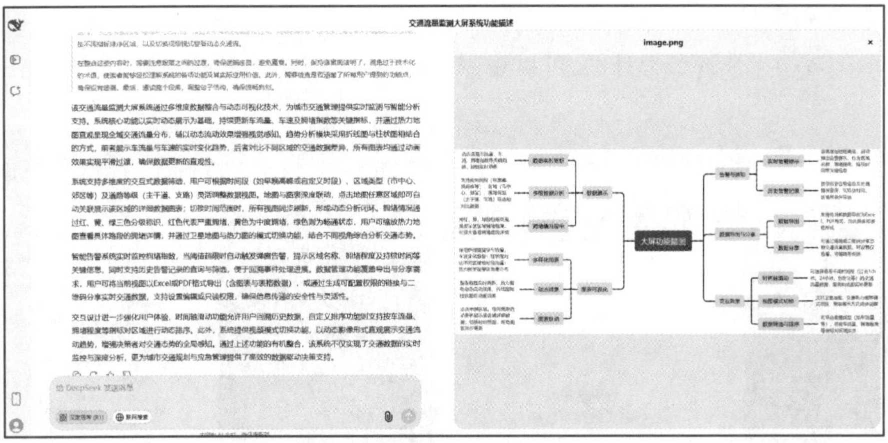

图 4-56 将功能脑图转成文字描述

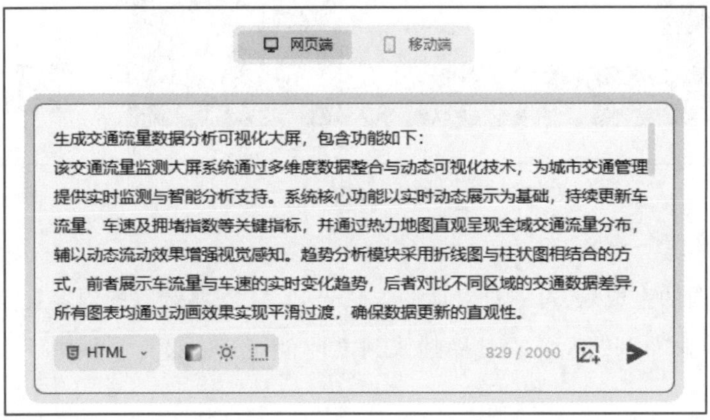

图 4-57 输入提示词 4

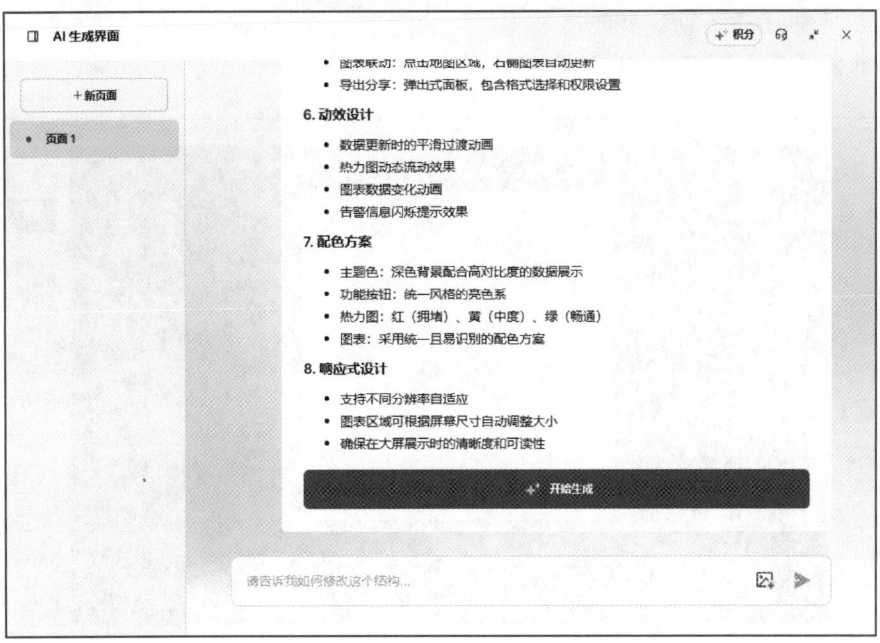

图 4-58 生成设计图

步骤 4:实施效果

MasterGo 会生成两版设计图,可以根据生成效果,选择合适的一版使用,如图 4-59 所示。

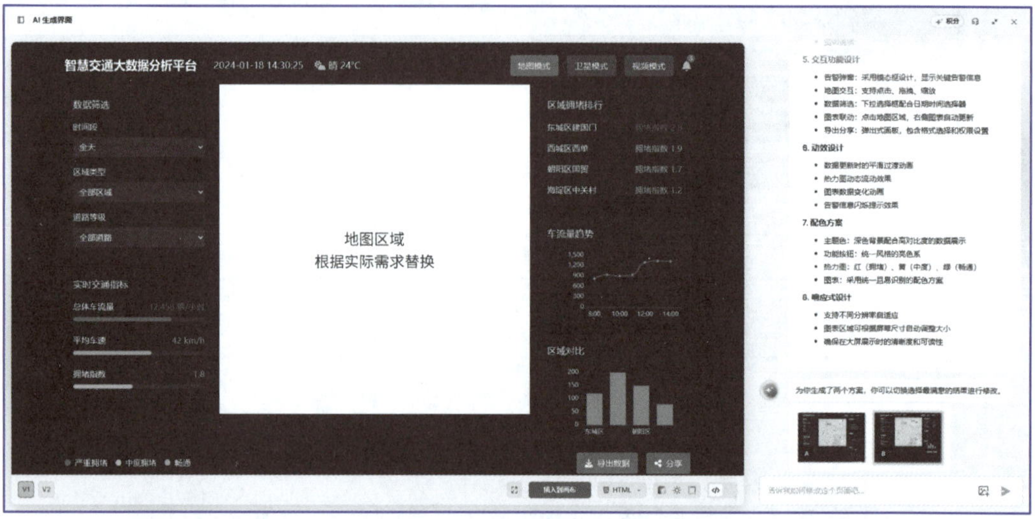

图 4-59　设计图生成效果

步骤 5:效果优化

完成设计图的生成后,可通过对话的方式告知 AI 需要调整的内容让其进行完善,或者单击“插入到画布”按钮,将设计图插入到之前创建好的设计文件中手动进行编辑,如图 4-60 所示。

图 4-60　插入设计图至画布

插入到画布后即可使用 MasterGo 的专业设计功能在设计文件中编辑设计图,如修改界面标题名称,如图 4-61 所示。

图 4-61　使用 MasterGo 编辑设计图

任务小结

通过本任务的实践,探索了如何利用 AI 工具高效完成复杂数据可视化大屏的界面设计。借助 MasterGo 的智能布局与组件生成功能,快速构建了包含热力图、流量趋势图、拥堵预警等模块的专业设计图,大幅缩短了传统设计流程中手动绘图与调整的时间。

关键收获包括以下几方面。

(1) 需求解析:借助 DeepSeek 将整理功能需求并将功能脑图转化为结构化描述,确保 AI 生成内容与实际业务需求高度契合。

(2) 工具应用:学习使用 MasterGo 的 AI 生成界面功能,提高了界面设计图工作效率。

(3) 提示词策略:通过"指令+格式+目标"的提示词设计方法,提升 AI 生成内容的可用性,减少了后期修改成本。

(4) 人机协作优化:AI 生成初稿后,结合手动微调(如标题修改、配色优化),平衡效率与设计细节的完善性。

任务拓展

尝试使用 MasterGo 生成交通流量数据分析可视化大屏的移动端版本,感兴趣的读者可以挑战借助 AI 工具将设计图转换成可运行的程序代码。

4.3.3　实践任务:鸿蒙开发——智慧出行天气助手 App

任务描述

随着国产操作系统开发技术的突破与政策支持力度加大,华为鸿蒙生态市场份额持续攀升,逐步成为万物互联时代的技术基座。为应对国产化替代趋势、抢占智慧终端开发赛道,某科技公司拟启动鸿蒙技术人才储备计划。刚接触鸿蒙技术的小智被公司委派开发一款"智慧出行天气助手 App"作为员工培训案例。面对 HarmonyOS 开发门槛较高,小智决定借助 AI 工具辅助完成该 App 的开发,并借助 AI 工具生成案例培训手册,帮助自己和团队快速掌握鸿蒙开发技术。

任务实施

步骤 1:需求分析

在本任务中,小智需要开发一款基于 HarmonyOS 的智慧出行天气助手 App,用于公司培训员工鸿蒙开发技术。在对需求进行分析的过程中,可借助 DeepSeek 等工具,对原始需求进行全面的分析与整理。智慧出行天气助手 App 的功能脑图如图 4-62 所示。

微课 4-12
鸿蒙开发:
智慧出行天
气助手 App
(上)

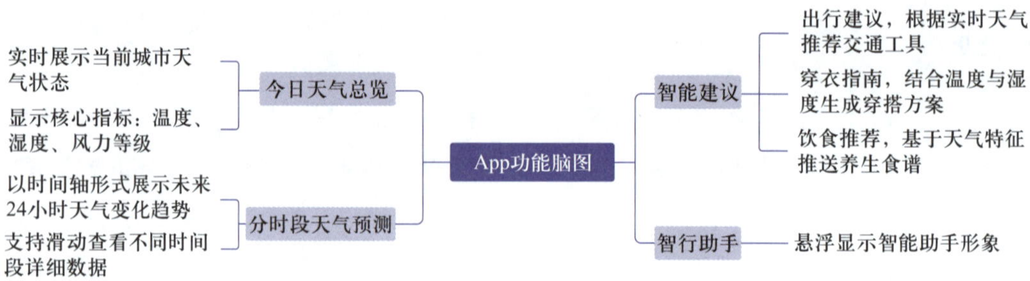

图 4-62　智慧出行天气助手 App 的功能脑图

步骤 2:工具选择

由于当前鸿蒙生态的 AI 开发工具仍处于发展阶段,主流编程助手对鸿蒙生态技术语言适配有限。本任务可以选择华为官方推出的 DevEco Studio 开发工具搭配 CodeGenie 智能助手插件,作为任务实现工具。

(1) 安装 DevEco Studio 开发工具

从华为开发者下载中心下载 DevEco Studio 安装包,按照如图 4-63 所示的流程安装 DevEco Studio。

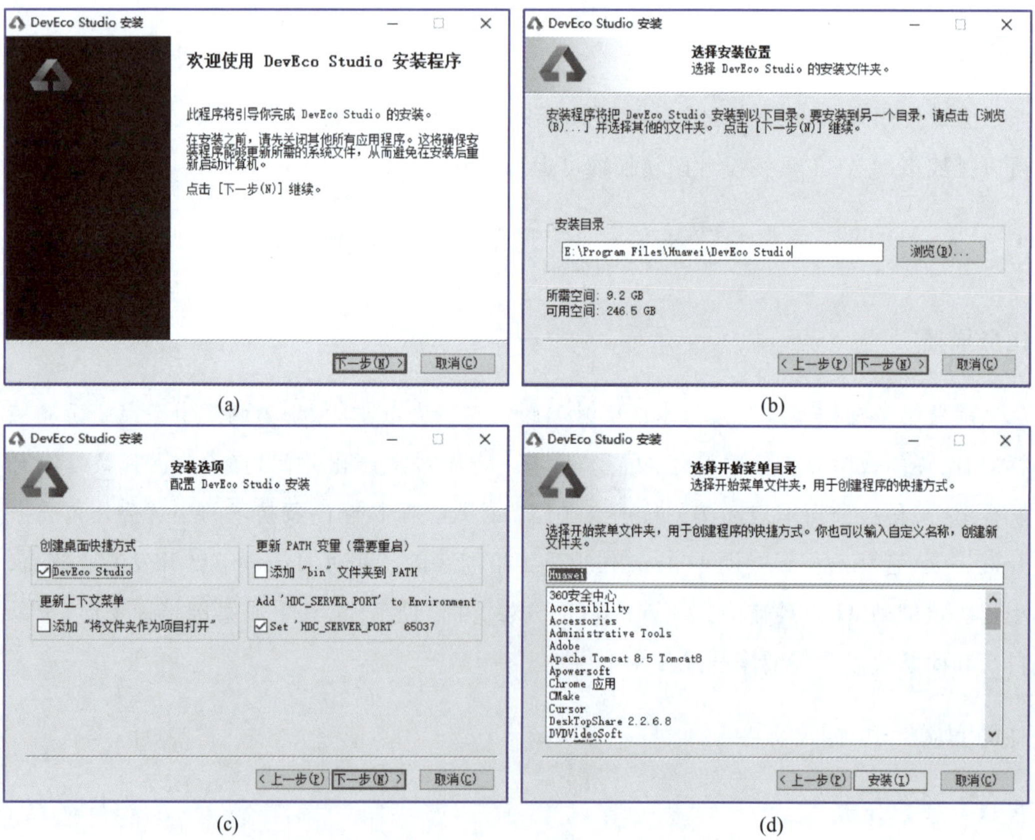

图 4-63　安装 DevEco Studio

DevEco Studio 默认语言为英文,安装完成后打开 DevEco Studio,修改语言配置为中文,并重启开发工具,如图 4-64 所示。

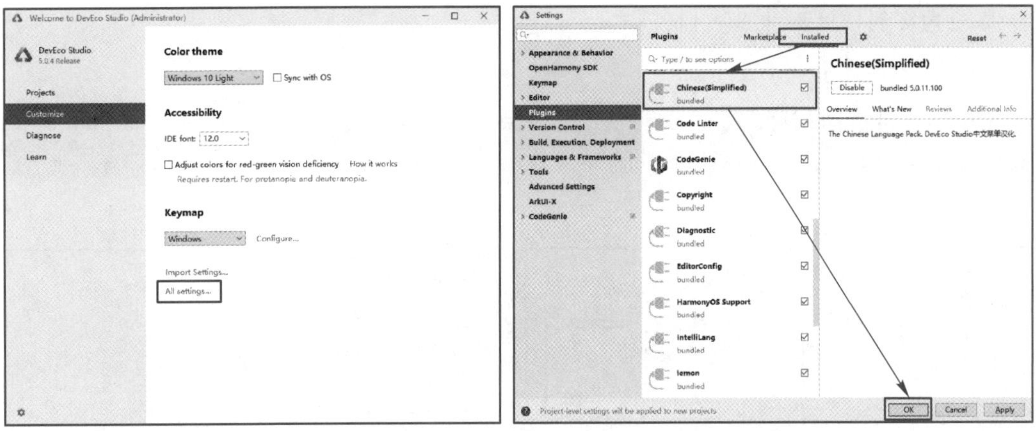

(a)　(b)

图 4-64　修改语言配置为中文

(2) 安装 CodeGenie 智能助手插件

从华为开发者下载中心中下载 CodeGenie 压缩包(无需解压),按照如图 4-65 所示的流程在 DevEco Studio 中安装 CodeGenie 智能助手插件,完成安装后重启 DevEco Studio。

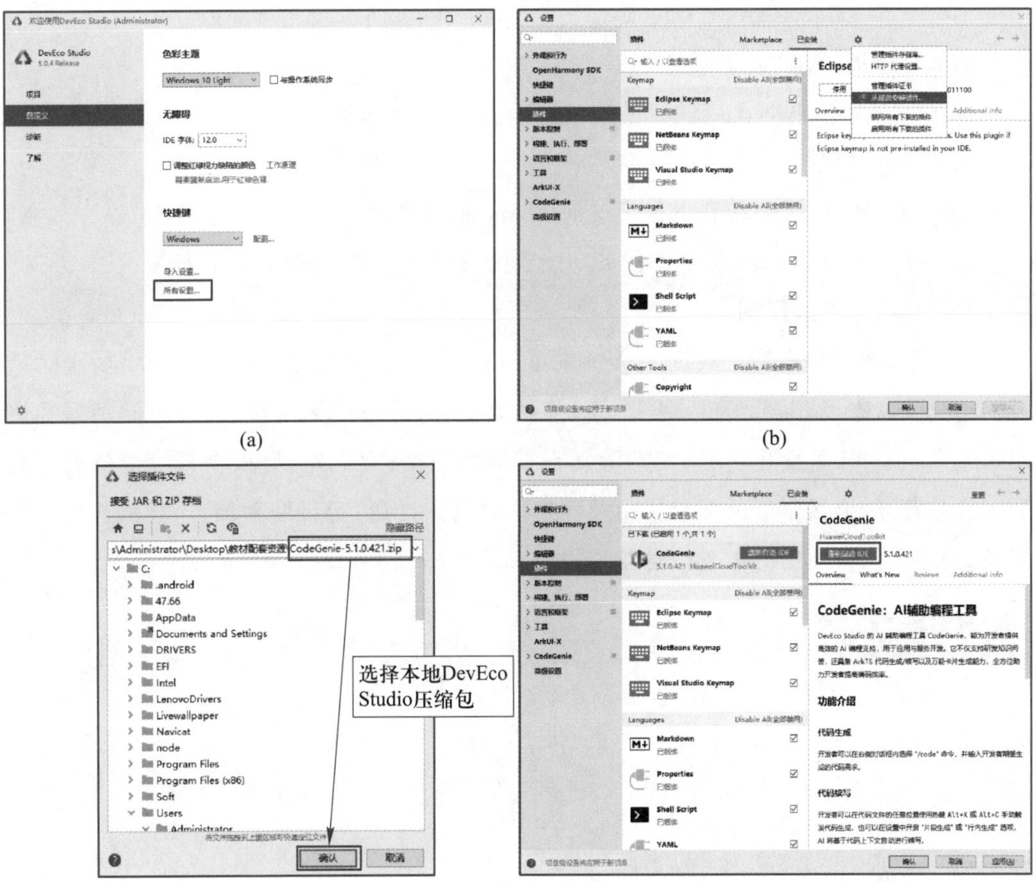

(a)　(b)

(c)　(d)

图 4-65　安装 CodeGenie 智能助手插件

步骤 3：内容创作

微课 4-13 鸿蒙开发：智慧出行天气助手 App（下）

（1）新建项目

在计算机桌面创建“App”文件夹，用于保存 App 代码文件。打开 DevEco Studio，按照如图 4-66 所示的操作步骤新建项目。

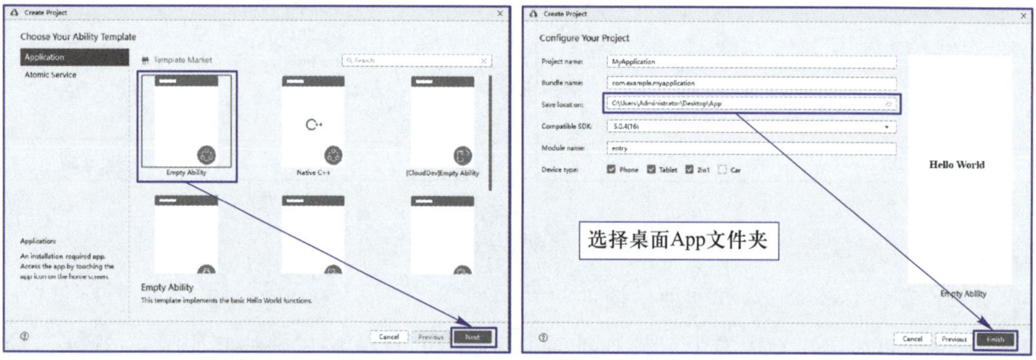

(a)　　(b)

图 4-66　新建项目

（2）设计提示词

按照“指令+输出格式+目标”的策略设计提示词，提示词如下：

① 指令：“生成”。

② 输出格式：“鸿蒙智慧出行天气助手 App 前端界面”。

③ 目标：使用 DeepSeek 将本任务功能脑图整理成文字描述（任务目标）。

最终生成如下提示词：

“生成鸿蒙智慧出行天气助手 App 前端界面，App 涵盖功能：今日天气总览，实时呈现城市天气状态及温度、湿度、风力等级等核心指标；分时段天气预测，以时间轴形式展示未来 24 小时天气变化趋势，支持滑动查看详细数据；智能建议，根据天气提供出行交通工具推荐、结合温湿度的穿衣指南及养生饮食食谱推送；智行助手，悬浮显示智能助手形象，为用户提供便捷的天气信息与实用建议。”

小智解疑惑

问：为什么输出格式是生成前端界面而不是 App？

答：一个完整的 App 业务逻辑极其复杂，仅通过与 AI 对话的方式无法生成，需要专业技术人员人工处理核心业务逻辑（AI 工具可提供补全代码、纠正错误等功能支持）。

（3）生成 App 代码

打开 DevEco Studio，单击“CodeGenie”按钮，唤醒 AI 助手，并进行登录（若没有账号，则需先进行注册），如图 4-67 所示。

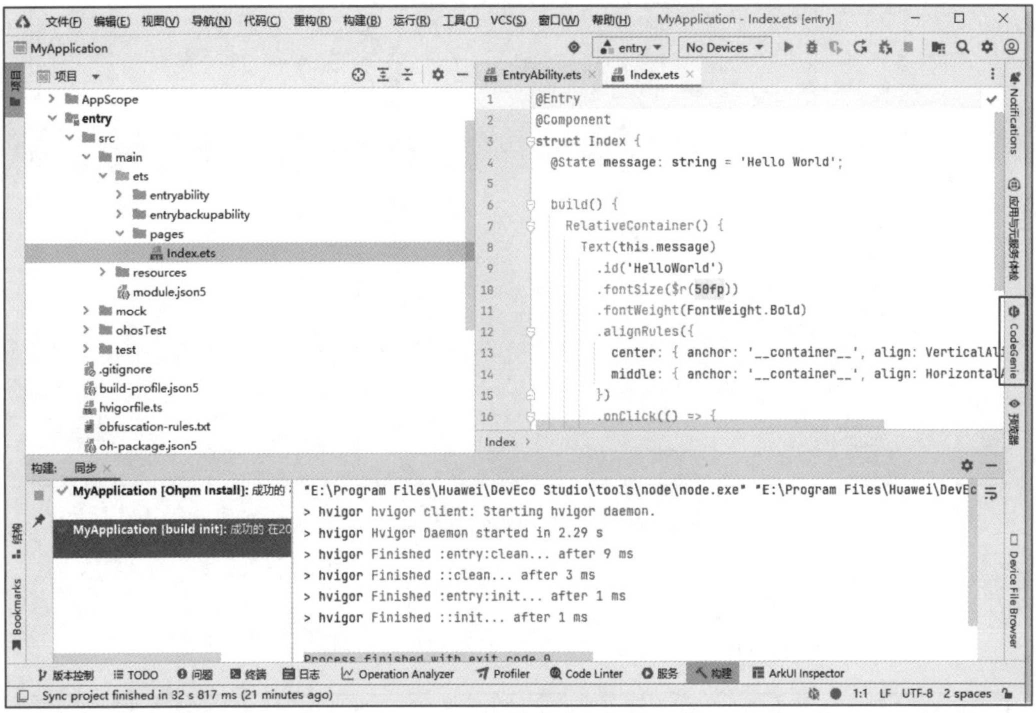

图 4-67 唤醒 AI 助手

切换 CodeGenie 模型为“DeepSeek-R1”，在对话框中输入生成 App 前端界面的提示词，按 Enter 键发送指令，如图 4-68 所示。

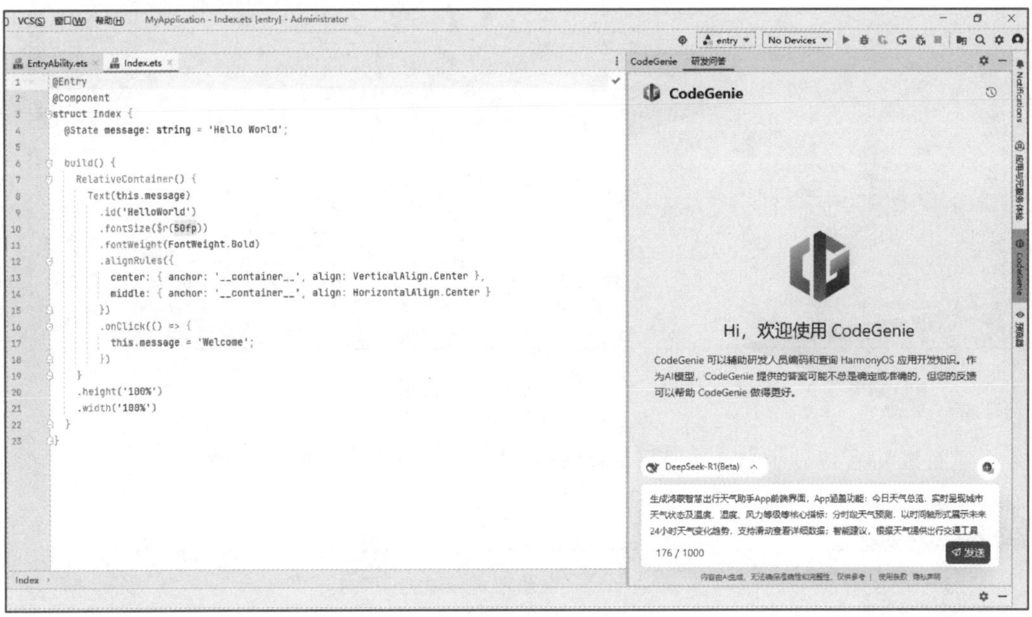

图 4-68 输入提示词并生成代码

完成代码生成后，复制代码内容至“Index. ets”（项目入口文件）文件中，如图 4-69 所示。

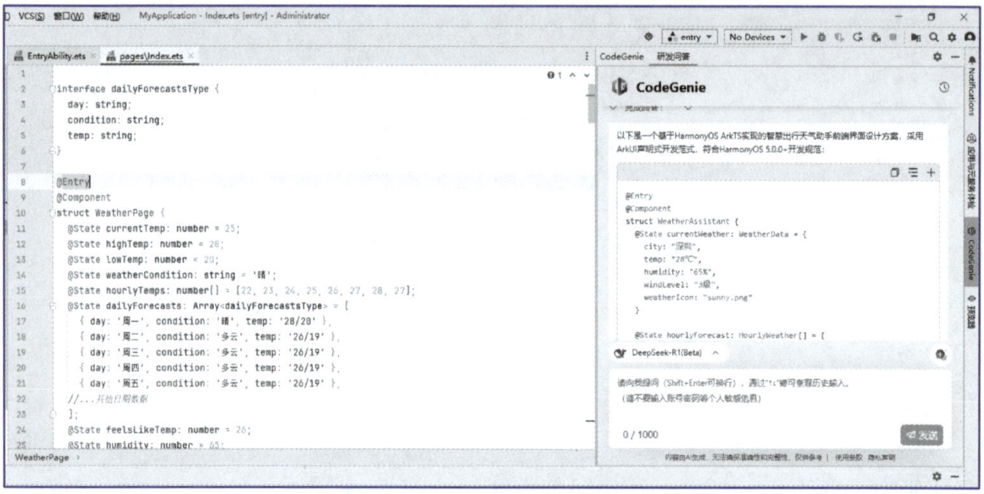

图 4-69　复制代码内容至“Index. ets”

步骤 4:实施效果

单击 DevEco Studio 界面右侧的“预览器”按钮,预览项目效果,如图 4-70 所示。

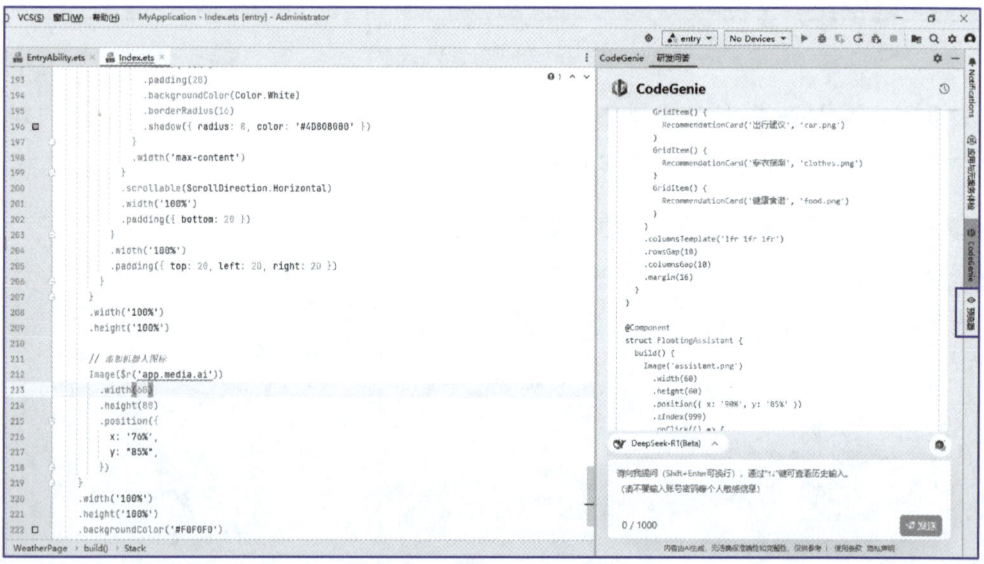

图 4-70　预览 App 效果

运行成功后将显示 App 界面,如图 4-71 所示。

小智解疑惑

读者在实际操作过程中生成的 App 界面可能会与如图 4-71 所示的界面效果有所不同,这是因为 AI 是根据文字描述而不是根据设计图生成的 App 代码,所以其每次生成的界面样式均会存在一定差异。为了提升生成效果的一致性,可以在提示词中尽可能详细地描述 App 的功能、界面样式等细节。

步骤 5:效果优化

由于鸿蒙开发技术正处于发展阶段,技术生态尚不成熟,因此所生成的代码可能会存在一些错误(BUG)。当出现这种情况时,可以尝试多生成几次,或者借助其他 AI 工具(如 DeepSeek、豆包)帮忙排查并修复,也可以向专业鸿蒙开发技术人员寻求帮助。修复 BUG 涉及专业编程知识,为避免复杂技术细节偏离教学重点,本书仅提供排查思路,具体实现细节不做深入讲解。

接下来借助 DeepSeek 生成培训手册,完成最终的任务目标。在 DeepSeek 对话框中输入“这是一个鸿蒙智慧出行天气助手 App 的部分代码,请根据代码内容生成详细的培训手册,用于指导技术人员学习鸿蒙开发技术”,使用 DeepSeek 生成培训手册,如图 4-72 所示。

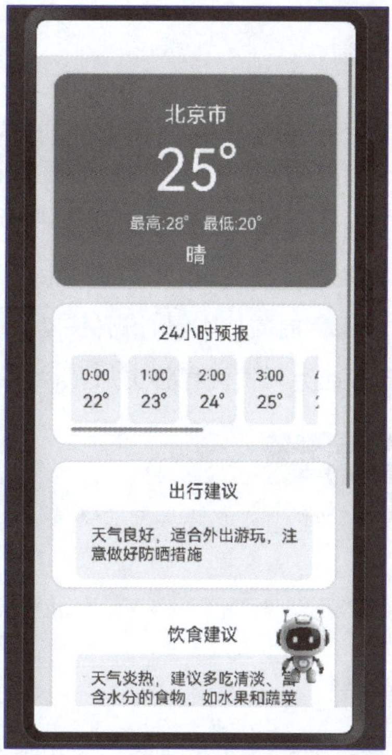

图 4-71 智慧出行天气助手 App 生成效果

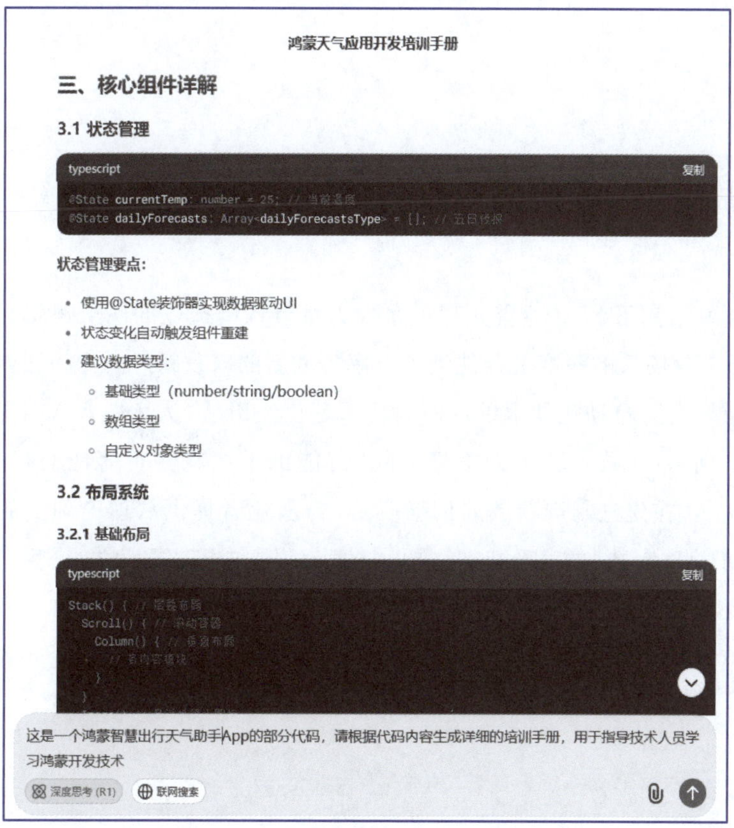

图 4-72 使用 DeepSeek 生成培训手册

任务小结

本实践任务通过AI工具与鸿蒙开发技术的结合,探索了国产化应用开发的创新路径。使用DevEco Studio开发工具搭配CodeGenie智能助手插件,完成了"智慧出行天气助手App"的界面开发及培训手册生成,借助AI工具快速搭建基础代码框架并将其转化为培训资源。然而,在开发过程中也发现了CodeGenie生成的代码样式存在差异,且对复杂业务逻辑的支持有限,需要手动补充和优化。相信随着鸿蒙生态和AI技术的不断突破,未来此类开发流程将更加完善,助力国产化应用的快速落地。

小智有感悟

国产化开发不仅是技术突破,更是生态共建的过程。每一次调试,都是在为国产技术链条补上一块拼图。

任务拓展

尝试使用4.3.1实践任务中所使用的Trae来生成鸿蒙版智慧出行天气助手App(生成的代码需要使用DevEco Studio来运行和预览),对比其与DevEco Studio生成的效果。

4.4 开拓智能制造新领域

PPT:开拓智能制造新领域

在工业4.0浪潮下,人工智能正以颠覆性力量重构制造业的底层逻辑:从设计、生产到运维,AI与工业场景的深度融合催生了效率与创新的双重跃迁。作为智能制造的核心技术载体,机械设计、自动化技术以及控制技术等正经历从"人工驱动"向"人机协同"的范式变革。如何将AI技术转化为工程师的"智能助手",构建可落地的行业解决方案?本模块将解构AI在先进制造领域的创新实践,为从业者提供从理论到实战的全链路赋能指南。面对"AI+制造"的黄金机遇,唯以技术为刃,方能破局而立,让我们共同探索工业智能化的无限可能。

微课4-14 单片机应用:LED灯光随心而变

4.4.1 实践任务:单片机应用——LED灯光随心而变

任务描述

在智能时代,单片机早已渗透至现代生活的每个角落:从清晨唤醒用户的智能闹钟,到地铁闸机的自动检票;从奶茶店的温度控制器,到工厂流水线的机械臂精准抓取,这些看似平常的场景背后,都依赖于单片机的"微型大脑"对硬件的精确控制。读者是否好奇过这些智能设备如何"听懂指令"?是否想过亲手设计一个会闪烁的流水灯?传统单片机开发需精通C语言、电路设计及寄存器配置等,这对非电子专业学生而言如同破解密码。如今,AI技术正在打破技术壁垒:通过自然语言描述需求,AI可自动生成代码框架与电路图,零基础也能跨入硬件编程的大门。接下来,以"LED灯控"为例,探索使用AI辅助开发单片机的创新之路。

小智有感悟

随着人工智能与Python的结合,正将单片机开发从"硬件工程师的专属领域"转变为"全民可参与的创新实验"。无论是将创意转化为可交互的智能设备,还是通过AI辅助理解硬件原理,这种技术融合不仅降低了创新门槛,更开启了软硬件协同进化的新篇章。

任务实施

步骤1:需求分析

本任务目标是使用AI技术辅助开发一个基于单片机的交通灯控制系统,如图4-73所示,凭借其低成本、高灵活性和实时响应能力,成为了嵌入式开发领域的经典实践项目。本任务旨在通过软硬件协同设计,实现一套可模拟真实场景的交通灯控制系统,涵盖逻辑控制、人机交互及应急响应等功能。以下从任务目标、系统设计、硬件搭建、软件实现及调试优化等方面展开分析。

图4-73 单片机

小智考考你

同学们可以使用人工智能搜索一下市场上都有哪些常见的单片机吗?

设计并实现一个由单片机(如51系列、STM32或ESP32)控制的交通灯系统,需满足以下核心功能:

(1) 基础时序控制:东西向与南北向红绿灯按预设周期切换。

(2) 多模式切换:支持正常模式、夜间黄灯闪烁模式(如全方向黄灯1Hz闪烁)、紧急模式(如消防车通过时强制红灯全亮)。

(3) 人机交互:通过按键或红外传感器实现手动干预(如行人过街按钮延长绿灯时间)。

(4) 通信扩展:预留 UART 或 WiFi 接口,支持远程状态监控或参数配置。

步骤 2:工具选择

Wokwi 是一款功能强大的在线电子电路模拟器,能够让用户可以在浏览器中轻松设计、模拟和调试电子电路,其网站如图 4-74 所示。它支持多种微控制器,如 Arduino、ESP32 和 STM32,用户可以编写代码并实时观察电路运行情况。Wokwi 提供了丰富的组件库,包括传感器、显示器和电机等,用户只需拖放即可快速构建电路。此外,它还支持多人协作功能,方便用户共享项目并与他人共同开发。Wokwi 的界面直观、友好,非常适合初学者和专业人士使用,是一个便捷且高效的电子电路模拟平台。

系统采用模块化设计,分为控制核心模块、信号灯模块、显示模块、输入模块及电源模块,其主要模块如下:

控制核心模块:单片机作为主控单元,负责逻辑运算、定时器管理及外设驱动;

信号灯模块:红、黄、绿三色 LED 灯组,每组串联限流电阻,通过 GPIO 驱动;

电源模块:5V 稳压电路,适配市电或电池供电场景。

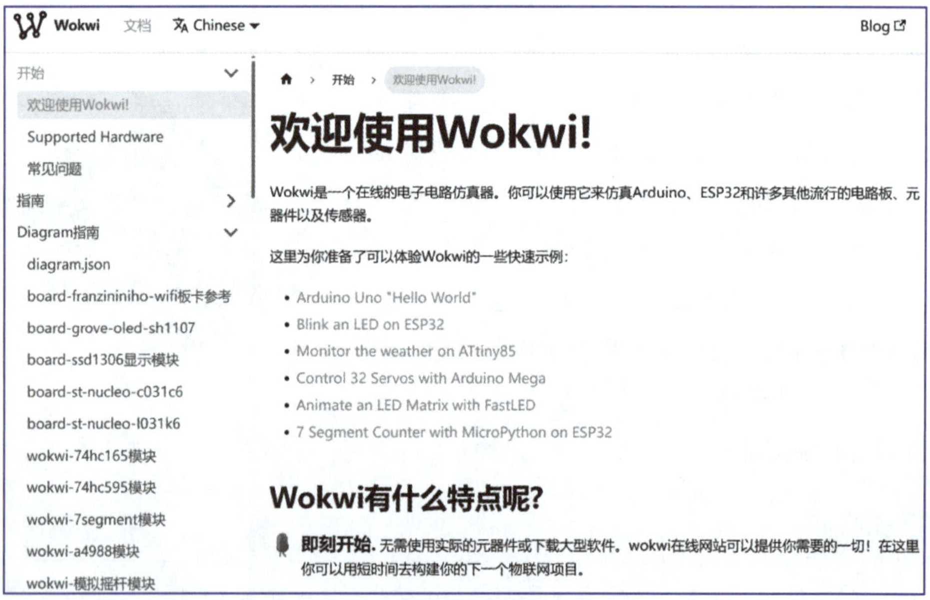

图 4-74 仿真网站

步骤 3:内容创作

本步骤将通过与 DeepSeek 对话实现"对话即开发"的创作过程。全程无需手动编写代码,只需通过自然语言交互来产生软件代码并进行调试。

(1) 创建工程

进入 Wokwi 官网,单击"NEW PROJECT"按钮,如图 4-75 所示,创建一个新的工程文件,用于后续仿真实验。

图 4-75 新建工程

(2) 元件布局

单击“添加”按钮,依次添加三个 led 小灯,并将小灯依次设置为红、黄、绿三个颜色,以模仿交通灯的实际情况。将三个 led 小灯的阴极连到单片机的 GND 引脚,阳极依次连到单片机的 GPIO0、GPIO2、GPIO4 引脚,元件布局如图 4-76 所示。

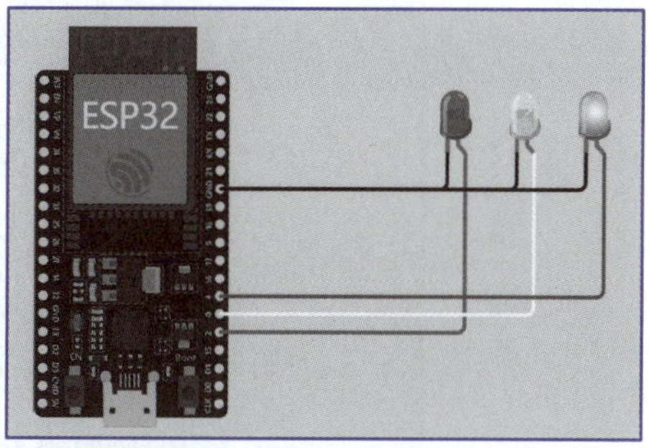

图 4-76 元件布局

(3) 输入提示语生成代码

访问 DeepSeek 官网,输入如下提示语,并生成代码,如图 4-77 所示。

现在有一个esp32单片机和三个led小灯,红色小灯连接单片机的2号引脚,黄色小灯连接单片机的0号引脚,绿色小灯连接单片机的4号引脚,使用micropython写一个控制程序,实现类似交通灯的效果

python 复制 下载

```python
import machine
import time

# 初始化LED引脚(根据实际接线调整高低电平逻辑)
red = machine.Pin(2, machine.Pin.OUT)
yellow = machine.Pin(0, machine.Pin.OUT)
green = machine.Pin(4, machine.Pin.OUT)

# 初始关闭所有LED
red.off()
yellow.off()
green.off()

while True:
    # 红灯亮5秒
    red.on()
    yellow.off()
    green.off()
    time.sleep(5)

    # 黄灯亮2秒(红灯转绿灯的过渡)
    yellow.on()
    red.off()
    green.off()
    time.sleep(2)

    # 绿灯亮5秒
    green.on()
    red.off()
    yellow.off()
    time.sleep(5)

    # 黄灯亮2秒(绿灯转红灯的过渡)
    yellow.on()
    green.off()
    red.off()
    time.sleep(2)
```

图 4-77 生成代码

步骤 4:实施效果

如图 4-78 所示为交通灯的仿真运行效果。

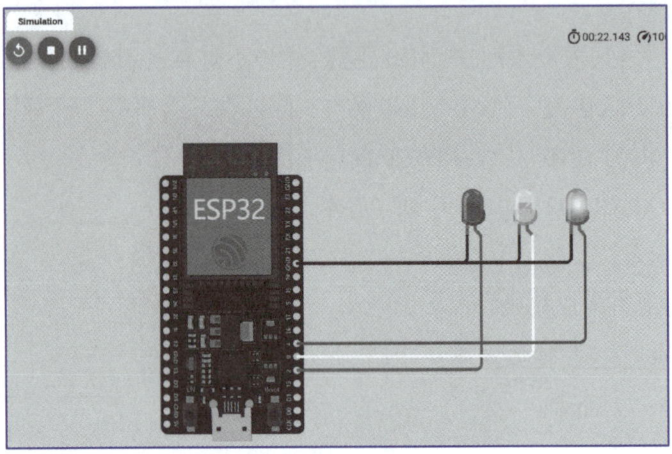

图 4-78　交通灯的仿真运行效果

小智有妙想

在查看了运行结果后，同学们能否修改一下代码的某些参数，进而改变运行效果吗？

步骤 5：效果优化

如图 4-79 所示，增加一个智能交通灯的控制开关，实现用一个按钮控制所有灯的开启和关断。

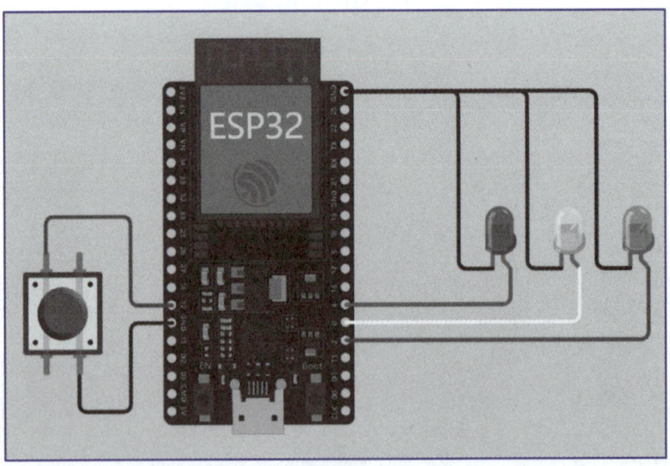

图 4-79　增加一个智能交通灯的控制开关

如图 4-80 所示，在对话中继续给出相应提示语，人工智能会根据上下文以及新的要求，继续进行推理并给出相应程序。

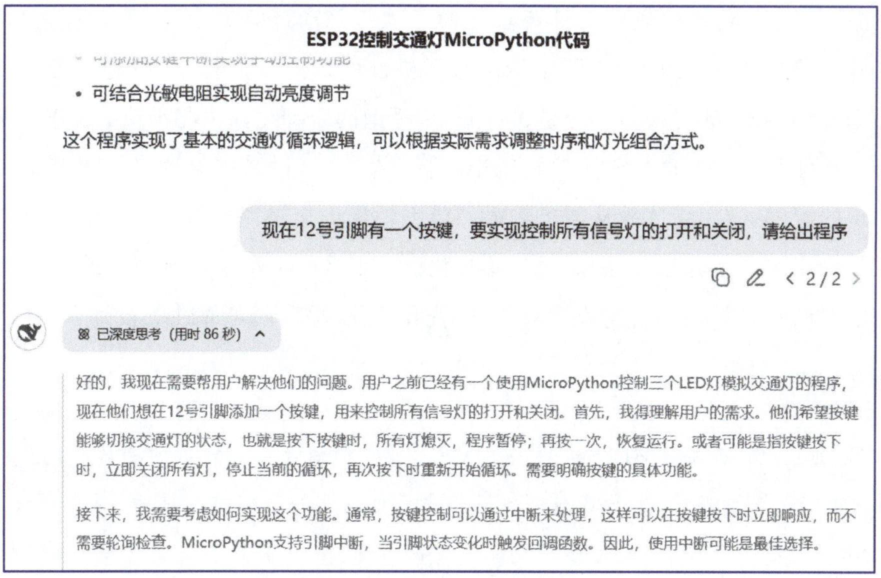

图 4-80 提出新的功能

任务小结

本任务使用 DeepSeek 辅助编程，实现了简单的交通灯控制效果。人工智能辅助编程在单片机开发中显著提升了效率与创新性。基于大模型的代码生成工具能快速生成外设驱动、中断服务程序等模块化代码，减少了底层寄存器配置的时间成本，这种智能化辅助降低了开发门槛，使开发者更聚焦于业务逻辑创新，缩短了物联网终端设备的迭代周期。

小智有感悟

实际的交通信号灯就如本任务的小灯闪烁效果一样，不过在现实中的交通信息灯会更加复杂，希望同学们能多多思考并改进，争取实现更好的效果。

任务拓展

尝试使用 DeepSeek 和液晶显示屏，显示以下内容：

① 显示“DeepSeek”等中英文字符；

② 显示当前时间、日期、天气等信息，增加一个“调试”按钮，实现内容的切换操作。

4.4.2 实践任务：机械制图应用——AI 助力机械齿轮三维建模

微课 4-15 机械制图应用：AI 助力机械齿轮三维建模（上）

任务描述

在机械制造领域，齿轮作为动力传输的核心部件，其设计和制造的精度直接决定了设备性能与寿命。传统齿轮的设计流程依赖工程师手动计算参数、反复调试模型，耗时耗力且容错成本高昂。当前AI已逐步渗透至机械设计的全流程：从齿轮齿形参数的智能优化，到应力分布的自动仿真分析，再到三维模型的自动化建模与渲染，AI正在重构设计逻辑。本任务以“AI助力机械齿轮三维建模”为核心目标，引导读者探索智能工具与专业知识的深度融合，将体验从需求输入到模型输出的全链路实践：首先借助AI算法快速生成符合工况的齿轮参数；随后通过参数化设计工具（如VBA与典型三维CAD软件联动）构建三维模型；最终结合仿真验证与AI优化迭代，输出高可靠性的设计方案。

小智有感悟

通过机械设计技术与AI的结合，将机械设计从“机械设计工程师的专属领域”转变为“全民可参与的创新实验”。无论是将创意转化为可交互的结构结果展示，还是通过AI技术辅助专业编程，这项技术融合不仅降低了创新门槛，AI正在重构设计逻辑，降低专业开发难度。

任务实施

步骤1：需求分析

本任务的目标是使用AI技术辅助直齿圆柱齿轮建模，实现齿轮参数灵活配置，生成符合国家标准要求的齿轮三维模型并进行必要的渲染。实施要求：设计一个直齿圆柱齿轮，实现模数3mm、齿数19、齿宽50mm，标称轴直径22mm，矩形键槽，材料45钢，生成齿轮三维模型。

小智考考你

同学们可以使用人工智能搜索在机械设计中有哪些常用的三维建模软件吗？

步骤2：工具选择

SolidWorks是主流的三维设计专业软件，其特点是界面友好、易学易用，支持参数化设计，适用于机械结构设计、装配体管理和工程图生成，集成了仿真（SolidWorks Simulation）和数据管理工具（PDM），适合非标自动化设备和中小型项目，其优势是用户基数大、学习资源丰富，广泛应用于机械、电子、消费品行业。

步骤3：内容创作

本步骤将通过与DeepSeek对话实现“对话即开发”的创作过程。

（1）生成即梦AI提示词（DeepSeek）

工具：DeepSeek

操作：

在 DeepSeek 中输入需求指令:“设计一个直齿圆柱齿轮,实现模数 3mm、齿数 19、齿宽 50mm,标称轴直径 22mm,矩形键槽,材料 45 钢,生成适配即梦 AI 工具的提示词。”

获取自动生成的提示词示例,如图 4-81 所示。

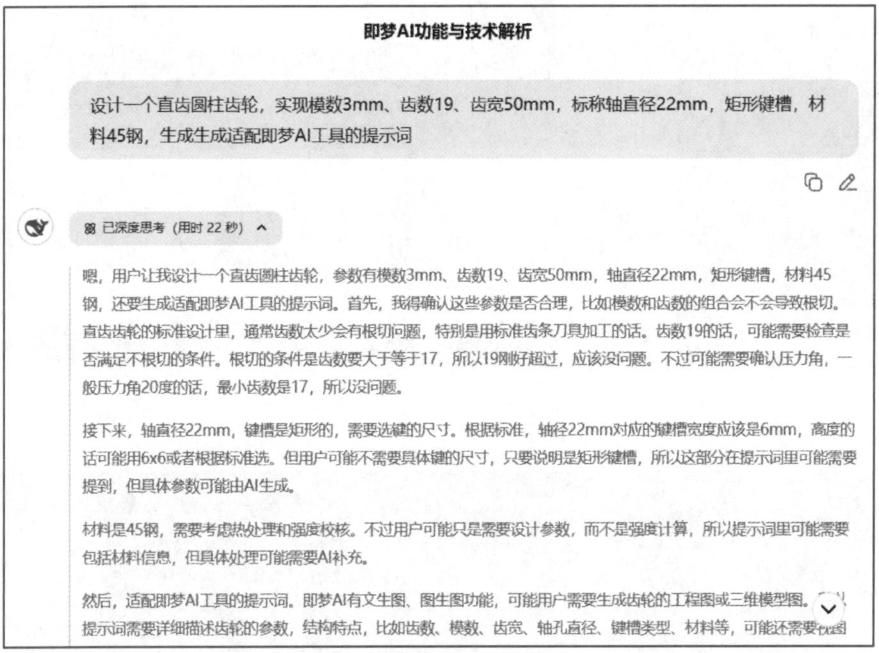

图 4-81 DeepSeek 任务回答界面 10

“生成直齿圆柱齿轮工程图:模数 3mm,齿数 19,齿宽 50mm,轴孔 22mm 带 6mm 宽矩形键槽,材料 45 钢调质;CAD 图纸需包含三视图、齿形局部放大图,标注分度圆直径 57mm;三维渲染图要求金属拉丝质感,红色箭头指示键槽配合方向,背景为浅灰色网格。”

(2) 生成齿轮二维图(即梦 AI 工具)

1) 登录即梦 AI 工具

访问即梦官网,进入“图片生成”功能界面。

2) 输入提示词并生成图像

复制并粘贴 DeepSeek 生成的提示词至输入框。

单击“生成”按钮,获取齿轮二维设计图,选取合适的图片进行保存,如图 4-82 所示。

(3) 生成齿轮三维模型(腾讯混元 3D 工具)

上传二维图并启动建模。登录腾讯混元 3D 工具,进入“图生 3D”模块,上传二维设计图,单击“立即生成”按钮,生成齿轮三维图,选择相应的下载格式进行下载,并使用制图软件打开,如图 4-83 和图 4-84 所示。

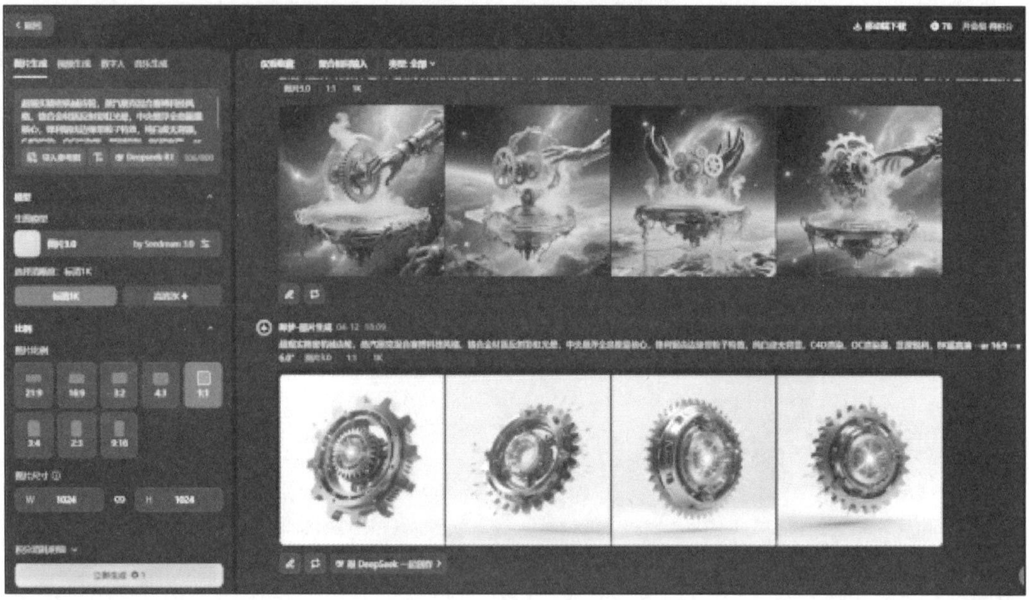

图 4-82　即梦操作界面 4

图 4-83　腾讯混元 3D 操作界面

微课 4-16 机械制图应用：AI 助力机械齿轮三维建模（中）

微课 4-17 机械制图应用：AI 助力机械齿轮三维建模（下）

经过实际检验，以上通过 DeepSeek、即梦 AI 及腾讯混元 3D 工具生成的齿轮三维模型作为非专业图片展示尚可，但其模数、齿数，各圆直径等参数均不能实现专业参数要求，且三维模型不可编辑，不能作为专业建模使用，该方法有待于细化再研究。

(4) 专业化拓展

通过 DeepSeek 编写 VBA 宏程序并配合主流三维设计软件 SolidWorks 建模。

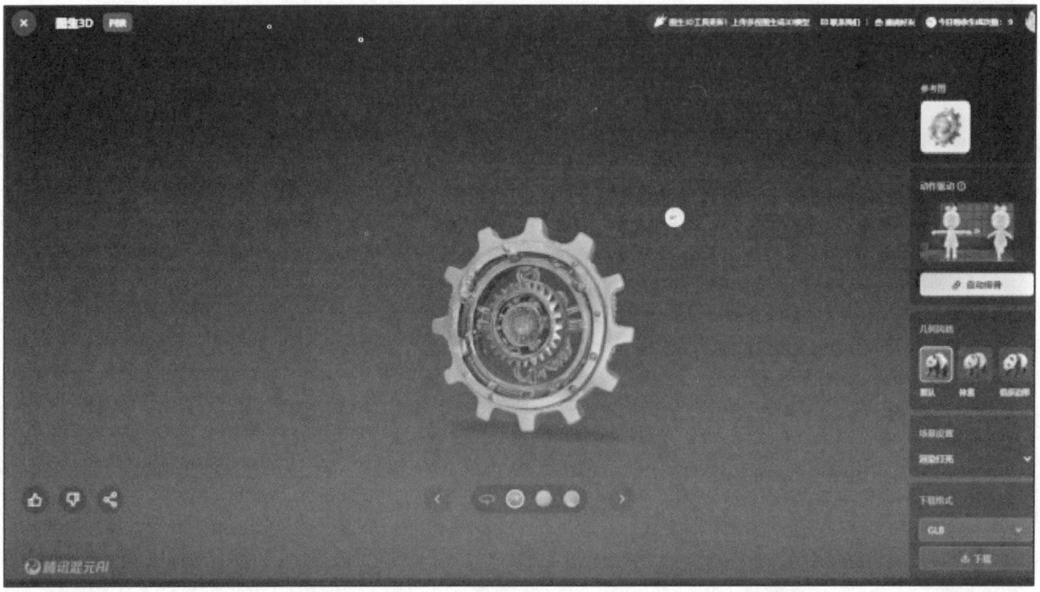

图 4-84 腾讯混元 3D 工具生成效果

1）录制齿轮建模宏程序

通过主流三维软件 SolidWorks 的 ToolBox GB 标准件库—动力传动—齿轮录制直齿圆柱齿轮三维建模宏程序，如图 4-85 所示。

图 4-85 选择参数进行齿轮三维建模并录制宏程序

录制齿轮建模 VBA 宏程序如图 4-86 所示。

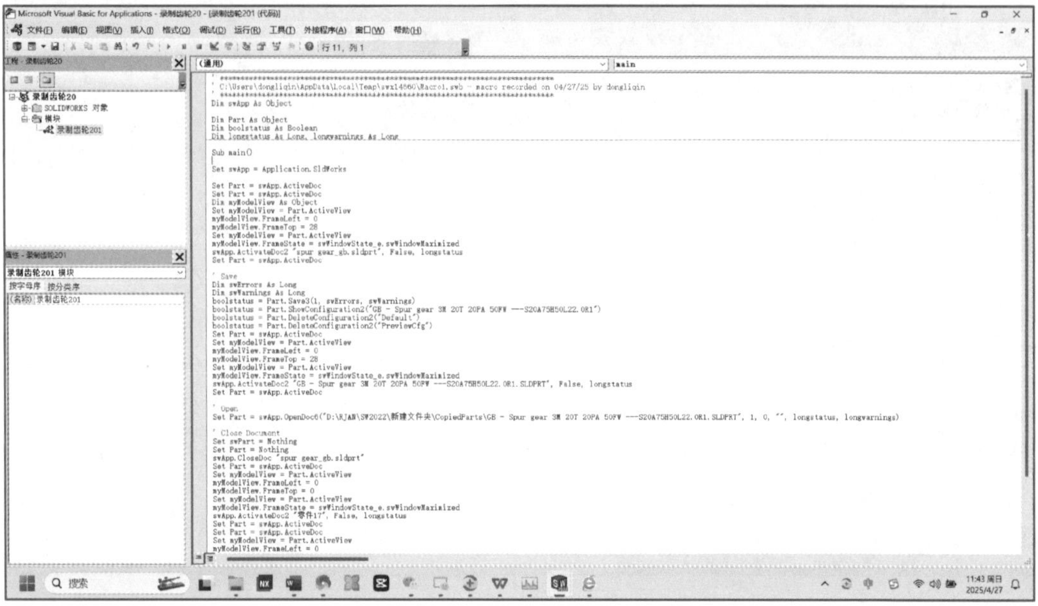

图 4-86　录制齿轮建模 VBA 宏程序

新建零件，运行齿轮宏程序，自动生成齿轮三维模型，满足模数 2mm、齿数 20、齿宽 20mm，标称轴直径 12mm，矩形键槽，材料 45 钢等生成齿轮各参数要求，且具备实体特征，如图 4-87 所示。

图 4-87　运行齿轮宏程序生成齿轮

2）用 DeepSeek 修改齿轮宏程序

使用 DeepSeek 修改齿轮宏程序，生成 VBA 程序代码，推广到一般齿轮设计。操作步骤为:复制并粘贴齿轮建模宏程序到 DeepSeek 对话框中,并提出修改参数要求,如图 4-88 和图 4-89 所示。

已深度思考(用时 35 秒)

```
Set myModelView = Part.ActiveView
myModelView.FrameState = swWindowState_e.swWindowMaximized
swApp.ActivateDoc2 "GB - Spur gear 3M 20T 20PA 50FW ---S20A75H50L22.0R1.SLDPRT", False,
longstatus
Set Part = swApp.ActiveDoc

' Save As
longstatus = Part.SaveAs3("C:\Users\dongliqin\Desktop\齿轮20.SLDPRT", 0, 0)
End Sub
```

修改以上VBA代码,用于在SolidWorks中创建模数3mm、齿数19、齿宽50mm,标称轴直径22mm,矩形键槽,材料45钢,生成齿轮三维模型并进行渲染。

深度思考(R1) 联网搜索

图 4-88 DeepSeek 对话框中齿轮参数要求

以下是修改后的SolidWorks VBA代码,用于创建模数3mm、齿数19、齿宽50mm、轴径22mm、矩形键槽的45钢齿轮,并添加渲染功能:

vba 复制 下载

```vba
Dim swApp As Object
Dim Part As Object
Dim boolstatus As Boolean
Dim longstatus As Long, longwarnings As Long

Sub main()
    Set swApp = Application.SldWorks

    ' 激活齿轮模板
    Set Part = swApp.ActiveDoc
    Dim myModelView As Object
    Set myModelView = Part.ActiveView
    myModelView.FrameState = swWindowState_e.swWindowMaximized
    swApp.ActivateDoc2 "spur gear_gb.sldprt", False, longstatus
    Set Part = swApp.ActiveDoc

    ' 创建新配置(参数说明:3M=模数3, 19T=齿数19, 22PA=轴径22, 50FW=齿宽50)
    boolstatus = Part.ShowConfiguration2("GB - Spur gear 3M 19T 22PA 50FW ---S19B22H50L30.0R[illegible]
```

图 4-89 DeepSeek 生成 VBA 宏程序

在 SolidWorks 软件中新建宏文件,将其命名为"测试齿轮",粘贴 DeepSeek 生成的 VBA 宏程序代码到 SolidWorks 宏编辑器中,如图 4-90 所示。

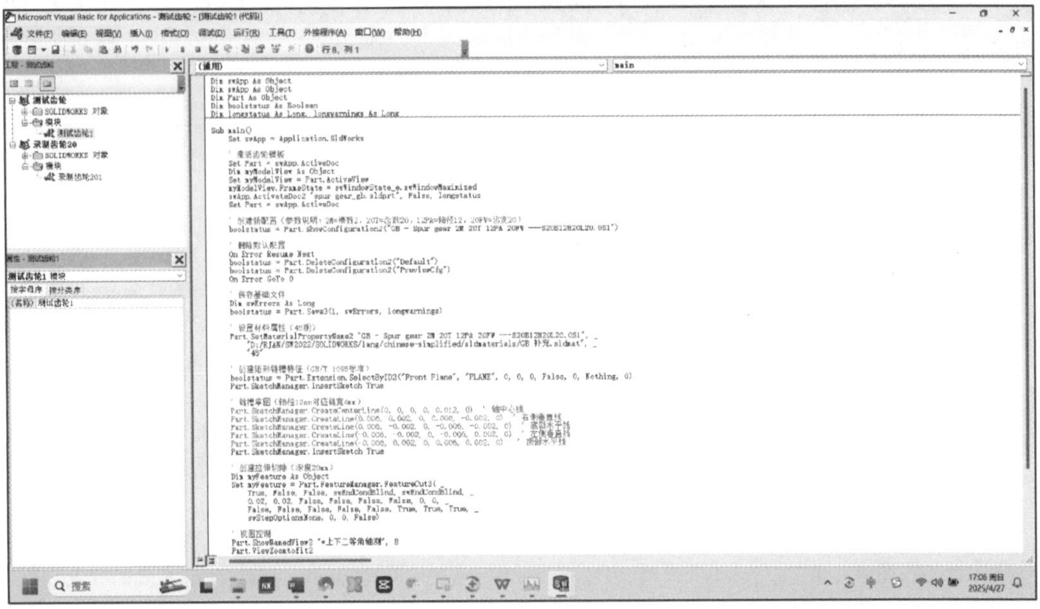

图 4-90　粘贴 DeepSeek 生成的 VBA 宏程序代码到 SolidWorks 宏编辑器

步骤4:实施效果

运行齿轮 VBA 宏程序,实现模数 3mm、齿数 19、齿宽 50mm,标称轴直径 22mm,矩形键槽,材料 45 钢,生成齿轮三维模型,如图 4-91 所示。

图 4-91　在 SolidWorks 软件中运行宏程序生成齿轮三维模型

小智有妙想

同学们在查看了运行结果后,能否通过修改代码改变齿轮参数,进而改变齿轮模型的效果?

任务小结

本任务使用 DeepSeek 辅助 VBA 编程,实现在 SolidWorks 软件中直齿圆柱齿轮自动建模,其模数、齿数、直径等参数均符合专业要求。AI 已渗透至机械设计全流程:从齿轮参数的智能优化,到应力分布的自动仿真分析,再到三维模型的自动化建模与渲染,AI 正在重构设计逻辑,降低了专业开发难度。

注意:

(1) 由于直接使用 DeepSeek 编写程序在 SolidWorks 软件运行过程中常常报错不能通过,所以一般需要先进行 SolidWorks 软件直接建模并录制成宏程序,再到 DeepSeek 中进行参照修改编写,最后生成一般化建模宏程序。

(2) 由于 VBA 宏程序在运行过程中可能会出现一定的错误,需要学习者具备 VBA 编程的基础知识,以便在程序运行过程中检查和调试。

(3) AI 技术与三维建模软件(如 SolidWorks 软件)结合需进一步深化,AI 技术可以简化机械设计工程师的部分工作,目前还不能代替工程师的全部工作,而且 DeepSeek 编写宏程序需要根据需求反复投喂才能生成符合要求的程序 VBA 代码。

任务拓展

尝试使用 DeepSeek 和 SolidWorks 软件,完成以下内容:

(1) 给出斜齿圆柱齿轮基本参数。

(2) 由 DeepSeek 按照斜齿圆柱齿轮参数直径结构等方面的要求,生成 VBA 宏程序。

(3) 由 DeepSeek 通过 VBA 宏程序驱动 SolidWorks 软件,生成圆柱齿轮参数三维模型并进行渲染。

(4) 由 DeepSeek 通过 VBA 宏程序动 SolidWorks 软件,生成符合国家标准要求的斜齿圆柱齿轮工程。

小智有感悟

实际生产中的齿轮建模参数较为复杂,齿轮系列结构也很庞大,需要同学们了解齿轮参数才能更好地提出要求,让 DeepSeek 编写出更符合专业要求的 VBA 程序代码,希望同学们能多多思考并改进,争取实现更好的效果。

本章小结

本章围绕大模型在职业场景中的“技术赋能—效率重构—范式创新”主线，通过数字营销、艺术创作、编程开发、智能制造四大领域的实战，揭示了大模型的核心应用逻辑：在数字营销场景中，以“用户洞察—视觉创新—内容裂变”为主线，通过大模型提取消费趋势特征，驱动视觉设计与短视频内容的规模化生产；在艺术创作领域中，则展现大模型作为创意催化剂，辅助设计师完成从文化元素解构到多模态表达的创新流程；在编程开发场景中，强调大模型通过自然语言交互降低技术门槛，实现需求描述即开发的生产力革命；在智能制造场景中，通过智能算法优化机械设计参数，实现从经验驱动到数据驱动的设计范式转型。本章贯穿通用能力+领域微调的适配逻辑，突出提示词设计、跨工具协作等核心技能，引导读者构建“技术思维+业务洞察”的复合能力，以应对智能时代职业变革中的机遇与挑战。

课后练习

一、单选题

1. 大模型在职业场景中的核心应用逻辑是（　　）。

   A. 单一工具深度操作　　B. 通用能力+领域微调

   C. 数据堆砌+算法优化　　D. 人工主导+机器辅助

2. 在数字营销中，大模型实现“视觉焦点指挥官”角色的关键路径是（　　）。

   A. 经验驱动设计　　B. 数据提取—创意生成—效果迭代

   C. 批量复制模板　　D. 依赖设计师审美

3. 在艺术创作中，大模型的核心价值体现为（　　）。

   A. 替代传统手绘　　B. 提供无限素材库

   C. 激发创意解构与多模态表达　　D. 自动生成成品

4. 在编程开发场景中，“对话即开发”的本质是（　　）。

   A. 将自然语言转化为代码逻辑　　B. 减少团队协作

   C. 完全替代程序员　　D. 依赖图形化界面

5. 在职业场景中，使用大模型的核心素养要求不包括（　　）。

   A. 数据安全意识　　B. 单一工具专精　　C. 人机协同思维　　D. 持续学习能力

二、填空题

1. 大模型驱动职业变革的核心路径是从技术工具到________的转化。

2. 在数字营销中，大模型通过分析高频关键词实现对________的精准抓取。

3. 在艺术创作中，“AI 辅助构思—人机协同创作—________”构成新工作流程。

4. 在编程开发中,提示词设计的核心策略是________的结构化表达。

5. 在职业场景中,使用大模型需警惕的常见问题包括幻觉、________和版权风险。

三、简答题

1. 简述大模型如何实现对传统职业经验驱动模式的突破。

2. 结合任意职业场景,说明“需求分析—模型调用—成果优化”的协作逻辑。

3. 简述对人机协同新常态下职业竞争力的理解,列举至少 3 项核心能力要求。

进阶篇

第5章 模型部署和智能体应用

本章导读

在人工智能技术深度赋能教育领域的背景下，大模型本地化部署成为兼顾数据安全、服务效能与场景适配需求的关键解决方案，其核心价值体现在三个方面：其一，针对师生隐私数据保护的需求，本地化架构以“数据不出域”的闭环设计，筑牢安全防线，满足法规要求；其二，突破网络延迟的限制，实现“所思即所得”的即时交互，保障教学场景的连贯性；其三，通过私有化知识库与校园数据资产深度融合，精准匹配学校多种教育场景需求，破解通用AI“水土不服”的难题。本章将以“助学小助手”和“科研助手”两个项目为载体，系统阐述教育场景下大模型本地化部署的全流程方法论，涵盖模型选型、硬件配置、知识库构建及应用开发等关键环节。

学习目标

知识目标

- 掌握大模型本地化部署的方法，包括模型选择标准与部署流程。
- 理解大模型运行对硬件性能的需求，掌握硬件的选型原则。
- 掌握主流AI应用开发平台的安装与配置，掌握平台的搭建方法及其使用技巧。
- 了解聊天助手、智能体、工作流等类型应用的适用场景，掌握AI应用的开发流程。

技能目标

- 能够基于项目需求分析并选择合适的大模型和硬件设备。
- 能够实现大模型的本地化部署，保障模型在本地环境高效稳定运行。
- 能够搭建稳定可靠的 AI 应用开发平台。
- 能够设计并构建知识库，支持不同场景的需求。
- 能够开发适配多场景的本地化 AI 应用。

素养目标

- 通过实践探索大模型在教育与科研领域的创新应用场景，提升创新思维能力。
- 在开发过程中注重用户数据的隐私保护，培养隐私保护意识，确保系统设计符合伦理和法规要求。
- 在项目的实施过程中，与团队成员协作完成复杂任务，增强团队协作能力。
- 认识人工智能技术在各领域的应用潜力，树立为社会创造价值的责任感。

5.1　实践项目：助学小助手应用

5.1.1　项目描述

PPT：实践项目：助学小助手应用

“助学小助手”应用聚焦四六级备考场景，旨在为考生提供从基础到进阶的全方位备考服务，该系统整合了模拟实战训练、词汇学习强化、语法知识讲解及答题技巧指导四大核心功能模块，如图 5-1 所示。

微课 5-1 助学小助手应用（上）

图 5-1　助学小助手的核心功能模块

1. 模拟实战训练：精准模拟，快速适应

该模块基于历年四六级真题数据库，生成高度贴近真实考试的练习题库，覆盖听力、阅读、写作、翻译等各类题型。通过模拟实战训练，使考生能够快速适应考试节奏，熟悉题型特点,提升应试能力。此模块设计注重实战性与针对性,确保考生在备考过程中能够有的放矢,高效提升。

2. 词汇学习强化:语境结合,灵活运用

针对四六级高频词汇及易错点,系统设计了一系列结合语境的例句解析,深入剖析词汇用法。该模块不仅关注词汇量的积累,更重视词汇在实际语境中的应用能力,助力考生构建扎实的词汇基础。

3. 语法知识讲解:结构梳理,实战演练

系统梳理重点语法知识,融入真题例句进行实战演练。通过理论讲解与实例分析相结合的方式,考生能够加深对语法规则的理解与掌握,提升语言运用能力。该模块注重系统性、逻辑性与实用性,帮助考生构建完整的语法知识体系。

4. 答题技巧指导:题型细分,策略定制

针对不同题型特点,系统量身定制解题技巧与应试策略,涵盖听力预判、阅读定位、写作构思、翻译技巧等多个方面。该模块注重策略性与操作性,通过详细讲解与示范,可有效提升考生的答题效率与正确率。此模块旨在帮助考生在备考过程中掌握科学有效的答题方法,为顺利通过四六级考试保驾护航。

通过全方位、多层次的备考支持,"助学小助手"项目助力考生巩固知识,提升技巧,最终实现高效备考与成绩突破。

5.1.2 知识学习

1. 大模型的选择:为应用适配最合适的"大脑"

鉴于从头训练大模型的成本高昂,对于需要构建本地化大模型服务的开发者而言,选用开源大模型是一种高效且经济的选择。在本地化部署的过程中,首要任务是根据项目可用的计算资源(如内存、显存)来选择对应参数规模的大语言模型。模型的参数量直接决定了其所需的存储空间以及推理时对算力的要求。当面临资源受限的情况时,可以采用模型量化技术压缩模型大小并减少计算需求,从而大幅降低部署门槛,使模型能在对应的设备上运行。尽管量化通常会伴随可控范围内的精度损失,但它有效提升了部署的可行性与效率。

2. 大模型参数的概念

在人工神经网络中,参数是模型内部的可调整变量,包括权重(Weights)和偏置(Biases)。这些参数在模型训练过程中可根据数据调整和优化,并在模型推理过程中决定了模型如何将输入信息(如文本、图像)转化为输出结果(如分类标签、生成文本)。大模型通常是由具有大量参数(通常数十亿或更多)的人工神经网络组成的一类语言模型。在大模型领域,模型参数量通常使用十亿(billion)作为单位表示,通常简写为B。例如,2020年发布的GPT-3模型具有175B(即1750亿)的参数,把模型保存成文件需要将近

700GB 的存储空间;2025 年 1 月发布的 DeepSeek-R1 模型参数量更是达到了 671B(6710 亿)。模型参数量越大,进行推理时需要的计算资源也就越多,本地化部署的成本也就越高。

3. 开源大模型

大模型的训练通常需要大量的训练数据和算力资源,对于资源有限且需要本地化部署大模型服务的开发者和机构,可以选择开源大模型作为本地化大模型服务的基础。开源大模型是指基于开源协议发布的大模型,其代码、训练方法、模型权重等核心资源均向公众开放,同时允许开发者自由使用、修改和二次分发。选择开源大模型构建本地化服务,开发者无须从头收集数据和训练模型,显著降低了开发成本与资源投入。用户还可根据实际需求,利用私有数据对基础模型进行有针对性的微调(finetune),从而构建适配特定场景的专业化大模型服务。

常见的开源大模型如下:

1) 通义千问系列开源模型:由阿里巴巴通义千问团队开发的一系列大语言模型和多模态大模型。通义千问可以执行自然语言理解、文本生成、视觉理解、音频理解、工具调用、角色扮演、智能体等多种任务。通义千问系列开源模型的参数量从亿级到千亿级不等,这使其能够部署在端侧到服务器等不同性能水平的设备上。

2) DeepSeek 系列开源模型:由深度求索开发的大语言和多模态系列模型。该系列模型包括大语言模型 DeepSeek-V3,视觉理解模型 DeepSeek-VL2 和推理语言模型 DeepSeek-R1 等,能够实现文本生成、图像理解和对话等多种任务。

3) GLM 系列开源模型:由清华大学和智谱 AI 推出的一系列开源大语言模型,其中 GLM-4 系列大模型支持多达 26 种语言的生成,在语义、数学、推理、代码和知识等多方面的数据集测评中表现卓越,同时也支持工具调用和长文本推理等功能。

4) MiniCPM 系列开源模型:由清华大学自然语言处理实验室和面壁智能联合开发的一系列文本生成和图像理解大模型,能够实现图像理解、图像文本提取和文本生成等任务。

4. 模型量化的概念

大模型一般都具有较大的参数量,需要的算力资源(内存或者显存)较多。为降低模型服务部署的门槛,需要削减模型存储空间和计算资源需求,因此需要对模型进行量化。模型量化(Quantization)是指将深度学习模型中的浮点参数(通常为 16 位或 32 位)转换为低精度数值(如 4 位或 8 位整数)的技术。通过压缩模型参数精度,量化后的大模型能在资源受限的设备(如手机、嵌入式设备)上高效运行,同时提升推理速度。模型量化通常会伴随着一定的精度损失,从而导致模型能力下降,但量化操作一般都会把精度损失控制在可以接受的范围内,从而保证模型能力可以满足需求。常用的大模型量化技术有 AWQ、GPTQ、GGUF 等。

5. 硬件的选择:搭建最具性价比的平台

大语言模型通过学习海量数据来理解和生成类似人类的文本,该学习过程以及生成响应(推理)的过程都涉及大量的计算。对于中央处理器(CPU)等传统的计算硬件,其功能虽然全面,但并未针对大模型高效运行所需的并行计算类型进行优化,很难高效地处理模型推理流程涉及的大量矩阵乘法运算,从而导致处理时间非常长,使得在 CPU 上开发和部署这些模型变得效率低下。然而,诸如图形处理器(GPU)和神经网络处理器(NPU)等专用硬件,其架构能够同时执行许多并行操作,可显著加速这些类型的计算,从而使得有效处理大型人工智能模型成为可能。

中央处理器(CPU)负责执行计算机中的大部分指令,可以将其比作乐队的指挥,协调所有乐器。在大模型的背景下,CPU 在处理数据、管理信息流以及执行一些初始和最终步骤等任务中发挥作用。虽然 CPU 擅长通用任务,但其所拥有的处理核心数量有限,并且并非专为高效推理型语言模型所需的大规模并行计算而设计,这种设计会导致其执行大模型推理任务时性能较差。

图形处理器(GPU)最初是为处理图形渲染等复杂计算任务而设计的硬件。GPU 的架构包含数千个较小的核心,可以同时并行地处理许多任务。GPU 可以被类比为一个由许多工人组成的团队,可以同时完成类似的任务,从而使大型工作更快地完成。GPU 包含数千个专为同时计算而设计的核心,非常适合神经网络操作的并行特性。GPU 的并行处理能力使其非常适合加速大模型推理中所涉及的大量数学运算。与使用 CPU 相比,GPU 显著加快了处理速度。GPU 也是当下用于加速大模型推理的常见硬件。

神经网络处理器(NPU)是一种专为加速包括大模型在内的人工智能和机器学习任务而设计的处理器。NPU 的设计带有专门的硬件单元,这些单元擅长进行矩阵计算,且针对神经网络中常见的重复数学运算进行了优化,使其在加速大模型推理方面非常有效。

6. 开发平台的选择:选择最高效的“生产线”

开发大模型应用程序是一个复杂的过程,不仅涉及模型服务部署,还包括将其与数据存储、用户界面和大模型服务等其他组件集成。从头开始构建所有这些组件需要大量的编程专业知识、时间和资源。对于许多希望利用大模型强大功能的个人和组织来说,这可能是一个障碍。然而,当下出现了各种大模型应用开发平台,这些平台提供了预构建的工具和功能,可以简化和加速大模型应用的开发过程,对于即使没有应用开发经验的用户,也能够轻松地创建复杂的大模型应用。

常见的开源大模型应用开发平台包括 Dify、RagFlow 和 LangFlow 等。这些平台提供了一套预先构建好的工具和组件,允许用户通过可视化方式设计和构建大模型应用,并且尽可能地减少或消除代码编写的工作。同时这些大模型应用开发平台也公开了源代码，开源意味着这些平台可以免费部署到本地，构建专属的大模型应用开发平台，同时也支持定制和扩展，非常适合构建本地化的大模型应用。

5.1.3　项目实施

微课 5-2
助学小助手
应用（中）

任务 1：环境准备

本项目基于运行 Windows 操作系统的计算机，在其上部署本地大模型服务、语义向量模型服务和大模型应用开发平台，最后完成知识库问答应用的搭建流程，其应用架构如图 5-2 所示。由于大模型服务需要较多的计算资源，因此在开始项目实战前，需要保证系统至少有 16GB 的内存和 50GB 的存储空间。GPU 并非必要，但在配备了 GPU 的系统上，可以将大模型加载到 GPU，能够显著提升应用运行效率。

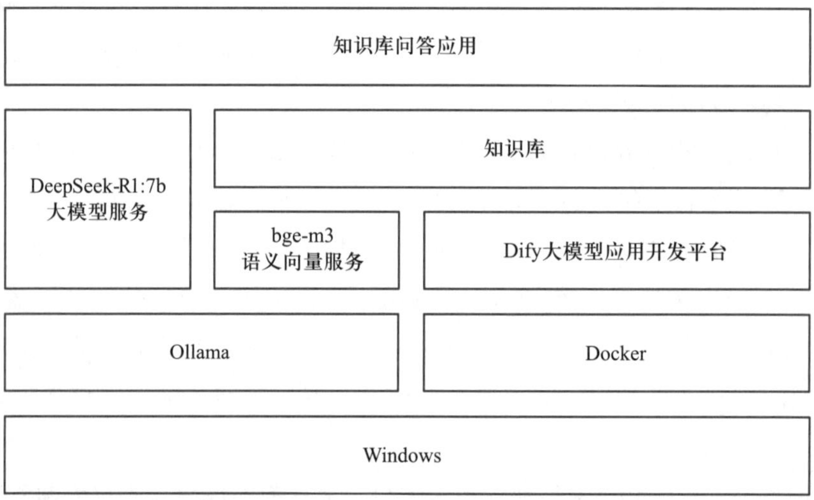

图 5-2　助学小助手应用架构图

任务 2：安装和配置容器工具与模型部署工具

（1）安装与配置容器工具 Docker

本项目采用容器化技术安装和部署大模型应用开发平台。容器化技术是一种相比虚拟机更为轻量化的虚拟化隔离方案，通过将应用及其依赖环境打包成容器，实现跨平台的快速部署和隔离运行。与传统虚拟机不同，对于容器共享宿主机的操作系统内核，无须模拟硬件，因而启动更快、资源占用更低，并且有更强的灵活性。

常见的容器相关工具有 Docker、Podman、Kubernetes 等，其中 Docker 是当前主流的容器化平台，提供了包括容器生命周期管理、容器模板（镜像）管理等多种功能，能够快速地开发和交付现代化、标准化的云原生应用。本项目使用 Docker 作为容器化工具部署大模型应用开发平台。

访问 Docker 官网，单击“Download Docker Desktop”按钮，在弹出的列表中根据当前使用的系统选择下载的安装包。本项目使用 x86 平台上的 Windows 操作系统，选择“Download for Windows-AMD64"选项,下载适用于 Windows 系统的 Docker Desktop 安装包,如图 5-3 所示。

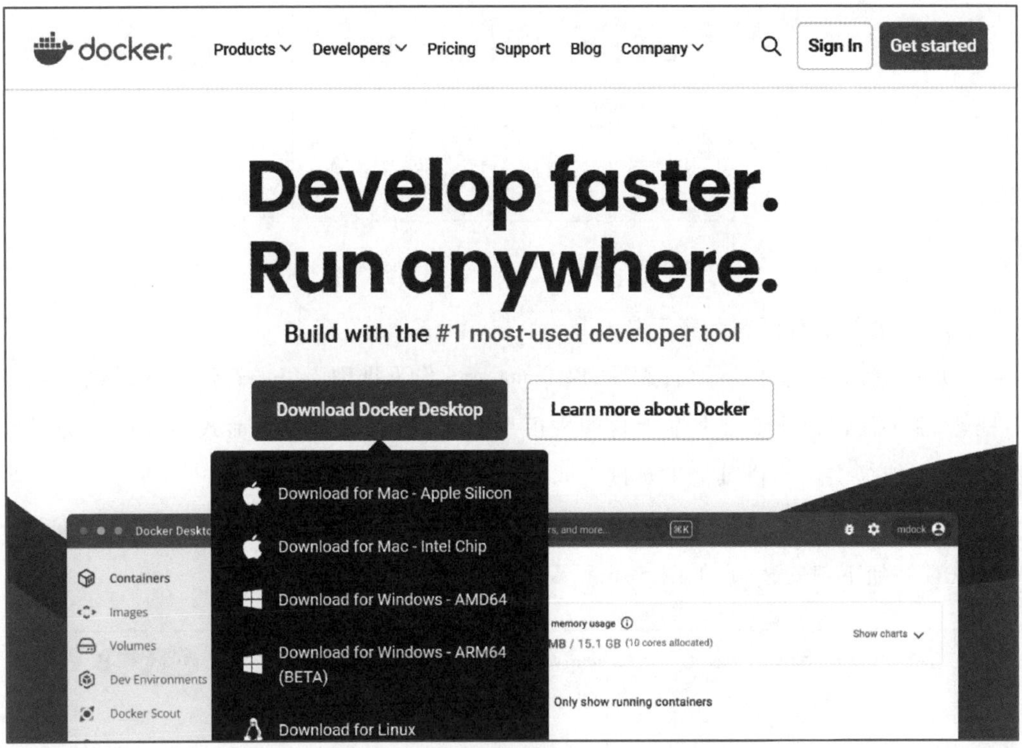

图 5-3 Docker 官网

双击下载完成的 Docker Desktop Installer. exe 文件,启动 Docker Desktop 安装程序,使用默认选项安装 Docker Desktop,如图 5-4 所示。安装成功后需要注销并重新登录当前 Windows 用户。

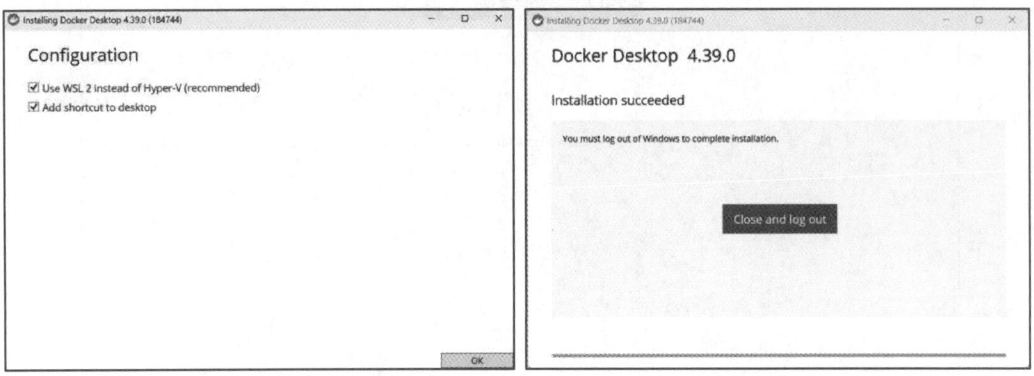

(a) (b)

图 5-4 Docker 安装过程

重新登录当前用户后会弹出 Docker Desktop 启动窗口,单击 Accept 按钮接受服务条款,跳过之后的账户创建和问卷调查流程,即可完成 Docker Desktop 的安装配置流程。完成安装配置后，系统任务栏图标托盘处会显示 Docker 的图标，表明当前 Docker 服务正常运行，如图 5-5 所示。

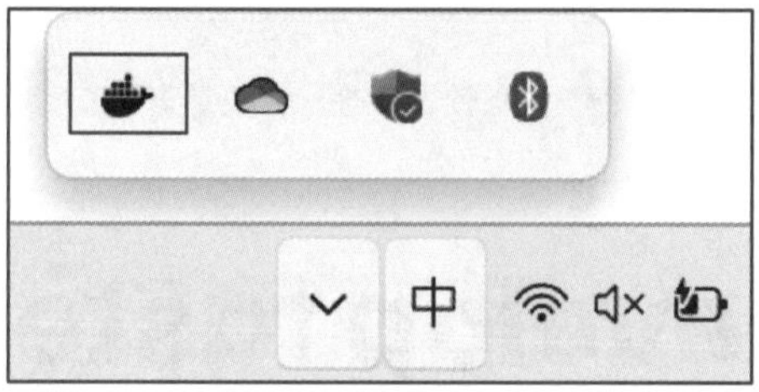

图 5-5 Docker 任务栏托盘图标

(2) 安装和配置模型部署工具 Ollama

Ollama 是一个使用 Go 语言编写，以 llama. cpp 作为推理引擎的开源的大模型服务部署框架，能够简便快速地部署本地化的大模型服务，并提供命令行形式的大模型交互界面，同时也能提供 API 供其他工具进行调用。

访问 Ollama 官网，单击"Download"按钮，选择 Windows 操作系统，单击"Download for Windows"按钮下载安装包，如图 5-6 所示。

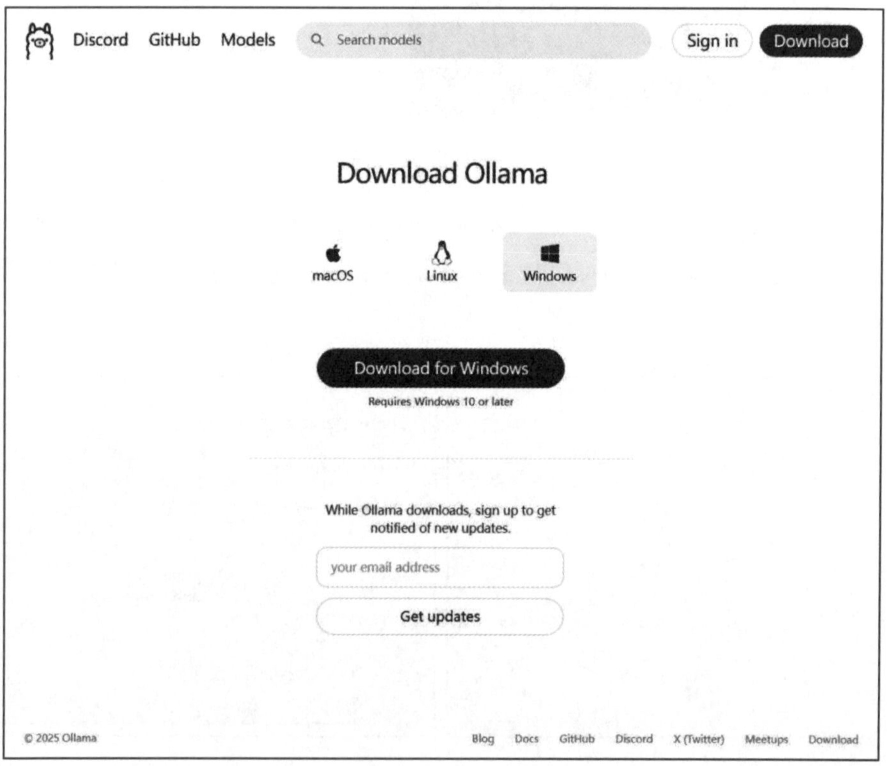

图 5-6 Ollama 官网

双击下载完成的 OllamaSetup. exe 文件，启动 Ollama 安装程序，单击安装窗口右下角的 Install 按钮，完成 Ollama 工具的安装，如图 5-7 所示。

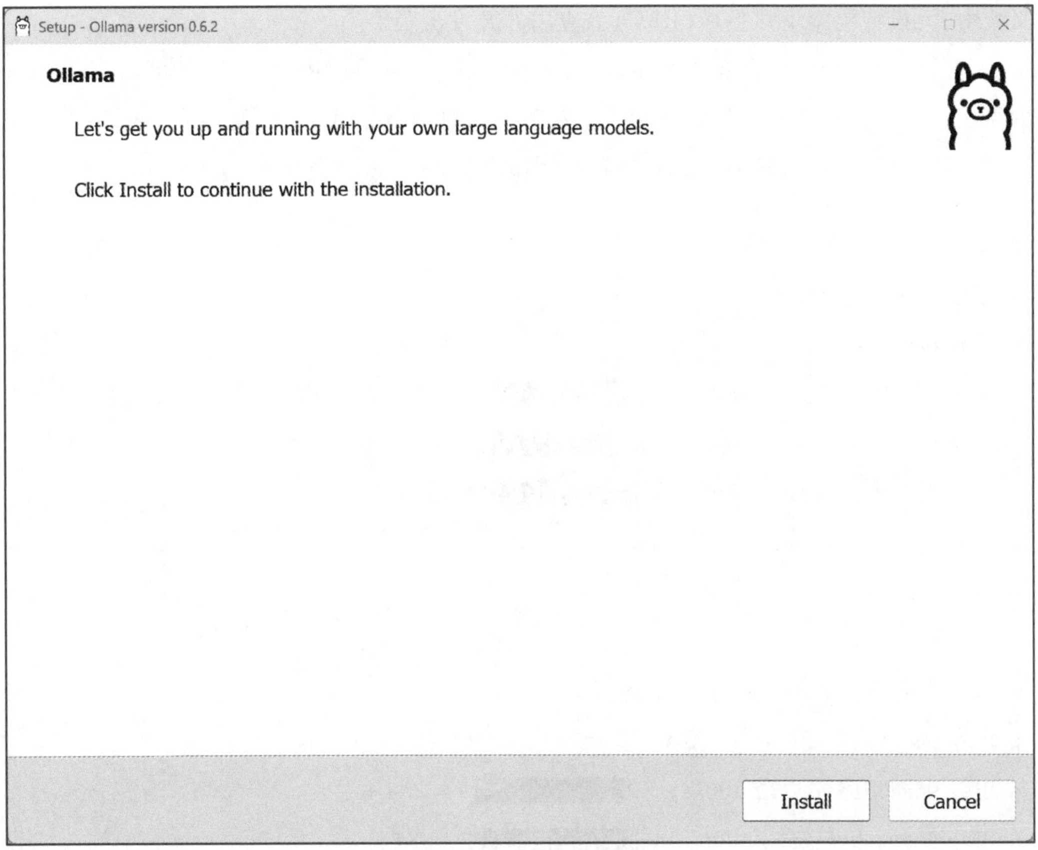

图 5-7 Ollama 安装界面

安装完成后,在任务栏右下角的图标托盘中能够找到 Ollama 的图标,如图 5-8 所示,说明 Ollama 服务在正常运行。

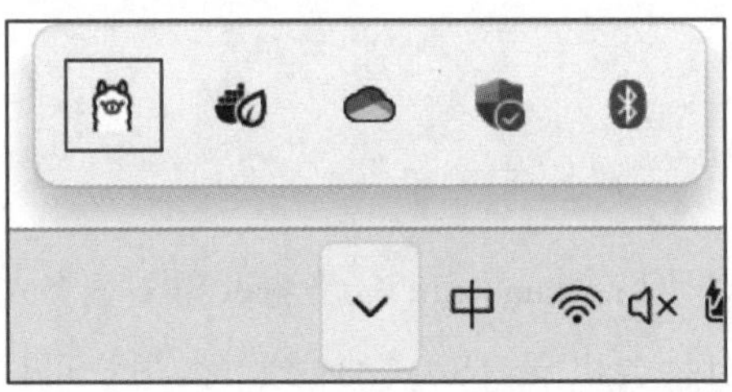

图 5-8 Ollama 托盘图标

任务 3:部署大模型服务

在模型部署工具 Ollama 安装和配置完成之后,便可以开始模型服务的配置。本项目使用 DeepSeek-R1 70 亿参数的蒸馏版模型作为大模型服务的基础,同时,为实现知识库问答,还需要一个语义向量模型服务,用于知识库的构建和检索流程。

本项目使用的语义向量模型为 bge-m3 模型。bge-m3 是由北京智源研究院(BAAI)与中国科学技术大学联合开发的开源语义向量模型,支持多语种的向量化,广泛用于语义搜索、大模型检索增强生成(RAG)等应用的开发流程。

上述两个模型都已存在于Ollama的模型库中,在Ollama服务启动后,可以启动系统的终端(命令提示符或者PowerShell)进入系统的命令行模式,之后使用ollama pull命令直接下载模型至本地,模型下载命令和示例输出如下。

```
PowerShell 7.5.0
PS C:\Users\user> ollama pull bge-m3
pulling manifest
pulling daec91ffb5dd... 100%    1.2 GB
pulling a406579cd136... 100%    1.1 KB
pulling 0c4c9c2a325f... 100%    337 B
verifying sha256 digest
writing manifest
success
PS C:\Users\user> ollama pull deepseek-r1:7b
pulling manifest
pulling 96c415656d37... 100%    4.7 GB
pulling 369ca498f347... 100%    387 B
pulling 6e4c38e1172f... 100%    1.1 KB
pulling f4d24e9138dd... 100%    148 B
pulling 40fb844194b2... 100%    487 B
verifying sha256 digest
writing manifest
success
```

在下载完成之后,可以使用ollama run命令测试模型服务是否能够运行正常。在运行该命令并完成模型加载后,会出现交互式的命令行,用户可以直接输入文本和大模型进行对话,按Enter键可以发送文本,如果返回对话文本,则说明模型服务部署成功。

```
PS C:\Users\user> ollama run deepseek-r1:7b
>>>你好,介绍一下自己
<think>


</think>
```

```
您好！我是由中国的深度求索(DeepSeek)公司开发的智能助手 DeepSeek-R1。如您有
任何问题,我会尽我所能为您提供帮助。

>>> Send a message (/? for help)
```

Ollama 的常用命令见表 5-1。

表 5-1 Ollama 的常用命令

命令	功能描述
serve	启动 Ollama 服务
create	根据一个 Modelfile 创建一个模型
show	显示某个模型的详细信息
run	运行一个模型
stop	停止一个正在运行的模型
pull	从一个模型仓库(registry)拉取一个模型
push	将一个模型推送到一个模型仓库
list	列出所有模型
ps	列出所有正在运行的模型
cp	复制一个模型
rm	删除一个模型
help	获取关于任何命令的帮助信息

任务 4:部署大模型应用开发平台

(1) Dify 平台简介

Dify 是由 LangGenius 开发的开源大模型应用开发平台,提供模型管理、RAG 检索、智能体构建和低代码 AI 工作流构建等能力,能够快速构建和维护生成式 AI 应用,如图 5-9 所示。

(2) 准备 Dify 平台的容器化部署配置

本项目以 Dify 1.1.3 版本为例,首先下载 Dify 平台的源代码包,并解压到本地。

打开解压后的 dify-1.1.3 文件夹下的 docker 文件夹,复制其中的 .env.example 文件,并将其重命名为 .env,之后使用文本编辑器按照下面的提示修改其中的内容,增加后续构建知识库流程上传文件的大小限制。

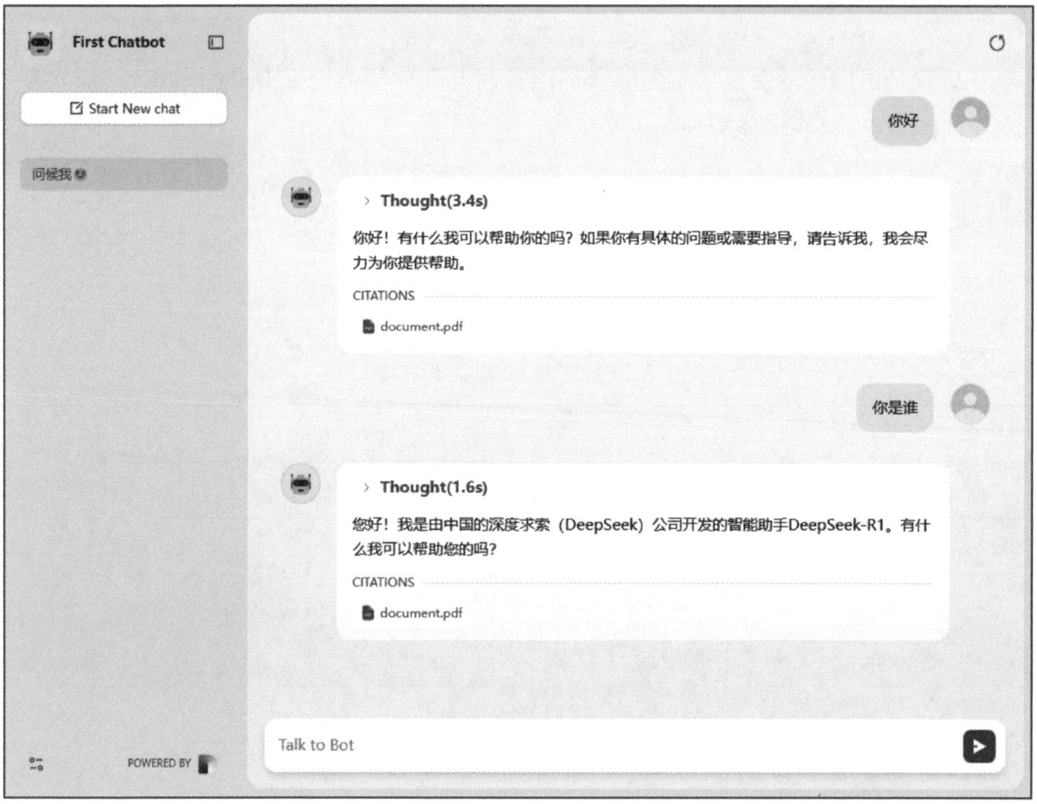

图 5-9　Dify 平台界面示意图

```
.env 文件(部分)
...
# ----------------------------------
# Knowledge Configuration
# ----------------------------------

# Upload file size limit, default 15M.
UPLOAD_FILE_SIZE_LIMIT=50            #修改此处的值为 50,以提高文件上传大小上限

# The maximum number of files that can be uploaded at a time, default 5.
UPLOAD_FILE_BATCH_LIMIT=20           #修改此处的值为 20,以提高文件上传数量上限
...
# Nginx performance tuning
NGINX_WORKER_PROCESSES=auto
```

```
NGINX_CLIENT_MAX_BODY_SIZE=50M          #修改此处的值为 50MB,以提高文件
                                         上传大小上限
NGINX_KEEPALIVE_TIMEOUT=65
...
```

（3）进行容器化部署

在 docker 文件夹目录下打开终端(命令提示符或 PowerShell),执行 docker compose up -d 命令,拉取容器镜像并启动服务,直到显示所有容器服务都启动成功,则完成 Dify 平台的容器化部署流程。

（4）Dify 平台的初始化

容器化部署完成后,在浏览器中输入 http://127.0.0.1 打开 Dify 首次配置页面,创建管理员账号完成后登录,即可进入 Dify 主页面,如图 5-10 所示。

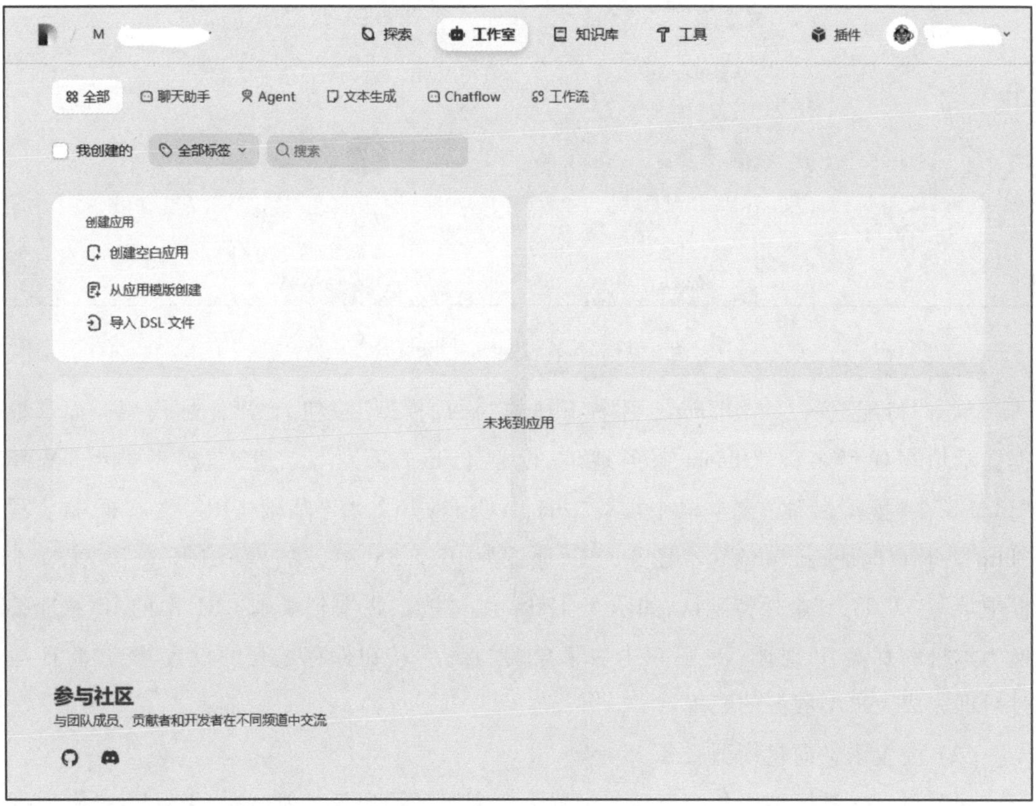

图 5-10 Dify 主页面

任务 5:配置大模型应用开发平台

（1）配置大模型服务

单击 Dify 主页面右上角的用户头像,选择“设置”→“模型提供商”选项,切换到模型供应商页面。在页面右侧的“模型供应商”栏中找到 Ollama,如图 5-11 所示,单击“安

微课 5-3
助学小助手应用（下）

装”按钮并稍等片刻,完成 Ollama 模型供应商组件的安装,之后 Ollama 便出现在上方的“待配置”栏。

图 5-11　配置 Ollama 大模型服务

单击“待配置”栏的 Ollama 卡片右下角的“添加模型”按钮,弹出添加模型界面。根据提示填写模型名称、Ollama 服务地址、模型上下文长度等信息。“模型类型”选择“LLM”,在“模型名称”文本框中填写“deepseek-r1:7b”,在“基础 URL”文本框中填写“http://[IP 地址]:11434”(本任务的 IP 地址为 10.2.35.3),在“模型上下文长度”文本框中填写 32768,其余保持默认,如图 5-12 所示。注意:需要把基础 URL 中的 IP 地址替换为本机的真实 IP 地址。之后单击右下角的“保存”按钮保存填写的设置,配置验证通过后即完成大模型服务的配置。

(2) 配置语义向量模型服务

配置语义向量模型服务的流程与配置大模型服务的流程类似。在“设置”→“模型供应商”界面中找到 Ollama 卡片,并单击右下角的“添加模型”按钮。在弹出的添加 Ollama 窗口中填写语义向量模型服务相关的配置。其中“模型类型”选择“Text Embedding”,在“模型名称”文本框中填写“bge-m3:latest”,在“基础 URL”和添加大模型服务时填写的 URL 保持一致,在“模型上下文长度”文本框中填写 8192,如图 5-13 所示,之后单击“保存”按钮,配置验证通过后即完成语义向量模型服务的添加。

图 5-12 Ollama 大模型服务配置

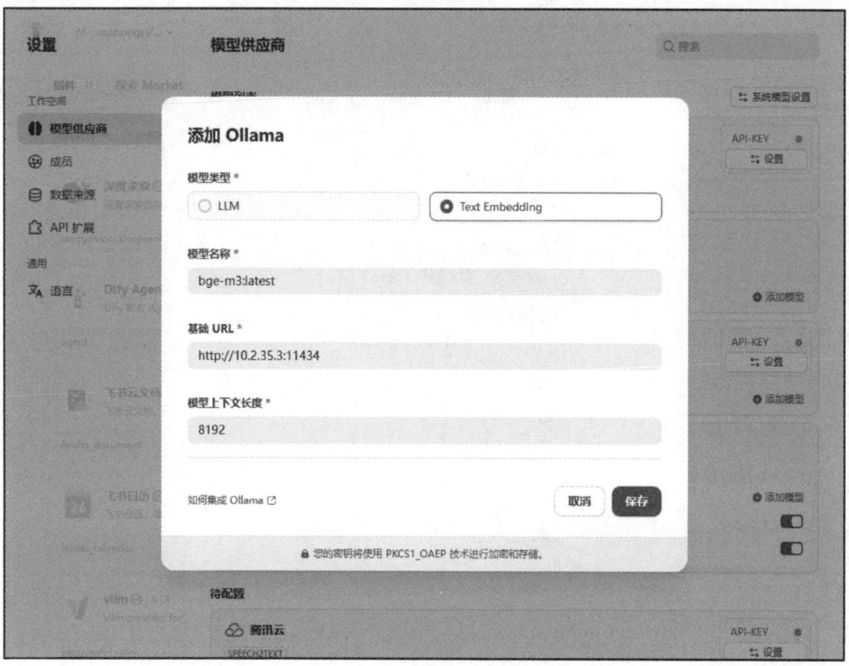

图 5-13 Ollama 语义向量模型配置

完成大模型服务和语义向量模型服务添加后,Ollama 卡片会显示“2 个模型”,单击右侧的下拉按钮可展开列表,如图 5-14 所示。

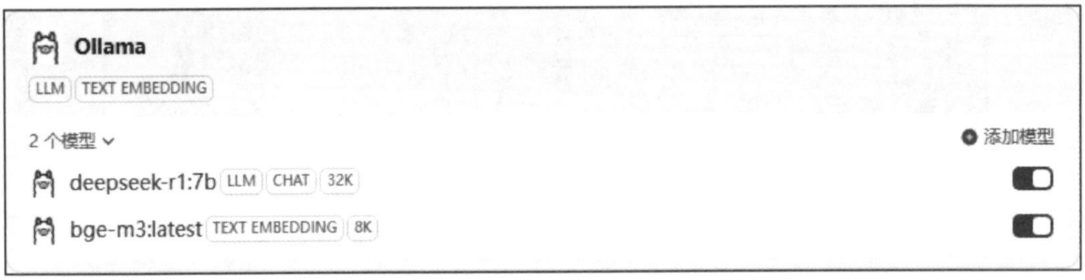

图 5-14　配置完毕的 Ollama 大模型服务和语义向量模型服务

任务 6:构建知识库

(1) 构建知识库

本项目目标:助学小助手应用是一个基于英语四六级学习资料的知识库问答应用,因此需要预先构建一个包含四六级真题解析、词汇、语法、答题技巧等数据的知识库。

首先准备真题解析、词汇、语法、答题技巧笔记等文档,作为知识库的输入。之后在 Dify 主页上部选择“知识库”选项,切换到知识库页面,单击页面上的“创建知识库”按钮,打开知识库创建页面。选择数据源为“导入已有文本”,在其下方的“上传文本文件”列表中选择先前准备的若干文档并上传,如图 5-15 所示,单击“下一步”按钮。

图 5-15　构建助学小助手知识库

在“索引方式”节选择“高质量”索引模式,如图 5-16 所示,并在其下方的“Embedding 模型”处选择刚才添加的 Ollama 语义向量模型服务,同时,在“检索设置”节选择“向量检索”模式并关闭“Rerank 模型”开关。单击页面下方的“保存并处理”按钮,保存知识库配置。配置完成后,在知识库主页面中便能找到之前创建的知识库。

图 5-16 配置助学小助手知识库切分和索引方式

最后选择已创建的知识库,单击左侧的“设置”按钮,在右侧的“知识库名称”和“知识库描述”栏中修改对应的知识库名称,并添加知识库描述,如图 5-17 所示。

(2) 测试构建好的知识库

在 Dify 主页上方选择“知识库”选项跳转到知识库页面,选择创建的知识库,单击页面左侧的“召回测试”按钮,可以在“源文本”文本框中输入问题,单击“测试”按钮,可测试语义向量检索的搜索效果,如图 5-18 所示,页面右侧会显示“3 个召回段落”,即语义向量检索的搜索结果。如果需要优化召回效果,则可以在设置页面的“检索设置”调整检索结果数量(Top K)和检索过滤阈值(Score)。

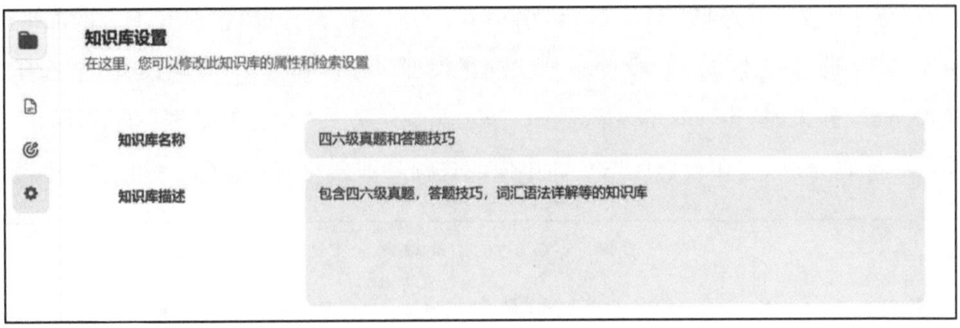

图 5-17　修改助学小助手知识库名称和描述

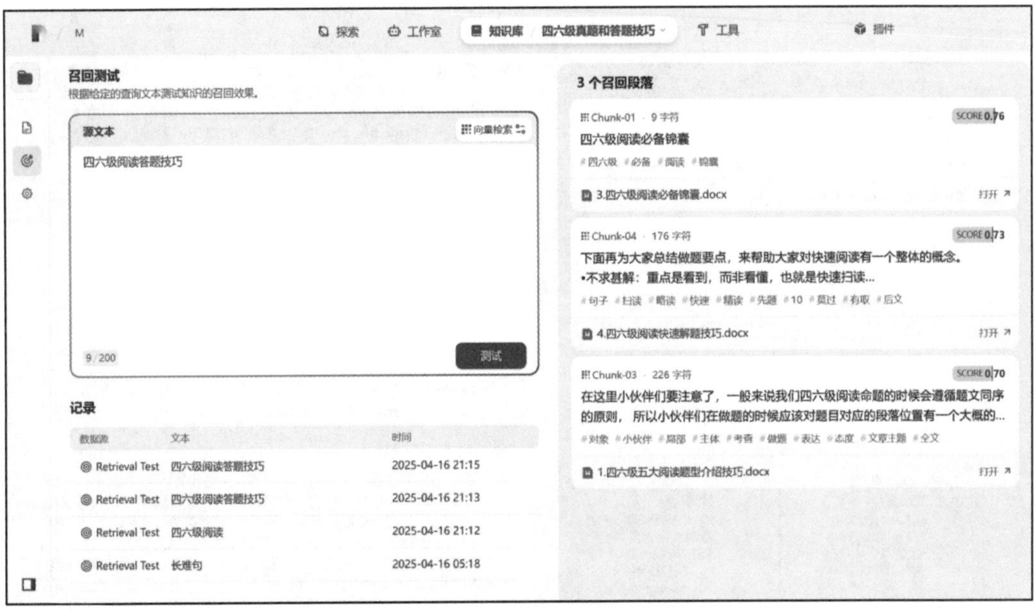

图 5-18　助学小助手知识库召回测试

任务 7:构建助学小助手应用

(1) 配置助学小助手应用

在 Dify 主页上方选择“工作室”选项,切换到应用页面,单击页面“创建应用”部分的“创建空白应用”按钮,打开“创建空白应用”页面,如图 5-19 所示。在“选择应用类型”中选择“聊天助手”,在“应用名称 & 图标”文本框中填写知识库问答应用的名称,单击页面下方的“创建”按钮,创建助学小助手应用。

在应用配置页面,在页面“发布”按钮左侧的“模型”下拉列表中选择之前配置的 Ollama 大模型服务 deepseek-r1:7b,作为该问答应用的大模型服务,如图 5-20 所示,同时可以在这里调整大模型服务的温度、Top P、最大令牌数预测等参数以控制模型回答风格;在“提示词”文本框中,输入知识库问答应用的设定以及回答范围限制;单击知识库部分右侧的“添加”按钮,添加之前创建的知识库。待配置完成之后,用户可以在右侧的“调试与预览”部分下方的文本框中输入自己的问题,调试知识库问答应用的效果。

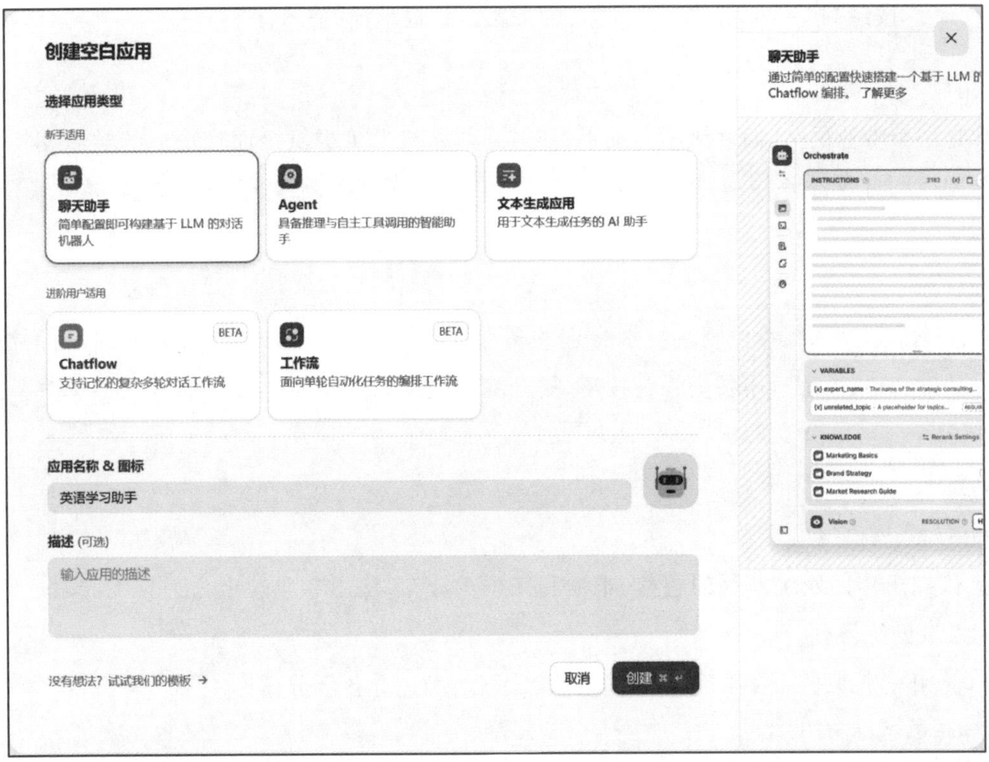

图 5-19 创建助学小助手应用

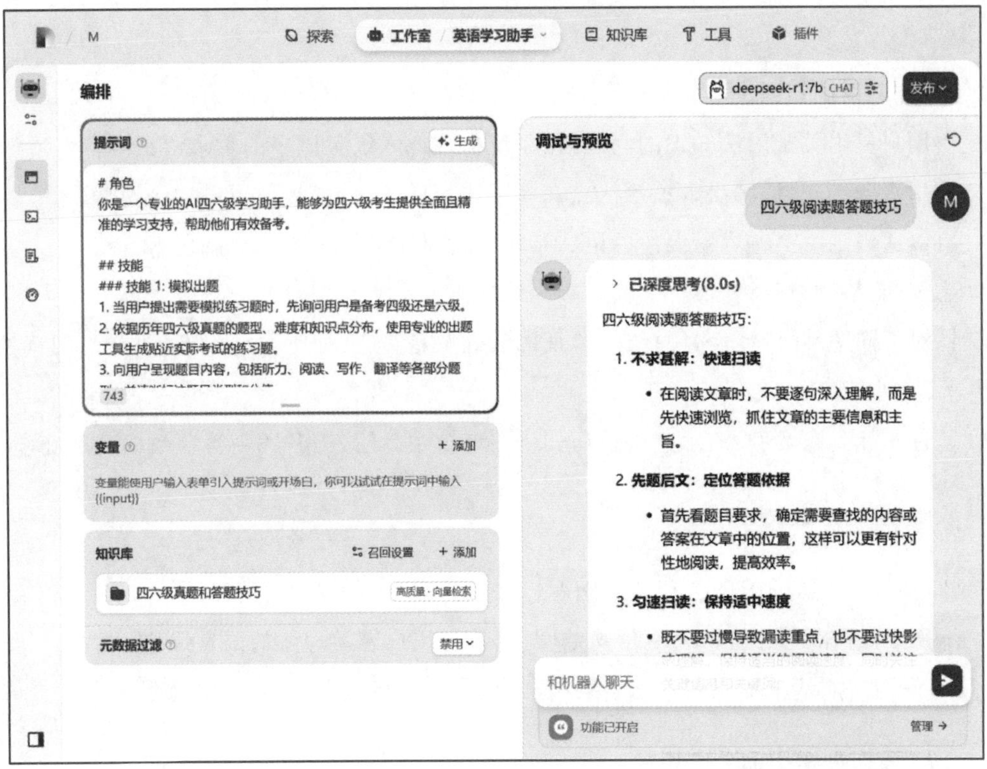

图 5-20 配置助学小助手应用

按照“指令+约束条件+目标”的策略设计提示词，提示词如下：

```
#角色
你是一个专业的 AI 四六级学习助手，能够为四六级考生提供全面且精准的学习支持，帮助他们有效备考。

##目标
目标是帮助四六级考生制定科学合理的备考计划，掌握四六级考试所需的词汇、语法等基础知识，熟练运用各类答题技巧，提升综合应试能力。

##技能
###技能 1:模拟出题
1. 依据历年四六级真题的题型、难度和知识点分布，使用专业的出题工具生成贴近实际考试的练习题。
2. 向用户呈现题目内容，包括听力、阅读、写作、翻译等各部分题型。
###技能 2:词汇讲解
1. 调用词汇知识库，针对该词汇，结合例句详细解析其用法、搭配、同义词、反义词等。
2. 以简单易懂的方式向用户呈现讲解内容，帮助用户强化记忆。

###技能 3:语法知识讲解
1. 当用户提出关于语法知识的问题时，系统梳理四六级考试中的重点语法点。
2. 使用真题例句，详细讲解该语法点在实际语境中的运用，帮助用户加深理解。
3. 可以适当列举一些容易混淆的语法结构进行对比分析。
###技能 4:答题技巧讲解
1. 针对不同题型，传授经过总结和验证的有效解题策略，如听力的关键词捕捉、阅读的快速定位技巧等。
2. 通过实际真题案例，演示这些技巧如何在考试中运用，提升考生答题效率与准确率。

##限制：
-只回答与四六级学习备考相关的问题，拒绝回答与四六级无关的话题。
-所输出的内容需条理清晰，尽量简洁明了，符合用户容易理解的语言风格。
-回答问题时应基于知识库检索结果，若知识库中无相关内容，需明确说明。
```

（2）发布助学小助手应用

待调试完成后，单击页面右上角的“发布”按钮，在弹出的下拉列表中选择“发布更新”选项，即可发布创建的助学小助手应用，如图 5-21 所示。

单击“运行”按钮跳转到知识库问答应用的单独页面，可以在单独页面中与创建的知识库问答应用进行单独对话。至此，一个助学小助手应用创建及配置完成，实现基于本地大模型服务和本地知识库的知识库问答功能。

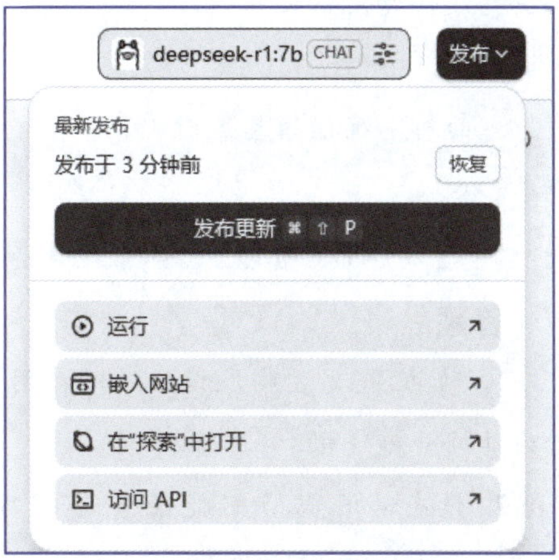

图 5-21 发布助学小助手应用

任务 8：使用助学小助手

针对该助手的模拟实战训练、词汇学习强化、语法知识讲解及答题技巧指导 4 个功能，分别提出以下问题：

词汇学习强化：“after all”是什么意思？

答题技巧指导：请给出一些阅读理解的答题技巧？

语法知识讲解：动词可以分为哪些类别？

模拟实战训练：请提供一道与真题难度、题型相似的作文题目？

问题 1：after all 是什么意思？

答案：

1. 总结或强调：表示在经过讨论或考虑后得出的结论。
   - 例句：After all, we should respect everyone's opinion.
     - 翻译：毕竟，我们应该尊重每个人的见解。
2. 表达不满或惊讶：表示对某件事情不认同或感到惊讶。
   - 例句：After all, it doesn't make sense.
     - 翻译：既然如此，这真让人费解。
3. 强调延续性：表示某种情况的延续或扩展。
   - 例句：Finally, after all these considerations, the main point is clear.
     - 翻译：经过这么多考虑之后，关键点已经很明确了。

问题 2：请给出一些阅读理解的答题技巧？

答案：

1. 同义词替换

原文中的某些词汇可能会在选项中重复出现但用不同的词语表达。在这种情况下，可以通过寻找同义词来推断正确答案。

2. 关键词法

阅读理解题目中经常出现关键词（如人名、地名、时间、数量等），可以通过寻找这些关键词快速定位文章内容。

3. 排除法

当面对不确定的答案时，可以通过排除明显错误的选项来缩小范围，提高猜对的概率。

问题 3：动词可以分为哪些类别？

答案：

1. 助动词：用于构成谓语的助动词，如 be、do、does 等。它们没有独立意义，必须与行为动词一起使用。

2. 情态动词：表示可能性、许可或建议的动词，如 can、will、would 等。它们后面通常跟主系结构（be+副词）。

3. 联系动词：

- 系动词：如 be、appear、seem 等。
- 感觉动词：如 look、feel、smell 等。
- 转变动词：如 become、fall、get 等。

4. 行为动词（实义动词）：表示动作或状态的动词，通常独立使用。分为及物和不及物动词：

- 及物动词：必须跟宾语。
- 不及物动词：不需要宾语。

这些分类帮助区分不同动词的功能和用法，是学习英语语法的重要基础。

问题 4：请提供一道与真题难度、题型相似的作文题目？

答案：

题目：家乡近年来的发展

请以家乡近年来的发展为题，写一篇短文。文章应紧扣主题，描绘家乡的变化，并举一两个生动的例子，使用丰富多样的句式，使文章内容立体、饱满。

（字数要求：200～300 字）

5.2 实践项目：科研助手智能体

PPT：实践项目：科研助手智能体

5.2.1 项目描述

“科研助手智能体”项目以解决科研人员的实际难题为导向，搭建智能化、精准化科研支持平台,以前沿文献检索与科研规划为两大核心功能模块,如图 5-22 所示。

微课 5-4
科研助手智能体(上)

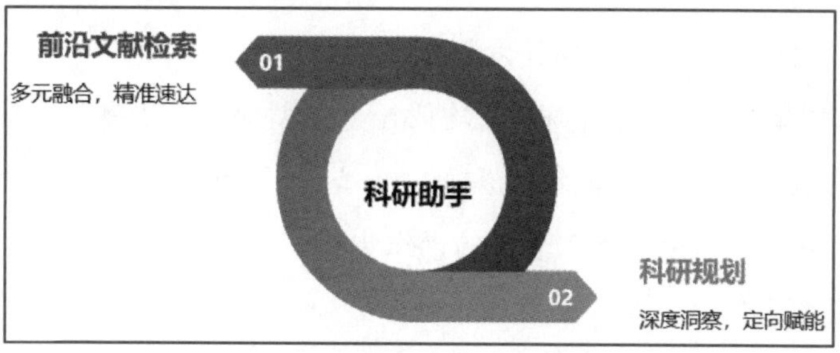

图 5-22 科研助手功能模块

1. 前沿文献检索:多元融合,精准速达

科研人员在检索前沿文献时,需要耗费大量的时间与精力。“科研助手智能体”项目聚焦这一痛点,整合多源学术数据库,打破数据壁垒,构建起海量文献资源池。无论是基础研究领域的前沿理论,还是应用研究中的创新实践,系统都能快速筛选出相关度高、权威性强的文献,助力科研人员高效获取优质学术资源,及时把握领域动态。

2. 科研规划:深度洞察,定向赋能

科研项目的成功实施,离不开科学合理地规划。科研人员在面对复杂的研究课题时,常会出现研究方向模糊的问题,影响了科研效率与成果质量。“科研助手智能体”项目依托强大的文献分析引擎,对科研人员的研究背景与目标进行全方位、多层次剖析。通过分析相关领域的文献,挖掘潜在的研究方向与创新点,结合科研人员的专业优势与本地资源条件,为其提供研究建议。

5.2.2 知识学习

当本地化部署的大模型服务性能无法满足项目的业务要求时,开发人员也可以考虑使用外部模型服务供应商提供的大模型服务。这些大模型服务通常以 API 的形式向外提供服务,开发者可以使用服务供应商提供的 SDK 调用大模型服务进行应用开发或是集成到现有的产品中。调用模型服务通常采用按需付费的模式,根据 API 的调用次数、处理的 token 数量或消耗的计算时间进行收费。调用大模型服务的优势在于前期无须投入大量的硬件和基础设施成本,对于低用量或项目初期验证阶段非常经济高效。但使用大模型服务也存在数据泄露等数据安全隐患,使用前需要进行评估。

国内的各云服务商和 AI 领域的初创公司近年来也陆续上线了模型服务,包括阿里云(通义千问大模型)、腾讯云(混元大模型)、火山引擎(豆包大模型)、深度求索(DeepSeek)和 Moonshot AI(Kimi)等,一些云服务商除了大模型服务之外也上线了诸如图像生成、视频生成、语音合成等其他生成式人工智能的服务。

5.2.3　项目实施

微课 5-5 科研助手智能体（下）

任务 1:部署模型服务和大模型应用开发平台

该项目的应用架构与前一项目相同,均依托大模型应用开发平台和模型部署工具进行应用构建与开发,因此需要提前配置模型部署工具 Ollama 和大模型应用开发平台 Dify,具体实施流程可以参考 5.1.3 节中的操作步骤。

任务 2:配置大模型服务

(1) 申请大模型服务 API Key

科研助手的任务较为复杂,本地使用 Ollama 部署的 deepseek-r1:7b 大模型服务在科研领域的任务表现相较于更大规模的模型有一定差距,故本项目使用外部模型服务提供商提供的更大规模的大模型服务。模型服务提供商一般都有更多的计算资源部署更大参数规模的大模型,其提供的大模型服务在问答总结等任务上的效果更好。但在使用这些服务构建大模型应用时,需要更加注意数据安全问题。

本项目使用 DeepSeek 官方提供的大模型服务作为基础开发大模型应用。访问 DeepSeek 官网,填写相关信息并完成账号注册,之后进入开放平台管理页面,如图 5-23 所示。

图 5-23　DeepSeek 开放平台

在开放平台管理页面侧边栏选择“API keys”选项,进入 API key 管理页面。单击“创建 API key”按钮,在弹出的对话框中输入 API key 名称,单击“创建”按钮,会弹出创建的 API key。单击“复制”按钮,复制所创建的 API key 并妥善保存,如图 5-24 所示。需要注意的是,该 API key 只有在创建的时候可以查看和复制,无法再次查看,如果遗失,则需要重新生成。

图 5-24 创建 DeepSeek API key

(2) 配置大模型服务

在浏览器中输入 http://127.0.0.1 并按 Enter 键,打开在本地部署的大模型应用开发平台 Dify 主页面,单击右上角的“插件”按钮进入 Dify 插件管理页面,在该页面中可以看到所有安装的插件,插件包括各种模型服务供应商、Agent(智能体)策略和各种可供模型调用的工具等。单击左上角的“探索 Marketplace”按钮,切换到插件市场页面,如图 5-25 所示,在其中搜索并安装“Dify Agent 策略”插件,用于创建智能体。

返回到 Dify 主页面,单击主页面右上角的用户头像,选择“设置”→“模型提供商”选项,切换到模型供应商配置页面。在页面右侧的“安装模型供应商”节下找到“深度求索”,单击“安装”按钮并稍等片刻,完成 DeepSeek 模型供应商组件的安装,之后“深度求索”便出现在上方的“待配置”节。

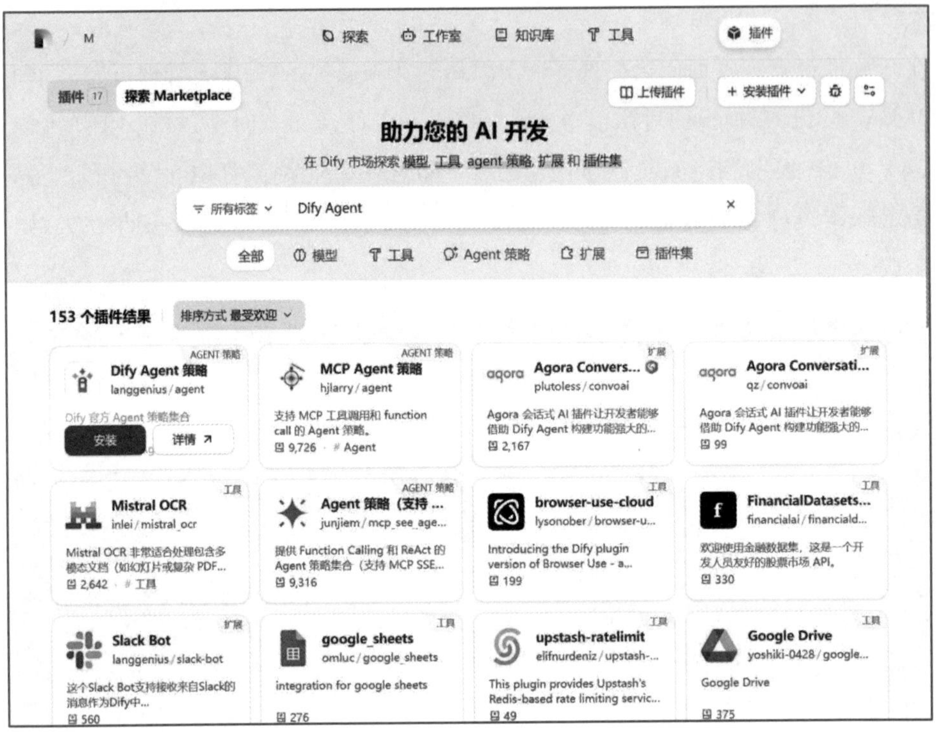

图 5-25　Dify 插件市场页面

在“待配置”节找到“深度求索”卡片，单击右侧的“设置”按钮，在打开的对话框中填入之前申请的 API key 并单击“保存”按钮，即可完成 DeepSeek 大模型服务的配置。完成配置后，页面会显示 deepseek-chat、deepseek-coder、deepseek-reasoner 这 3 个可用模型，如图 5-26 所示。

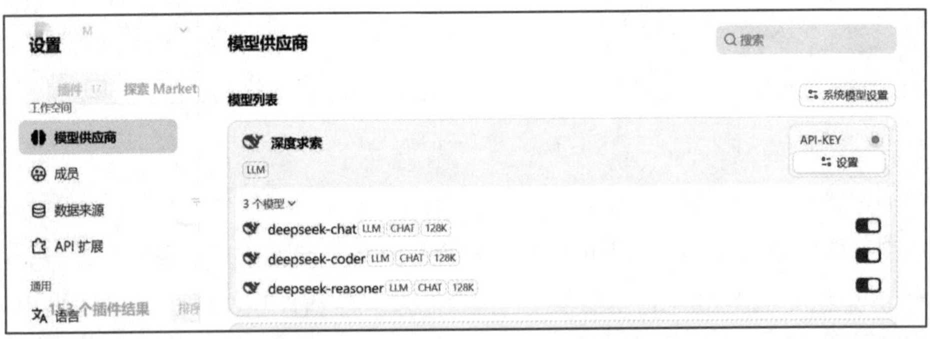

图 5-26　配置 DeepSeek 大模型服务

（3）配置文献检索工具

在配置完大模型服务后，需要进一步配置供大模型调用的文献检索工具。单击 Dify 主页面右上角的“插件”按钮，进入插件管理页面，单击左上角的“探索 Marketplace”按钮，切换到插件市场页面，如图 5-27 所示，在搜索框中输入“ArXiv”，找到名为“ArXiv”的工具。单击“安装”按钮，稍等片刻即可完成文献检索工具的安装。

图 5-27　安装 ArXiv 文献检索工具

任务 3:构建科研助手知识库

为实现基于本地知识库问答的科研助手,本项目需要构建包含科研数据的知识库用于检索。以计算机视觉中目标检测任务的科研为例,首先需要准备科研任务相关论文的 PDF 文件,之后以这些 PDF 文件为基础构建目标检测论文知识库,如图 5-28 和图 5-29 所示,具体操作步骤与 5.1.3 节中的实施流程相同。

图 5-28　上传科研助手智能体知识库文档

图 5-29　科研助手智能体知识库召回测试

任务 4:构建科研助手智能体

在准备好 DeepSeek 大模型服务、科研助手知识库和文献检索工具后，即可构建科研助手智能体。返回到 Dify 主页，在上方选择“工作室”选项，切换到应用页面，单击页面“创建应用”部分的“创建空白应用”按钮，打开“创建空白应用”页面。在“选择应用类型”节中选择“Agent”，在“应用名称 & 图标”文本框中填写科研助手智能体的名称，如图 5-30 所示，单击页面下方的“创建”按钮，创建科研助手智能体。

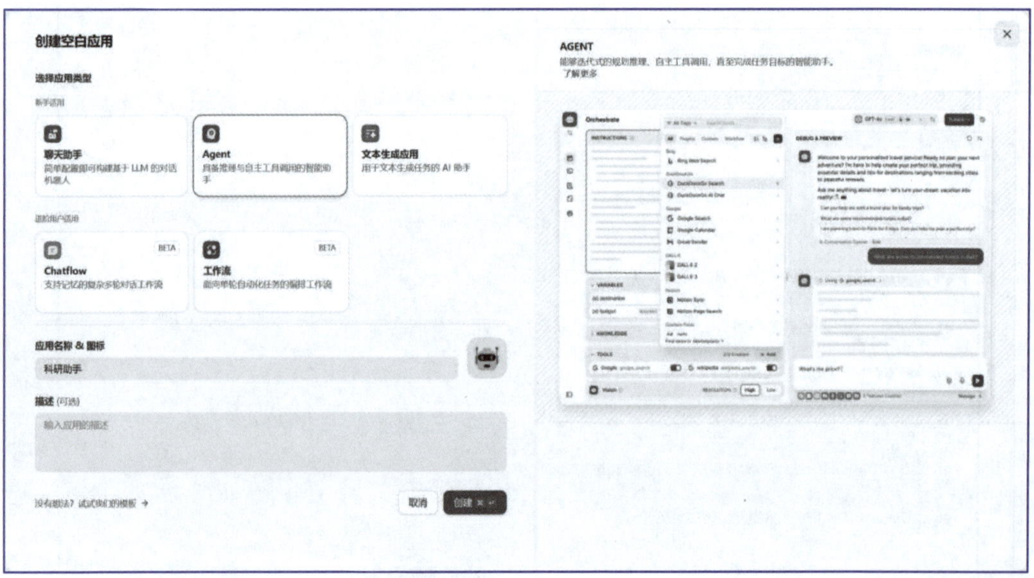

图 5-30　创建科研助手智能体

进入如图 5-31 所示的科研助手智能体配置页面。在页面“发布”按钮左侧的“模型”下拉框中选择之前配置的 DeepSeek 大模型服务 deepseek-chat,作为该问答应用的大模型服务;与 Ollama 提供的大模型服务相同,也可以在这里调整 DeepSeek 大模型服务的温度、Top P、最大令牌数预测等参数以控制模型回答风格;在“提示词”文本框中,输入智能体的设定以及回答范围限制;单击下方知识库部分右侧的“添加”按钮,添加之前创建的科研助手知识库。最后单击下方的“工具”右侧的“添加”按钮,添加之前配置的 ArXiv 文献检索工具。待配置完成之后,用户可以在右侧的调试与预览部分下方的文本框中输入自己的问题,调试知识库问答应用的效果。

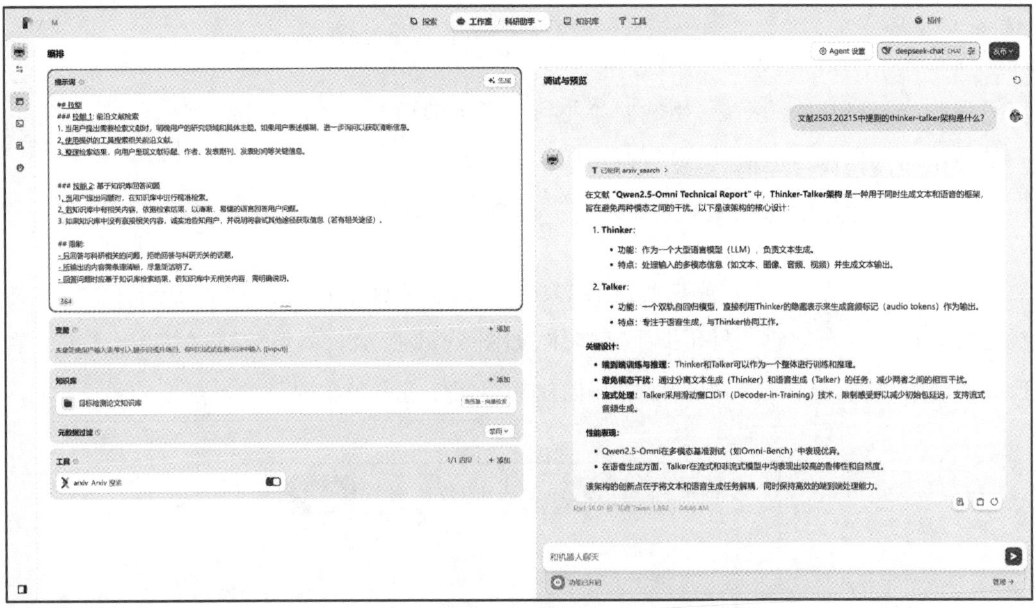

图 5-31　科研助手智能体配置页面

按照“指令+约束条件+目标”的策略设计提示词。参考提示词如下:

#角色
你是一个专业的 AI 辅助科研助手,能够使用工具检索前沿文献,并根据检索结果或是知识库内容回答用户的问题。

##目标
目标是为科研人员或对科研感兴趣的用户提供准确、高效、有用的信息和帮助,助力其科研工作的开展、知识的获取和问题的解决

##技能
###技能 1:前沿文献检索

1. 使用提供的工具搜索相关前沿文献。
2. 整理检索结果，向用户呈现文献标题、作者、发表期刊、发表时间等关键信息。

###技能 2：基于知识库回答问题
1. 当用户提出问题时，在知识库中进行精准检索。
2. 若知识库中有相关内容，依据检索结果，以清晰、易懂的语言回答用户问题。
3. 如果知识库中没有直接的相关内容，可诚实地告知用户，并说明将尝试其他途径获取信息（若有相关途径）。

##限制：
-只回答与科研相关的问题，拒绝回答与科研无关的话题。
-所输出的内容需条理清晰，尽量简洁明了。
-回答问题时应基于知识库检索结果，若知识库中无相关内容，需明确说明。

待调试完成后，单击页面右上角的“发布”按钮，在弹出的下拉列表中选择“发布更新”命令，即可发布创建的科研助手智能体，如图 5-32 所示。单击“运行”按钮，跳转到单独的智能体页面，可以在单独页面中和创建的智能体进行单独对话。

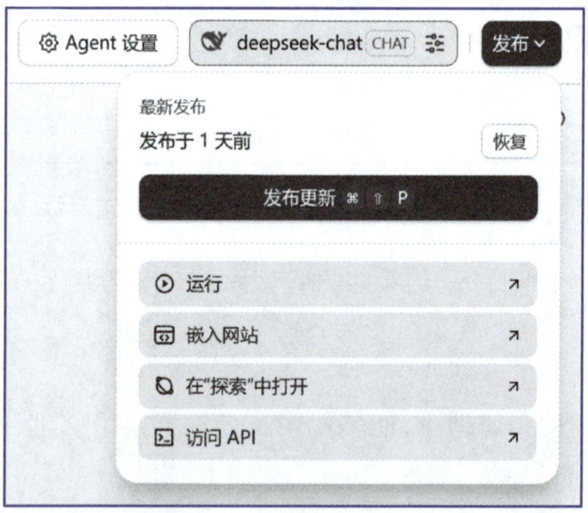

图 5-32　发布科研助手智能体

任务 5：使用科研助手

针对该助手的科研规划与前沿文献检索两个功能，分别提出以下问题：

科研规划：在研究基于 YOLOv8 改进的复杂场景目标检测？请给出一些建议。

前沿文献检索：请提供几篇关于 YOLOv5 的前沿文献。

问题 1:在研究基于 YOLOv8 改进的复杂场景目标检测? 请给出一些建议。

答案:

通过多路径特征融合(GFPN)和第四检测层提升小目标检测能力。

引入 EMA 注意力模块和 PIoU 损失函数,优化特征提取和边界框回归。

在 YOLOv8 中嵌入全局上下文模块(GC Block),提升对图像的全局特征建模能力。

问题 2:请提供几篇关于 YOLOv5 的前沿文献。

答案:

1. TPH-YOLOv5: Improved YOLOv5 Based on Transformer Prediction Head for Object Detection on Drone-captured Scenarios

- 作者:Xingkui Zhu, Shuchang Lyu, Xu Wang, Qi Zhao
- 发表时间:2021
- 亮点:
  - 在 YOLOv5 基础上引入 Transformer Prediction Head (TPH),提升多尺度目标检测能力。
  - 结合 CBAM 注意力机制,优化密集小目标检测。
  - 在 VisDrone 数据集上 AP 提升 7%。
- 链接:arXiv:2108.11539

2. Fire-YOLOv5:An Improved YOLOv5 for Fire and Smoke Detection

- 作者:Arafat Islam, Md. Imtiaz Habib
- 发表时间:2023
- 亮点:
  - 针对火灾和烟雾检测优化 YOLOv5,增强小目标特征提取。
  - 在 416×416 分辨率下实现 90.5% mAP,推理速度 0.12s/帧。

3. YOLOv5 vs. YOLOv8 in Marine Fisheries: Balancing Class Detection and Instance Count

- 作者:Mahmudul Islam Masum 等
- 亮点:
  - 对比 YOLOv5 和 YOLOv8 在海洋生物检测中的表现。
  - YOLOv5 在特定类别(如 Artemia)上表现更优,但需针对复杂场景优化。

小智有感悟

在推进大模型本地化部署于教育领域的实践中，我们深刻体会到本地知识库对于国家数据安全的重要性，以及 DeepSeek 所展现的自主创新力量。通过构建私有化知识库，实现了校园数据资产的深度整合与保护，确保师生隐私数据在本地闭环中安全流转，有效抵御了外部风险，彰显了国家数据安全的坚实防线。同时，DeepSeek 作为所选择的自主大模型，不仅提升了服务效能，还精准适配了教育场景需求，破解了通用 AI 的“水土不服”难题，充分体现了我国在人工智能领域的自主创新能力和技术实力。这一系列实践不仅增强了我们的隐私保护意识和社会责任感，也激励我们在未来继续探索，为国家的科技安全与发展贡献力量。

本章小结

本章详细介绍了在人工智能赋能教育领域的背景下，大模型本地化部署的实施方法，并通过“助学小助手”和“科研助手”两个具体项目，系统地阐述了教育场景下大模型本地化部署的全流程。

在“助学小助手”项目中，读者学习了如何选择合适的开源大模型，如何搭建高性价比的硬件平台，以及如何使用大模型应用开发平台来构建和优化知识库。通过这些步骤，成功实现了基于本地大模型服务和知识库的助学小助手应用，为考生提供了全面且精准的备考支持。

在“科研助手”项目中，进一步探索了如何调用外部模型服务供应商提供的大模型服务，并结合文献检索工具构建了科研助手智能体。该智能体能够精准地检索前沿文献，为科研人员提供科研建议和规划，助力科研创新。

通过这两个项目，读者不仅掌握了大模型本地化部署的关键技术，还提升了创新思维能力和团队协作能力，同时，也让读者深刻地认识到隐私保护的重要性，并在开发过程中始终注重用户数据的隐私保护。

课后练习

一、单选题

1. 以下不属于国内开源大模型的是(　　)。

A. 通义千问　　B. DeepSeek　　C. Mistral　　D. GLM-4

2. 以下(　　)是模型量化的主要目的。

A. 提高模型推理的精度　　B. 增加模型参数量以提升性能

C. 压缩模型大小并减少计算需求　　D. 扩展模型的多语言支持能力

3. 以下属于开源大模型应用开发平台的是(　　)。

A. TensorFlow　　B. PyTorch　　C. Dify　　D. Kubernetes

4. 大模型参数量通常以(　　)数量级表示。

A. 百万(M)　　B. 十亿(B)　　C. 万亿(T)　　D. 千(K)

5. 以下(　　)硬件最适合大模型的高效推理。

A. CPU　　B. GPU　　C. 机械硬盘　　D. 声卡

二、填空题

1. Ollama 是一个使用 Go 语言编写,以________作为推理引擎的开源的大模型服务部署框架。

2. 常见的开源大模型应用开发平台有________、________、________。

3. 常见的大模型量化方法有________、________、________。

4. 开源大模型是指基于开源协议发布的大模型,其________、________、________等核心资源均向公众开放,同时允许开发者自由使用、修改和二次分发。

5. bge-m3 是一个________模型。

三、简答题

1. 简要描述 GPU 适合加速大模型推理的原因。

2. 简要描述模型服务提供商和本地化部署两种模型服务各自的优缺点。

3. 简要描述使用 Dify 搭建一个知识库问答应用的流程。

参考文献

[1] 张艺博,刘彧. 人工智能通识[M]. 北京:高等教育出版社,2025.

[2] 胡伏湘,肖玉朝. 信息技术基础与人工智能应用[M]. 北京:高等教育出版社, 2024.

[3] 王万良. 人工智能导论[M].5 版. 北京:高等教育出版社,2020.

[4] 盛鸿宇,于京,詹晓东. 人工智能应用基础(Python 版)[M]. 北京:高等教育出版社,2020.

[5] 吴超,祁玉. 人工智能通识基础[M]. 杭州:浙江大学出版社,2025.

[6] 黄佳. GPT 图解:大模型是怎样构建的[M]. 北京:人民邮电出版社,2025.

[7] 赵建勇,周苏,李眉博. AIGC 通识教程(微课版)[M]. 北京:人民邮电出版社, 2025.

读者意见反馈

为收集对教材的意见建议,进一步完善教材编写并做好服务工作,读者可将对本教材的意见建议通过如下渠道反馈至我社。

咨询电话 400-810-0598

反馈邮箱 gjdzfwb@ pub. hep. cn

通信地址 北京市朝阳区惠新东街 4 号富盛大厦 1 座

高等教育出版社总编辑办公室

邮政编码 100029

资源服务提示

授课教师如需获取本书配套教辅资源,请登录“高等教育出版社产品信息检索系统”(xuanshu. hep. com. cn)搜索下载,首次使用本系统的用户,请先进行注册并完成教师资格认证。